"十四五"国家重点出版物出版规划项目

国家社科基金抗日战争研究专项工程项目"满铁资料整理与研究"（项目编号：17KZD001）成果

王玉强 著

满铁与日本的"满洲"扩张论研究

满铁研究丛书

主　编　邵汉明

副主编　武向平

中国社会科学出版社

图书在版编目（CIP）数据

满铁与日本的"满洲"扩张论研究 / 王玉强著.
北京：中国社会科学出版社，2025. 8. -- （满铁研究丛
书）. -- ISBN 978-7-5227-5278-5

Ⅰ. K265.610.7

中国国家版本馆 CIP 数据核字第 2025ED9256 号

出 版 人	季为民	
责任编辑	单　钊	
责任校对	闫　萃	
责任印制	李寡寡	

出　　版	中国社会科学出版社	
社　　址	北京鼓楼西大街甲 158 号	
邮　　编	100720	
网　　址	http://www.csspw.cn	
发 行 部	010-84083685	
门 市 部	010-84029450	
经　　销	新华书店及其他书店	

印刷装订	北京君升印刷有限公司
版　　次	2025 年 8 月第 1 版
印　　次	2025 年 8 月第 1 次印刷

开　　本	710×1000　1/16
印　　张	16.75
字　　数	265 千字
定　　价	79.00 元

总　　序

　　南满洲铁道株式会社，简称"满铁"，一个名称上看似专营铁路业务的民营企业，在日本侵华史上是一个特殊的存在，它实际上是一个集殖民统治、经济掠夺、情报搜集等活动于一体的巨无霸企业，不仅在日本史上独一无二，在世界史上也是罕见的。

　　满铁在近代中日关系史上占有重要地位。它成立于日俄战争后的1906年，是根据日本特殊立法而设立的"国策会社"，首任总裁是曾经担任中国台湾民政长官的有着"殖民地经营家"之称的后藤新平。他主张"举王道之旗行霸道之术"，提出"文装的武备"的殖民主义统治政策。九一八事变前，满铁是近代日本推行大陆扩张政策的中枢机构；九一八事变后，满铁更是凭借其雄厚的实力以及在中国东北特殊的地位，积极地配合关东军侵略东北。可以说，九一八事变是关东军与满铁共同作用的结果。

　　此后，伴随着日本侵略范围的扩大，满铁经营的范围也迅速向中国华北、华东、华南地区扩张，几乎控制了中国东北、华北的主要经济命脉，广泛涉及铁路、水运、煤炭、钢铁、森林、农牧、金融、学校、医院、旅馆等各个领域。满铁垄断了中国东北铁路网，掠夺了中国东北及华北大量的国防能源和经济资源，将中国东北变成了日本工业原料供应地，是日本对华经济掠夺和经济侵略的中心组织。

　　满铁在中国东北盘踞40年，发展规模达40亿日元，从业人员近50万人，其直接统治的满铁附属地近500平方公里。从九一八事变到1945年日本战败投降，满铁几乎参与了日本全部侵华活动。它是日本对中国进行全面侵略的重要工具，是在华时间最长、侵害最大的侵略会社。

情报搜集是满铁的一项重要职能,满铁调查部直属专业调查人员有2500余人。数十年间,满铁对中国的地质、矿产、土地、森林、港湾、农业、海运等展开了全面调查,并形成了庞大的调查报告书,广泛涉及当时中国的政治、经济、军事、法律、历史、文化、教育、民族、宗教、地理、自然科学等各个领域。1945年日本战败投降后,满铁档案资料除了部分被焚烧以外,绝大部分留在了中国东北。这些满铁资料包括文书档案、往复电报、调查报告、指令、命令等,涉及日本侵华的各种机密文件。这些资料分散于十几家档案馆、图书馆及研究机构中,其中,吉林省社会科学院所藏满铁资料最为丰富。这些当年服务于日本侵华的资料,成为今日确证日本侵略行为的罪证,成为历史研究的珍贵的第一手资料。

吉林省社会科学院长期以来致力于满铁资料的整理与研究。20世纪50年代末,满铁研究作为经济学重大课题被纳入国家科学发展规划。其后历经曲折,直到改革开放后的1987年,八卷本1000万字的《满铁史资料》终于面世。20世纪90年代,吉林省社会科学院正式建立满铁资料馆,该馆收藏满铁资料总计3万余册,大幅图表近3000幅。2016年,在吉林省社会科学院和中国社会科学院近代史研究所的共同主导下,满铁研究中心成立了,这是国内首个满铁研究实体机构。此后,满铁研究中心在满铁资料抢救、整理、研究方面发挥了重要的推动作用。为便利学界研究,满铁研究中心出版了大量馆藏的满铁对华"调查"资料,其中,由时任院长邵汉明发起并亲任主编的《近代日本对华调查档案资料丛刊》迄今已陆续有六辑出版面世,多达490册。

吉林省社会科学院不仅是国内的满铁资料中心,也是满铁研究重镇。前辈解学诗是中国满铁研究的重要奠基人,他先后出版了《满铁与中国劳工》《评满铁调查部》《满铁与华北经济》,并主编了《满铁内密文书》(30卷)、《满洲交通史稿》(20卷)。在他的带领下,满铁研究的后起之秀纷纷崛起。近年来,武向平著《满铁与国联调查团研究》、李娜著《满铁对中国东北的文化侵略》、王玉芹著《日本对中国东北医疗卫生殖民统制研究》等陆续面世,进一步丰富了满铁研究。

此次,吉林省社会科学院集结了满铁研究的精兵强将,以本院研究骨干为主体，吸纳东北相关高校和研究机构的研究者参与，组成了强有力的项目团队。该丛书对满铁展开了系统研究，涵盖满铁活动的众多面相，内容包括满铁对附属地的统治、满铁与日本关东军、满铁与"满洲"扩张论，满铁对东北矿产资源林业资源的调查与掠夺、满铁对铁路煤矿的垄断经营，以及对满铁重要人物、战后满铁会的研究等。通过这些研究，丛书比较完整地描绘出满铁的基本面貌，揭示了满铁在日本向中国东北扩张中的急先锋作用，与日本军方的紧密关系及其在日本对华各类资源掠夺中的重要作用。

依托吉林省社会科学院得天独厚的满铁资料收藏，这些研究建立在丰富而扎实的史料基础上。大量的第一手史料的发掘与使用，使得这些著作体现出浓郁的原创性。这一系统性的研究，将满铁研究又推向了一个新的阶段，在满铁研究的学术史上必将留下浓重的一笔。

祝贺丛书的出版，期待有更多的优秀成果面世，将满铁研究推向新的高峰，将日本侵华史研究推向新的高峰。

王建朗

2025 年 6 月 6 日

目　　录

绪　　论

一　研究的目的与意义

第二次世界大战后，在日本民主化改革中，日本各界对军国主义扩张历史有所反省和批判，但其关注的范围却集中于1931年日本关东军发动九一八事变到太平洋战争这一时期，而对日俄战后到九一八事变前日本向中国东北的扩张很少进行反省和批判。这导致二战前日本社会中肆意流行的种种日俄战争"正义论"、日本向"满洲"① 扩张的"合理论"，在二战后日本的历史认识中得以延续。

最为直接继承二战前日俄战争"正义论"、日本向"满洲"扩张"合理论"的是日本右翼文人。比如藤冈信胜，其因鼓吹"自由主义史观"而成为极具影响力的右翼文人。1996年他在《污辱的近现代史》一书中，发表日俄战争是"保卫祖国""正义战争"言论。"日俄战争的直接契机是俄国以义和团运动为借口，占领'满洲'拒不撤兵。俄国占领'满洲'，意味着逐渐染指朝鲜半岛。俄国势力扩展到朝鲜半岛的话，岛国日本失去了朝鲜这个屏障，就没有了保卫国家的手段……因此，日俄战争是'保卫祖国战争'。"② 这与中国、韩国等国家认为日俄战争是一场帝国主义间的战争、日本借此把朝鲜半岛变成殖民地以及日

---

① "满洲"即现今中国东北的旧称，除了"满洲"以外，近代日本也用"东三省""满蒙"等词汇，"满洲"这一词汇后被日本政界和学界用于"满蒙"分离等阴谋，破坏中国在东北的主权，因此这一词汇也被当时中国人所反对。九一八事变爆发后，面对东北沦陷，傅斯年在《东北史纲初稿》中，专门提出"论本书中'东北'一词不用满洲一名之义"。由此中国学界以后明确不使用"满洲"这一词汇，而用"东北"这一词汇代替。

② 藤冈信胜『污辱の近現代史』、德間書店、1996年、第130—131頁。

本向"满洲"扩张的历史认识,有着根本的不同。

除了直接继承二战前日俄战争"正义论"、日本向"满洲"扩张"合理论"的日本右翼文人以外,还有一些不能划为右翼的日本文人也持有类似历史认识,比如日本历史小说家司马辽太郎。司马辽太郎以历史事件为题材创作小说,因为其读者众多,所以并非历史学者出身的司马辽太郎的历史观却在二战后日本社会中具有极大影响力。司马辽太郎对日本昭和时期开始的对外战争持批判态度,却赞颂日本的明治时期,因此对于日本明治时期发动的日俄战争也予以肯定。司马辽太郎认为,不管客观如何,日俄战争"主观上是保卫祖国(日本)的战争"。并依据这种历史观创作了小说《坂上之云》。尽管司马辽太郎不是日本右翼文人,但显然其上述历史观与日本右翼文人的历史认识一脉相通。藤冈信胜自己也承认其日俄战争"正义论"史观就是受到司马辽太郎史观的影响。作为右翼文人的藤冈信胜以及非右翼文人的司马辽太郎无视日俄战争给朝鲜和中国东北民众带来的苦难,无视日本借助日俄战争实施在"满洲"扩张的国策,只是以"保卫祖国"这一"自卫""正义"视角看待日俄战争,有着令人意想不到的一致性。但略加考察就会发现,司马辽太郎和日本右翼文人所谓日俄战争"正义论"并非新说,只是二战前肆意流行的种日俄战争"正义论"、日本向"满洲"扩张的"合理论"在二战后日本社会中的延续而已。

于主流日本学界而言,对日俄战争后至九一八事变期间日本与"满洲"关系的认识,虽然并不像日本右翼文人那样直接宣扬日俄战争"正义论"、日本向"满洲"扩张"合理论",但在研究内容中并不着力呈现日俄战争对朝鲜和中国东北民众的侵害以及日本向"满洲"扩张对中国主权的侵犯。在研究视角上,也没有明显意愿对日俄战争以及随后日本向中国东北扩张的过程与逻辑进行概括和总结。对一般日本学者而言,他们惯常的做法是有意或无意地忽视中国东北上自政府、下至民众对日本在"满洲"所作所为最直接的受侵害感受,反而有意以日本视角叙述日俄战后日本与"满洲"的关系,比如以日本对"满洲"进行"开发"视角进行研究。值得一提的是,日本学界开展的"满洲开发"研究,有意将"满洲开发"与日本军政机构实施的日本扩张国策切割,极力进行细节呈现并强调日本给"满洲"带来的近代化。

尽管也有日本学者对上述研究方法和研究倾向有所批判，指出日本学界在日俄战争研究中存在着无视东亚各国、无视中国的视角，仍将日俄战争视为以往国际政治中所呈现的以欧洲列强对抗为中心模式的延续，而对日俄战争前后东亚国家的感受关注不够。① 但对这种"中国不在"的日本研究视角的批判，并没有完全被日本学界所接受并成为日本学界的基本思路。

可以说，在战后日本社会的舆论环境下，不论是日本右翼文人，还是一般文人的日俄战争"正义论"、日本向"满洲"扩张"合理论"，日本社会是予以接受的。比如，藤冈信胜在提出"自由主义史观"之后，藤冈信胜等日本右翼文人成立"新历史教科书编纂会"，将日俄战争是"保卫祖国""正义战争"这种错误史观编入历史和社会教科书中。对此日本社会的一部分有识之士最初对其有所抵制，但此后从日本私立学校开始，日本国立公立学校逐渐采用"新历史教科书编纂会"编纂的历史和社会教科书也是不争的事实。②

对于日俄战争后日本向"满洲"扩张这段历史，上述日本学界采取回避模糊处理的研究倾向，无疑与中国学界期待的日本学界进行明确反省有着不小的差距。究其原因，除了可归结为二战后包括日本学者在内的日本社会对历史反省不够彻底以外，还反映出中国学界在呈现日俄战争后日本向"满洲"扩张的历史事实和逻辑方面仍显不足。中国学界需要形成足够强大的学术话语力量，以此促使日本社会对日俄战争后日本向"满洲"扩张的认识，由长期的日本式的模糊处理转变为明确反省和谨慎以对。

二战前日俄战争"正义论"以及日本向"满洲"扩张"合理论"，

---

① 安藤彦太郎「日露戦争史研究の課題」、『歴史学研究』1960 年第 238 号。

② 2001 年日本"新历史教科书编纂会"编纂的《新历史教科书》《新公民教科书》被日本文省省检定合格以后，尽管由此引发中韩等国的强烈抗议，很多日本社会活动人士和民众纷纷表达抗议和反对，但此后其"新历史教科书编纂会"编纂的教科书逐渐被日本私立和国立公立学校所接受。2011 年其被采用率达到 4%。后来"新历史教科书编纂会"内部分裂为自由社和育鹏社，2015 年育鹏社编纂的教科书被采用率超过 6%，被 24 所私立中学和约 550 所公立中学采用。

在二战后日本社会中的延续，也是支撑日本右翼势力屡屡发表错误历史观、阻碍中日关系健康发展的根源所在。在右翼历史观长期存在于日本社会的情况下，在日本学界倾向于以"满洲开发"视角研究近代日本与"满洲"关系的视角下，期待日本出现明确呈现日本向"满洲"扩张的话语力量的可能性并不大。完整研究和系统呈现日俄战争后日本向"满洲"扩张的事实和逻辑，只有通过中国学界自己努力完成。基于此目的，本书着重研究满铁与日本的"满洲"扩张论。

二　国内外研究现状

二战后就日本向"满洲"扩张进行综合研究的专著始于20世纪60年代。首先是以安藤彦太郎为首的早稻田大学满铁史研究组编写的《满铁：日本帝国主义与中国》，随后有浅田乔二的《日本帝国主义统治下的民族革命运动》、小林英夫的《"大东亚共荣圈"的形成与崩溃》和铃木隆史的《日本帝国主义和满洲》等。这些著述体现了战后日本学界中存在着力揭露日本帝国主义对外扩张和侵略的马克思主义史观，但现今这种史观已经有所弱化。几乎与上述日本马克思主义史观同时期出现的是"满洲开发史观"。其中以日本满洲史研究会编写的《满洲开发四十年史》最具有代表性。该书在谋篇布局上不同于上述著述，号称不予政治评述，而是记述满铁对落后地区"满洲"以经济层面为主进行的开发。这是一种以"怀古趣味"去美化所谓日俄战后日本对"满洲"的经营和九一八事变后"满洲国"的建设。可以说，这两种视角代表了战后日本学界研究满铁历史的基本走向。其后日本学界对满铁进行的研究，以综合性的研究视角完整呈现满铁作为"国策会社"在"满洲"从诞生到消亡历史的研究著述日渐稀少，而《满洲开发四十年史》式不予政治评论，专注经济和产业开发侧面的具体研究却越来越多。以下展开具体分析。

在安藤彦太郎的《满铁：日本帝国主义与中国》一书中，主要分三部分介绍满铁在"满洲"的扩张。第一部分介绍日俄战争与满铁的设立，第二部分介绍满铁在"满洲"的活动，第三部分介绍满铁与九一八事变的关系，随后该书特别列出两个补论着重介绍满铁调查部与满铁的殖民活动以及中国民众的抗日斗争。

在浅田乔二的《日本帝国主义统治下的民族革命运动》一书中，系统分析被日本殖民的中国台湾和"满洲"、朝鲜反抗日本统治及"同化政策"的抗日农民运动，以此更正帝国主义史观中认为"满洲"等殖民地没有自主发展能力，只有作为帝国主义"殖民地"才能得以"开发"的论调。通过剖析"满洲"等殖民地农民反抗日本帝国主义的过程，以此说明殖民地人民政治的成长和自主性力量的展现。

在小林英夫的《"大东亚共荣圈"的形成与崩溃》一书中，依据事实对日本帝国主义的殖民支配进行阐释。其中直接剖析"日本帝国主义的对满侵略"，指出满铁在20世纪20年代以前通过输出商品、经营铁路和矿山的方式在"满洲"进行扩张，在第一次世界大战后，满铁所代表的日本帝国主义通过控制土地商租权、铁路和金融资本等方式进行扩张。

在铃木隆史的《日本帝国主义和满洲》一书中，作者从政治史和外交史侧面系统阐述日俄战争前夕到伪满洲国灭亡期间日本在"满洲"推行帝国主义政策的全过程。其中第四章满蒙"特殊地域化"与以往"满洲特殊权益化"论述有所不同，另外与满铁创立被视为日本推行大陆政策的研究方法不同，作者将"郑家屯事件"、"石井兰辛协定"、"日中军事协定"和西原借款等事件的发生视为大陆政策的展开。

满史会的《满洲开发四十年史》一书，利用大量档案资料编写满铁建立以来在"满洲"所从事的工商业活动，具体包括交通、建设、农业、矿业、商业、贸易、金融，以及满铁附属地的文教、卫生等。该书虽然认同日本在"满洲"的经营与欧美国家统治殖民地如出一辙，但坚持满铁在"满洲"有益论，比如上述满铁在"满洲"所进行的生产和经营活动保持了这一地区的稳定和秩序，投放巨额资本建立了中国东北的现代化基础，给当地民众带来现代文化。该书模糊处理日本依托满铁对中国东北的殖民扩张，无视日本通过外交和军事手段危害中国主权的方式"开发满洲"，只是从经济史角度强调满铁的"开发"给东北带来现代化。《满洲开发四十年史》的这种研究方法后来被更为细致的日本满铁研究所延续和补充，这从日本国立情报学研究所数据库（ci. nii. net）

中众多的关于满铁经济史研究论文中可以得到验证。

除了上述综合研究著述以外，一些具体专门的研究著述对本书的研究也有所借鉴。具体如下。

在井上寿一、波多野澄雄、酒井哲哉、国分良成和大芝亮等编写的《日本的外交·外交思想》一书中，着力探讨日本外交的世界观背景，具体涉及近代日本关于国际秩序和对外认识的思想、评论、政治意图和理论构成等。其中用"进化论"来描述日俄战争以后到一战期间日本对外扩张的逻辑。持同样问题意识的还有《近代日本政治思想史Ⅱ》，该书收录野村浩一关于日本文人对于"大陆问题"的认识，其中有对近代日本东洋学创始人内藤湖南关于中国认知进行的研究。

在大畑笃四郎的《日本外交史别卷1》一书中，讲述日俄战争后日本成立满铁，为了保证满铁在"满洲"的独占性地位，即为谋求所谓"满蒙特殊权益"进行日英同盟和日俄签订协约等一系列外交。而在鹿岛守之助的《日本外交政策的历史考察》一书中，作者将自中日甲午战争后日本要求割让辽东半岛未遂而开始的日本向"满洲"的扩张视为追求日本特殊权益，并将此纳入日本大陆政策整体范围进行考察。

战前曾作为"满洲青年联盟"核心人物的山口重次在1967年出版的《消失的帝国满洲》一书中，回忆"满洲青年联盟"为日本占领"满洲"所作所为的同时，并没有反省这一扩张行为对中国主权的侵害。这大约也是战后曾作为满铁一分子的文人仍坚持日本向"满洲"扩张"合理"的逻辑的具体体现。比如在儿岛襄的《满洲帝国》一书中，尽管该书出版于1975年，但该书作者在叙述伪满洲国建立的逻辑时，仍强调"满洲"是"无主之地"，可以说基本上继承了战前日本关于向"满洲"扩张乃至占有"满洲""有理"的言论。同样在竹森一男的《满铁兴亡史》一书中，充满了对满铁在"满洲"所谓种种建设的赞美以及满铁最终消亡的叹息。

石井宽治在《日本帝国主义的对外战略（1853—1937）：帝国主义思想的演变》一书中，从经济史研究视角着手，通过分析满铁的股份构成得出满铁并非普通的股份公司而是由日本政府控制执行日本国策的特殊会社，以此形成日本对外扩张的"满铁路线"。小林英夫在《满铁所孕育的日本型经济体系》一书中，指出满铁在日本大陆政策的推行中占据核心地位，而满铁的调查部所开展的活动对日本型经济体系产生很大影响。

驮场裕司在《关于后藤新平的权力构造研究》一书中，完整地呈现了后藤新平的政治经历，其中在"满铁时代"一章中，较为详细地介绍了后藤新平借助满铁实现日本在"满洲"扩张的理念。小林道彦在《儿玉源太郎》一书中，对儿玉源太郎关于日本"满洲经营"的介绍也较有参考意义。

关于日本向"满洲"扩张的日文论文比较具体、分散，对本书有参考意义的主要有秦郁彦的《占有满洲的思想源流》、五十岚卓的《满洲经营机关问题与后藤新平：以满铁总裁时代为中心》、松泽哲成的《满洲事变与"民族协和"运动》、樱泽亚伊的《"满鲜史观"的再检讨：以"满鲜历史调查部"和稻叶岩吉为中心》、矶田一雄的《"文化侵略"和异文化间教育：以九一八以前满铁附属地的中国人教育为中心》、桂岛宣弘的《近代学术与殖民地主义》、塚濑进的《战前、战后满洲史研究的成果和问题点》等。以下进行具体分析。

秦郁彦的《占有满洲的思想源流》一文虽然篇幅不大，但对本书借鉴价值最高。秦郁彦以九一八事变的发动者石原莞尔的占有"满洲"思想为切入点，指出石原莞尔实际上是将日俄战争以来日本陆军一以贯之占领"满洲"的想法付诸实施而已。另外，在石原莞尔的国防论策资料中，有诸如"从历史关系观察，'满洲'与其说属于汉族不如说属于日本民族""满蒙并非汉族的领土"等论述。秦郁彦考察认为这些论述并非石原莞尔自己所构建，而是以同时代日本文人"合理化"窃据"满洲"为依据。随之，作者挑选代表性日本文人的观点论述日本文人的"满洲"扩张论。比如国际法学者蜷川新曲解国际法认为"关东州"已经不是中国的领土，以及北一辉所谓"南满洲"夺自俄国所以不再属于中国的论调。甚至在很多日本人的论调中，不限于占有"关东州"，而是要侵占整个"满洲"。类似的还有，第一任满铁总裁后藤新平面见西园寺首相时吐露日本通过移民等手段达到实际支配"满洲"目的后就没必要将"满洲"归还给中国。将日本各界的"满洲"扩张论予以归纳，得出以下几种论调：（1）维持已有的在满蒙的特殊权益；（2）扩大特殊权益将"满洲"特殊地域化，实现"满洲"与中国分离的目的；（3）满铁社员山口重次提出"满洲"自治国，进而成为"满洲"青年联盟的行动口号，并最终与石原莞尔占领"满洲"论合流；（4）通过收买获得"满洲"论；（5）日本陆军、右翼和浪人一贯主张通过武力占有"满洲"；（6）内田良平、川岛速浪和末永节等人推行的独立国家论。这些论调基本上可以代表近代日本向"满洲"的扩张乃至占有论。

在五十岚卓的《满州经营机关问题与后藤新平：以满铁总裁时代为中心》一文中，围绕日俄战后日本所获得的权益，日本陆军、关东都督府在"满洲"领事馆、满铁、外务省、递信省等各机构进行争论，由于忌惮欧美列强的实力决定遵守"门户开放"原则，从而在"经营满洲"上建立了以外务省为最高监督机构的官制体系，但上述日本各种机构的对立并没有消除，山县有朋代表的陆军和后藤新平所代表的满铁仍有产生矛盾的很大意愿和可能。

在松泽哲成的《满州事变与"民族协和"运动》一文中，与关东军河本大作阴谋制造皇姑屯事件炸死张作霖以及后来石原莞尔等人阴谋发动九一八事变相对应的是，在满铁社员政党化与满铁人事改革过程中，满铁内部成立了满铁会员会创设运动、满洲青年联盟和大雄峰会，并开展以"满洲"独立为目标的政治动员。

在矶田一雄的《"文化侵略"和异文化间教育：以九一八以前满铁附属地的中国人教育为中心》一文中，比较了中日双方研究者就日俄战争后日本在"满洲"以及伪满洲国时期所推行的对中国人教育。中方研究者将日本在"满洲"和伪满洲国所开展的教育视为文化侵略和奴化教育，而一些日方研究者从不同文化交流视角对这一时期的中国人教育予以阐释。

在樱泽亚伊的《"满鲜史观"的再检讨：以"满鲜历史调查部"和稻叶岩吉为中心》一文中，作者对支持近代日本向朝鲜和"满洲"扩张的"满鲜史观"有所剖析。对"满鲜历史地理调查部"的成立，以及白鸟库吉等最早一批对"满洲"朝鲜历史进行研究的学者的研究经历，以及这些"满鲜史"研究与日俄战后日本在朝鲜和"满洲"的扩张进行探讨，还对战后旗田巍、稻叶岩吉等研究者对战前"满鲜史观"的反省和批判进行介绍。

《近代学术与殖民地主义》是桂岛宣弘在韩国汉阳大学的演讲稿。桂岛宣弘在演讲中介绍了战后日本学界对战前支持日本殖民扩张的学术制度，以及对"停滞史观""他律史观""同祖论"等"满鲜史观"代表性观点进行批判。

塚濑进的《战前、战后满洲史研究的成果和问题点》一文是目前日本学界对战前、战后日本"满洲"史研究较为完整的总结。文中作者较为详细地介绍了日俄战争以后白鸟库吉、内藤湖南的研究，以及伪满洲国建立以后日本国内对"满洲"的研究，还有中国面对九一八事变后东北沦陷的境遇随之开展的对中国东北史的研究，以此批判日本学界支持日本在"满洲"扩张的"满洲"研究和东洋史研究。最后，作者就战后日本学界对"满洲"史研究从衰落到日渐瞩目的过程进行阐释，并与中国对东北史的研究进行比较。

满铁一直是中国东北地区学者的重点研究方向，并且产生了很多优秀的研究成果。其中，作为综合性中文史料，与本书研究相关的是苏崇民、解学诗主编的《满铁档案资料汇编·日本的大陆政策与满铁》和《满铁档案资料汇编·巨型殖民侵略机构——满铁》，以及中央档案馆、中国第二历史档案馆、吉林省社会科学院合编的《日本帝国主义侵华档案资料选编》等。

在目前收集的中文资料中，可以看出目前学界对满铁的研究多侧重于在国际关系史和政治史范围内对满铁进行研究，并取得了一些重量级的研究成果。比如，苏崇民 1990 年出版了关于满铁的综合性研究著作《满铁史》，其研究范围涵盖了满铁在交通运输业、工矿业、农林牧业、商业以及满铁附属地上的活动，该著作对本书研究具有极高的参考价值。另外，陈本善主编的《日本侵略中国东北史》对本书研究也有重要借鉴价值。而 2015 年出版的解学诗的《评满铁调查部》、武向平的《满铁与国联调查团研究》和李娜的《满铁对中国东北的文化侵略》对本书研究具有直接参考价值。

三 研究思路和框架

不论是中国学界还是日本学界，对日俄战争后日本开始向"满洲"扩张的研究仍有重要且有意义的历史细节和逻辑有待研究和阐明。比如，日本学者进行所谓中性的实证研究或者"开发满洲"研究，其研究对象可以细化和细致到某个个体、某个会社、某个行业，其研究多呈现的是在"满洲"这一地域上作为这些近代新事物给落后的"满洲"带来的变化，这种变化被视为"开发"的结果。尽管在很多研究中并未直接指明这些细化的研究对象的性质以及所发挥的作用如何，但基本上强调的就是"开发"作用，这似乎对这些被细化的个体研究对象而言是足够的。除此之外，是否可以以更完整和系统的视角，将被细化和细致的具体研究对象纳入近代日本与"满洲"关系中进行考察？换言之，这些被细化的具体研究对象其行为和行为逻辑是否只是个体的，或者是整体意义上日俄战争后日本对"满洲"体制的组成部分？日本学界的研究视野多停留在被细化的个体的研究上，其思路并未延伸到这个范围。因此，本研究关注的是日俄战争后日本是否存在着整体意义上的日本"满洲"扩张国策，这一扩张国策不仅专门体现为日本外务省和日本陆军所推动的军政机构层面上的"满洲"扩张国策，而且广泛存在于日本的文教领域以及社会舆论之中。如果存在的话，那么日本学者上述无视日本的"满洲"扩张国策只关注个体细化的研究就是不充分的，其对日俄战争后日本与"满洲"关系的叙述和理解就是片面的。

那么，日俄战争后日本是否构建了整体意义上的日本"满洲"扩张国策呢？首先，笔者注意到早在日俄开战之前，在日本舆论之中就存在着强烈的主张日本对俄开战论。此论调的形成并非日本政府宣传操纵的结果，而是由日本文教领域的文人以知识精英的身份，尤其是以户水宽人所代表的"七博士"，通过发表演讲著书立说等形式煽动日本政府对俄开战，要求日本民众支持日本政府对俄开战，并借机实现日本向"满洲"的扩张。为了促成日本对俄开战，以及日本向"满洲"扩张，户水宽人等日本文人构建种种"合理性"，以此影响日本民众和日本军政机构的行为。值得一提的是，上述日本文人提出的"满洲"扩张论迅速成为日本舆论的主流，日本社会主义者和基督教者所构建的反战论和反对日本向"满洲"扩张论，其力量并不能阻止扩张论在日本的传播。日俄战争后，日本向"满洲"扩张论继续被日本文人所宣扬，更重要的是日本各军政机构及其代表人物更是在上述日本向"满洲"扩张"合理论"的基础上，制定日本向"满洲"扩张的种种策略。可以说，日俄战争后日本向"满洲"扩张的国策是在日本文人所提出的种种"满洲"扩张"合理论"的前提下进行的。

其次，日俄战争后日本开始在机构层面上落实日本"满洲经营"国策。在机构层面上，日本建立了专门处理日本对"满洲"关系的以日本外务省和日本陆军为代表的中央层面的军政机构，以及在"满洲"地方的关东都督府、日本在"满洲"各地领事馆和满铁这三个具体负责机构。就满铁的性质而言，日本创立满铁并非只着眼于建立一个经济经营组织，而是在日本军方就日俄战争期间进行的军事统治无法继续，又无法像对待中国台湾和库页岛那样进行直接殖民统治的情况下，日本决定表面以民间会社的形式实施日本的殖民政策。满铁表面上是一个经济组织，实质上不论是后来日本陆军在"满洲"推行的大陆政策，还是日本外务省此后推行逼迫清政府让步以此扩张日本在"满洲"权益的外交；不论是这些具体权益的扩张，还是谋求在"满洲特殊地位"，这些扩张诉求的最终落实都依托满铁来实现。因此，尽管在日本军政机构等级中，满铁处于并不重要的下级地位，但实际上在日本扩张"满洲"权益的国策中满铁占有极为重要的地位。

最后，上述日本所建立的军政机构其所担负的日本"满洲经营"从建立伊始就有着进一步获取日本在"满洲"具体权益以及在"满洲"确立日本势力范围，即日本向"满洲"扩张的"使命"和冲动。因此日俄战争后日本所谓的"满洲经营"实质就是"满洲"扩张，日本中央的外务省、陆军省、参谋本部和在"满洲"的关东都督府、日本在"满洲"的各个领事机构、满铁，各自都在其职权范围内，通过推动相应的日本政治、经济、外交和军事资源，逐步向"满洲"扩张。这种扩张政策的实施，并不因为日本内阁的更迭、外务省与日本陆军的对立，以及军政人物意见的分歧而有所改变，因此可以说日俄战争后日本向"满洲"扩张是日本一贯的国策。究其实质,推动上述日本在中央和"满洲"的军政机构持续施行日本向"满洲"扩张的行为正是日本的"满洲"扩张论。日本的"满洲"扩张论具有严密的层次感,主要由日本文人和日本军政高官构建,日本文人的"满洲"论构建了日本向"满洲"扩张的种种合理性,而日本军政高官的"满洲"扩张论直接决定了日本的政治议程和日本的外交政策。

因此,本书试图按照思想史研究方法,选取对近代日本国家发展和日本军事外交力量有影响力的日本文人及日本政治、军事和外交界的实权人物的"满洲"论为研究对象,从整体意义上探求其对"满洲"扩张论所持有的观点、理解视角等思想特征,并以此确定这些"满洲"扩张论在日本公共认知空间、日本政治和日本外交政策上所发挥的作用。本书先以日俄战争前后日本文人对"满洲"的认知为研究对象,探究日本文人如何以事实呈现和视角选择的方式,将异域"满洲"变得与日本"休戚相关",进而在日本公共认知空间内完成日本向"满洲"扩张的种种"合理性"构建。此后探究从日俄战后到清末期间,日本军政机构及其代表人物如何通过建立满铁,实现日本在"满洲"扩张权益以及确立日本在"满洲"势力范围的种种构想。日本通过满铁实现日本在"满洲"的扩张,由此成为日本学界、政界和军界的共识,并以此影响日本政治和外交政策。日本通过满铁实现日本在"满洲"扩张的种种构想,就是将"满洲"构建为日本"特殊权益"之所在,实质上是无视中国主权,违反关于"满洲"的国际条约以及"门户开放"原则,因此成为此后中日冲突以及日本发动九一八事变侵略中国东北的根源所在。

第一章

日本民间的"满洲"扩张论

近代日本对外扩张主要由对外策略和战争所推动，学界因此多将日本对外扩张纳入日本外交史和军事史领域进行研究，并对日本外务省和日本陆军的对外策略予以重点关注。但对支撑日本对外扩张的国内政治过程，尤其是在日本文教领域日本文人如何以知识方式"合理化"日本对外扩张的研究尚显不够。

实际上，日俄战争前日本文人以事实呈现和视角选择的方式，将异域"满洲"变得与日本"休戚相关"，进而在日俄战争前夕完成日本向"满洲"扩张的种种"合理性"构建。国内学界目前对福泽谕吉、德富苏峰等少数在日本政界和新闻界有巨大影响力的文人研究较多，对日本文教领域普通文人的扩张论的研究尚不充分。但深入了解二战后日本的历史认识不难发现，日俄战争前日本文人构建日本对俄开战以及向"满洲"扩张的种种"合理性"，在二战后日本的历史认识中存在着令人意想不到的连续性。原日本思想史学会会长子安宣邦承认，直至今日仍有很多日本人认为日俄战争是"保家卫国"的"正义"之战。[①] 这与日俄战争是一场帝国主义国家间战争、日本借此实现向"满洲"扩张的历史真相有着根本的不同。由此可知，日本文人构建的日本"满洲"扩张"合理论"对战前和战后日本社会的巨大影响力，可以说日本文人的"满洲"扩张论在推动日本对外扩张上的重要性丝毫不亚于日本外务省和日本陆军。

---

① 崔文衡、子安宣邦『歴史の共有体としての東アジア：日露戦争と日韓の歴史認識』、藤原書店、2007年、第18—20頁。

第一节 日俄战争前日本民间的"满洲"扩张论

一 甲午战争前后日本文人关于"满洲"的认知

对日本的"满洲"扩张论进行溯源,日本历史上所谓神功皇后征韩在朝鲜设置任那府①、丰臣秀吉侵略朝鲜等历史片段,作为一种认知惯性传承下来,不同程度上影响了各个时代日本文人的对外认知。

就幕末日本出现侵占"满洲"的狂言妄语而言,代表人物有吉田松阴、桥本左内等。吉田松阴在《幽囚录》中提出"故善保国者,不徒无失其所有,又有增其所无。今急修武备,舰略具,炮略足,则宜开垦虾夷、封建诸侯,乘间夺加摸察加、澳都加,谕琉球朝觐会同、比内诸侯,责朝鲜纳质奉贡、如古盛时。北割满洲之地,南取台湾吕宋诸岛,渐示进取之势,然后爱民养士慎守边围,则可谓善保国矣"②。桥本左内1857年致信村田氏寿,认为日本应该与当时主宰世界的俄国结盟,同时为维持日本的独立应该吞并"山丹、满洲、朝鲜、印度"等地。③

上述侵占"满洲"的狂言并不能视为具体侵占"满洲"的筹划。而且上述向"满洲"扩张的狂言,极少在日本文教领域得到呼应,甲午战争以前日本文人对"满洲"并不重视。整体上,甲午战争前日本文教领域中只有少数关于"满洲"的著述,这些著述的内容只停留在对"满洲"的介绍上,"满洲"对日本而言只是遥远的、与日本并不相干的异域。

总体而言,明治时代日本了解"满洲"的途径有三种:第一种途径是江户时代文人关于"满洲"的著述。近代日本关于"满洲"的认知源头可溯至江户时代,德川幕府出于禁止基督教传播的目的而实行锁国之策,而同时期清朝对东北实行封禁之策,所以江户时代日本文人获取

---

① 《日本书纪》记载所谓日本远征朝鲜,设置任那府,但学界尤其是韩国学界认为这并非历史,而是传说。
② 山口県教育会『吉田松陰全集』第一卷、岩波書店、1986年、第596页。
③ 『橋本景岳全集』上卷、歴史圖書朝社、1976年、第553—554页。

"满洲"的信息极为困难。但江户时代日本文人出于警戒的考虑，却尽可能去积累关于东北这片疆域的认识。江户时代关于东北的认识可分为两部分：漂流民的经历和日本文人对以往著述的整理。据《漂流奇谈全集》统计，日本漂流民到达鞑靼，有宽永二十一年（1644）越前藩竹内藤左卫门等人漂流至东北，被送往北京后经朝鲜回到日本，依据其经历写有《鞑靼漂流记》，以及宽政七年（1795）松前藩孙太郎等人漂流到吉林。关于著述整理，据日本学者和田清的统计，有荻生徂徕的《满文考》，天野信景的《满洲字式》，荻生徂徕学生北溪观的《建州始末记》《满洲八旗色目考》，间宫伦宗的《北虾夷图说》《东鞑纪行》，近藤守重的《边要分界图考》《正斋书籍考》等著述。这些著述的著者有的通晓汉语，但并不通晓满语。以荻生徂徕的《满文考》为例，《满文考》中他本人没有讲述自己是如何通晓满语的，所以后人猜测荻生徂徕之所以能著《满文考》，是徂徕"神识英迈常人、自然觉悟"的结果。江户时代关于"满洲"的认知是近代日本"满洲"认知的源头所在，出于学术目的上述著述一再被近代日本文人整理、出版和引述。① 这些著述在日本近代得以刊行，成为日本文人认识"满洲"历史文化的基本途径。

第二种途径是翻译外国的地理著作。比如流行于明治时代介绍"满洲"地理的《地球说略译解》一书，就译自美国传教士祎理哲（Richard Quarterman Way）所著的《地球说略》。中村聪认为《地球说略》被美国传教士带到日本，随后在日本进行日语版翻刻。② 随后渐渐出现日本人关于"满洲"地理的著述。矢津昌永在为大日本中学会编著的《万国地理》中对"满洲"介绍较为简单，"清国今本部置十八省，满洲乃清朝基业之地，特以三省别之，称东三省"③，篇幅仅有两页。

第三种途径就是依据日本文人的游历。井上陈政依据长达六年在中国的游学经历，写成《禹域通纂》一书。井上陈政虽没有直接游历"满洲"，但在中国大陆的游学经历使其获得较丰富的"满洲"知识，超过

---

① 和田清『東亜史論藪』、生活社、1942 年、第 242—243 頁。

② ［日］中村聪：《汉文"地球说略"在日本的出版与传播》，马燕译，《东方论坛》2010 年第 6 期。

③ 矢津昌永『万国地理』、大日本中学会三十二年度第一年級講義録、第 36 頁。

了传教士的水平。在《禹域通纂》中有"满洲部",其中有一节专门介绍"满洲"政制,"满洲政务于盛京置五部,施行政务,而地方置理事知县,辖理事务"①。随后详细介绍五部各自的职权范围和运作方式,尤其是关于各部的人数。他清楚地用图表统计出来,可见考察之详细。值得一提的是,井上陈政与何如璋等人交好,其游学考察中国大陆按其序言记载是出于"日清联交"的目的。

随后,1892 年原田藤一郎从日本出发游览中国大陆,曾出山海关,到达通化县,后沿着鸭绿江沿岸到达朝鲜汉城,归国后出版《亚细亚大陆旅行日志并清韩俄三国评论》一书。原田的考察与井上有很大不同,原田关于"满洲"的记述更加生活化,而且时而把所见所闻与日本生活进行比较,因此一再慨叹中国生活的"不洁"。他在游览"满洲"时,当看到妙龄女子和十二三岁儿童拿着三尺烟袋吸烟的时候,感到吃惊不已。当他与山民交谈时,发现他们只能用牛、马、猪、鹿描绘周围山川地貌时,嘲笑他们的无知。当他发现当地山民只知道世界上有清国和英国、法国,对日本一概不知,甚至把英国、法国与日本混为一谈时,作者感慨山民"愚蒙",油然而生一种优越感。②

把"满洲"作为素材纳入小说创作的只有外村让,他在 1888 年出版野史小说《海外策动:日本的刀光》。该小说有感于"方今东洋气运不竞,日被欧人吞噬。如我日本,犹受其轻辱,斥不齿于同列",因此塑造小说人物会津藩士今野邦武,"夙抱大志,而跋涉满洲,深入鲁(指俄国)领,转投于安南黑旗军,与佛(指法国)兵会战,常奏奇勋"③。该野史小说第十一回"一剑直截满洲地,八旗瞰鄂罗天",有专门描述"满洲"民俗的部分,虽是文学作品,但从内容可知作者对"满洲"村落及满汉姓氏已有相当了解。

总体来说,甲午战争以前"满洲"并不是日本文人关注的重点。如曾著《支那漫游实记》的安东不二雄所言,远在数千里的欧美事情,不

---

① 井上陳政『禹域通纂上』、大藏省、1888 年、第 221 页。

② 原田藤一郎『亜細亜大陸旅行日誌并清韓露三国評論』、青木嵩山堂、1894 年、第117 页。

③ 外村讓『日本の刀光:英傑偉勲上』、駸駸堂木店、1889 年、自序。

论善恶巨细多为日本人所知晓，但与日本仅一苇之隔，且与日本有最亲密利害关系的西邻中国的事情，却极少被日本人所注意，因此"拜西主义"的日本患有远视病。①

同样，这一时期日本文人也没有关于日本与"满洲"政治关系的著述。因此，尽管甲午战争中日本政府企图割占辽东半岛，但甲午战争前在日本文教领域里没有明显为日本政府向"满洲"扩张出谋划策的倾向，即便在极力主张日本对外扩张的文人那里也是如此。比如，渡边修二郎在《我国之前途》一书第七章"国地扩张论"中，直接批评明治政府对外扩张不力。"吾人耻对祖先，昔者我国人当元气之旺盛，专执进取主义，遣使、侵略、通商等事历其成述之赫著者，抑今日之忧非在人智不进，在人心之萎靡，呜呼！我国人之气风如此软弱。"② 但他建议日本对外扩张殖民的方向却是东南亚，而不是"满洲"。"愚考以军舰视察，若有适当之地，请暹罗（即泰国）政府承认我人民移住，以谋根据之事，将来我国于东亚振张土地及势力一助也。"③

但甲午战争爆发后日本文教领域为之一变，积极支持日本政府发动战争。比如，以介绍"满洲"情况的方式表达对战争的支持。动机大抵如秋山四郎在《支那朝鲜形势录》中所述："富于忠君爱国精神之我等青年子弟，于今时势之下当孰为？当奋起敌忾者也。既奋起敌忾之心，则欲知王师所向其地势其气候如何，其军备兵制如何等形势，乃人之常情。此书即满足此欲望而为。"④ 同时，日本社会也涌现出向"满洲"扩张的言论。渡边修二郎观察道："顾察民间之所论，今云对清政策者，或曰收偿金几亿万圆，或曰取盛京、吉林二省，或曰二省不足，直隶省应加之。"⑤

另外，甲午战争也促使日本文人匆匆着手说明日本扩张的"合理性"。比如，福泽谕吉在 1894 年 7 月 29 日宣扬"战争虽是在两国间发生，但若究其根源，这是谋求文明开化的进步势力与阻碍文明

---

① 安东不二雄『支那漫遊実記』、博文館、1892 年、第 1 頁。
② 渡辺修二郎『我国之前途』、大東出版社、1894 年、第 141 頁。
③ 渡辺修二郎『我国之前途』、大東出版社、1894 年、第 148 頁。
④ 秋山四郎『支那朝鮮形勢録』、共益商社、1894 年、前言。
⑤ 渡辺修二郎『対清対欧策』、奉公会、1894 年、第 56 頁。

进步势力之间的战争,绝非两国间之争",是"以世界文明进步为目的"的战争。① 尾崎行雄从发动战争目的来说明此战是"义战","出师的目的,在维持东洋永远的治安,兼增进世界共同的利福,与其他经营私利私益的战斗比之,其差霄壤,不可同日而语"②。渡边修二郎注意到民间舆论纷纷将这场战争视为"主旨实为助朝鲜之独立,保东洋之平和,是以世呼称仁义之师、称义战"③。同时也毫不避讳地指明甲午战争为"我帝国成东洋霸主雄飞世界与否在此一举"④。总体上,日本文人大都采用诸如"东洋""平和"等大概念"合理化"日本发动的甲午战争,但其著述中毫不提及中国、朝鲜对日本的抗议和愤怒。

甲午战争后"满洲"不再是遥远的异域,而是开始成为日本文教领域里的高频词汇,日本文人通过不同方式维系对"满洲"的感情。比如,很多有从征经历的日本人纷纷著书描绘战争下的"满洲",异域"满洲"由此直接成为日本人缅怀战争寄托哀思的所在。西岛函南在《从军漫录》中颂扬并感慨战死在"满洲"的日本士兵,"生命鸿毛耳,丹心报国恩,凄凉今夕月,何处吊忠魂"⑤。还有人以猎奇的语调回忆自己的从军经历,在《征清奇谈从军见闻录》"一读三笑满洲奇俗"中专门以猎奇嘲讽的语调介绍"满洲"当地人的生活习俗。⑥ 俄法德三国干涉导致日本割占辽东半岛未遂,因此更多的日本文人对"得而复失"的"满洲"反而萌发出痛恨、惋惜等更浓烈的情绪,这在当时人的著作中随处可见。

二　俄国侵占"满洲"与日本向"满洲"扩张的外在"合理性"

甲午战争后日本文人对"满洲"日渐关注,到日俄战争前异域"满洲"已经变得与日本"休戚相关"。其中,日本文人借助批判俄国在"满洲"的扩张,构建日本向"满洲"扩张的外在"合理性"。

---

① 福泽谕吉『福沢諭吉全集』第十四卷、岩波書店、1960年、第491—492页。
② 尾崎行雄『支那処分案』、博文館、1895年、第2页。
③ 渡边修二郎『对清对欧策』、奉公会、1894年、第12页。
④ 渡辺修二郎『对清对欧策』、奉公会、1894年、第73页。
⑤ 西岛函南『従軍漫録』、石塚書店、1901年、第13页。
⑥ 伊東連之助『征清奇談従軍見聞録』、明昇舍、1896年、第16—20页。

明治时代以来日本文人始终关注俄国的对外扩张。值得一提的是，日本人翻译外国人关于俄国对外扩张的著述时，为尊重原著多明确使用"侵略""侵掠"等批判性词汇，而日本人自身在描述俄国人对外扩张时却常使用"经营""经略"等较为中性的词汇。

甚至在一些日本文人眼里，俄国对外扩张恰是日本对外施行所谓"进取主义"的榜样。如北村三郎在《东洋策》中，认为"今日定我日本帝国安危休戚之时，其对外政略宜速定进取主义，立长策……露国（即俄国）千五百年代只欧北一侯国，彼得大帝以豪杰之姿，运宏阔远大之策略，西侵瑞典，南制波斯，鞭笞天下，以立一定不拔之长策，后主世世继祖业，今年扩一境，明年略一地……露国英雄之主达观大势，以立进取之策，通视万世"①。

对横贯欧亚纵穿东北三省的西伯利亚铁路的修建，一些政论著述中将之视为俄国对"满洲"侵略的手段，也是对日本的妨害，但也有积极视角认为该铁路修建完成以后，有利于日本与东三省、俄国的贸易的看法。"联络欧亚两大陆之大铁道既已开通，日本海我政府航路，今日自敦贺七尾两港仅四十余小时可直航此大铁道第一门户浦潮港……如今日英同盟正式成立，东洋和平更可确保，日露间贸易日益隆盛。"② 只不过这类视角在日本文教领域还是少数。

大多数人将俄国修建西伯利亚铁道与强租旅顺大连等扩张举措视为对日本势力范围朝鲜的威胁，甚至是对日本的直接威胁。面对俄国的扩张，日本文人开始阐发日本与中国"唇齿辅车"式的亲近感和命运共同感，进而在所谓东洋、东亚视角下，形成日本代表东亚负担起对抗俄国的"天职"。

比如，久保田与四郎在《东洋之危机》一书中批评俄国的扩张，作为东亚代表者日本应"拒之"。"其（俄国）于满洲敷纵横铁道，掠夺旅顺大连湾，搅乱东亚均势，瞭然如见火，如是日本帝国岂能漠视？日本乃于东洋有优势义勇之国，岂能许可斯乱暴？日本应凛乎拒之，而日

---

① 北村三郎『東洋策』、尚武社、1888 年，第 7—9 页。
② 角田他十郎『浦潮案内』、日露經濟協会、1902 年、自序。

本有拒之正当权利和兵力。"① 笹川种郎认为"拒俄"是东亚代表者日本的"天职","兴亚之运命到底不得不烦劳日东男儿之手……挽回东亚运命,施划兴亚大业……呜呼!卧榻之旁决不容他人酣睡,既擅自酣睡,我应膺惩之,实我日东君子国之天职"②。

俄国在"满洲"的扩张反过来促使日本文人形成日本"扶助"东亚的所谓的"天职",因此日本文人群情激昂地主张"拒俄",甚至日俄战争爆发前就已迫不及待设想日本与俄国的战争。比如法令馆编辑部于1900年、1901年两次出版了《日俄战争未来记:愉绝快绝》一书,此书认为"察方今宇内形势,列强国中吾人最警戒不怠者,无非露国于东洋之行动,彼数百年如一日,经营南下之野心,今已达最高热度,动天动地之大活剧,近将卷起东洋一大波澜。看!吞噬旅顺,占领满洲,西比利亚铁道完成期已近,曰何,曰何……彼得我对岸一寸领土,即便一寸,东洋运命之危机近矣"③。为了刺激读者,该书中以伪新闻的形式详细设想未来某年日本与俄国的具体战争细节,以报当初俄国干涉还辽之仇并"扶助"东亚。

值得注意的是,甲午战争之际日本文人认为日本发动战争是为了维持"东洋和平""义战"的论调,在甲午战争之后得以延续。《日俄战争未来记:愉绝快绝》同样认为甲午战争是"扶植朝鲜之独立,诱之入开明之域,且克复东洋永远和平"的"义侠"之举。④ 这显示出与中国具有"唇齿辅车"的人种文化亲缘关系的日本,虽然对俄国在"满洲"的扩张给予批判并将"拒俄"视为日本的"天职",但其视角和逻辑是有所选择且有所回避的,即只对俄国在"满洲"的扩张予以批判,但对甲午战争中日本的扩张之举,以及由此引发中国、朝鲜对日本的愤慨非但没有反省,反而予以美化。

佐藤宏的《支那新论》也是如此,遵循着批判俄国在"满洲"扩张、美化日本扩张行为的思维逻辑。"(俄国)欲在二十世纪世界舞台

---

① 久保田與四郎『東洋之危機』、富山房、1898年、第6頁。
② 笹川臨風(種郎)『雨糸風片』、博文館、1900年、第99、120頁。
③ 法令館編輯部『日露戦争未来記:愉絶快絶』、法令館、1900年、序。
④ 法令館編輯部『日露戦争未来記:愉絶快絶』、法令館、1900年、第3頁。

之远东据有雄飞的根据地，对马海峡以南之地不可求也，而满洲辽东半岛正是其所要之地，且这般恰好之地独一无二也。日清战争后，吾国割让辽东半岛为了防遏俄国南下。"① 佐藤宏详细梳理了17世纪以来俄国对"满洲"领土的侵占，但在其叙述逻辑中视俄国对"满洲"领土的占有为侵略，而日本企图割占辽东半岛却被视为"防遏俄国南下"的"义举"。

曾创办兴亚会号召对抗白种人侵略亚洲的近代日本亚细亚主义重要代表曾根俊虎的逻辑也是如此，"彼（俄国）何故对满洲如此汲汲，其理由如何？由前述过去历史，露对满洲垂涎事实明白无误，现彼妨害我帝国对清针路。先前我帝国政府为惩罚清国政府之不德无道，向天下公布义战之际……露国大惊，以为万一日本占领辽东地方，日、清、韩三国同文同种之关系上其和亲亦甚容易，日本必以抚慰怀柔两国人民为要务，朝鲜名为独立实日本附庸耳，辽河以南百二之山河遂日本所蚕食，我势兹自，露国百年苦心一朝泡沫化去也……竟与普佛共三国作同盟以使我帝国政府放弃辽东"②。从中可知佐藤宏、曾根俊虎等日本文人持有相同的逻辑，甲午战争以后日本文教领域虽然集中批判俄国的扩张，却不愿意以同等视角去审视日本的对外扩张行为，表现出日本自我赞美、自我辩护的特殊思维。

如果通览近代日本文教领域对于明治初期征韩论以及1872年侵略中国台湾等的著述，会发现对日本这些扩张行为日本文人只是记述事实而已，或者追随日本政府制造的开战借口，几乎不考虑琉球、中国台湾以及后来朝鲜民众对于日本扩张行为的抵触和抗议，日本文人也很少从普遍的伦理和正义角度审视日本的扩张行为。日本界定自己对外行为的标准就是日本式的伦理和正义。甲午战争以后日本文人很少从普遍的伦理和正义角度审视日本的对外行为，对日本文人而言，抵抗俄国在"满洲"扩张的目的，足以成为其在日俄开战前构建日本"满洲"扩张论的外在"合理性"来源。

① 佐藤宏『支那新論』、八尾商店、1898年、第136頁。
② 曾根俊虎『露清之将来』、八尾商店、1896年、第43—45頁。

三 "七博士事件"

甲午战争前日本文教领域很少为日本向"满洲"扩张出谋划策，但随着义和团运动爆发后俄国占领"满洲"拒不撤兵，日本文人纷纷著书主张对俄开战。更重要的是，在此舆论浪潮推动下，日本文人在有利日本的视角下构建了日本向"满洲"扩张的"殖民论""自卫权""战争有利经济论"等种种内在"合理性"。其中"七博士事件"① 在煽动日本对俄开战，以及从日本自身利益出发形成日本"满洲"扩张论的作用上最为明显。

所谓"七博士事件"，起因为俄国借口义和团运动占领中国东北，然后拒不撤兵，对此东京帝国大学教授户水宽人、富井政章、小野塚喜平次、高桥作卫、金井延、寺尾亨以及学习院教授中村进午七人，1903年6月1日访问桂太郎首相，当面批评政府软弱，建议政府在"满洲"问题上下定决心对俄开战。6月10日将主张对俄开战的《七博士意见书》（以下简称《意见书》）分别送交桂太郎首相、小村外相、山本海相、寺内陆相，以及山县有朋和松方正义等实权人物。尽管当时约定不公开《意见书》的内容，但诡异的是6月11日《东京日日新闻》却刊载了部分内容，6月24日《东京朝日新闻》更是用四个版面予以全文刊载。随后户水宽人、寺尾亨、金井延、中村进午、高桥作卫等人索性公开《意见书》，编成《日俄开战论纂》一书大量刊行。

《意见书》由此在日本广为流传，迅速搅动舆论，推动了日俄开战。该《意见书》言辞激烈地批评日本政府软弱，要求对俄开战。"噫！我国既一度失辽东还付好机会，再失之于胶州湾事件（指德国租借胶东），三失之于北清事件（指义和团运动），蹈此覆辙一再失策。既往不可追，唯不得不讲失之东隅收之桑榆之策，特需注意在于极东形势日渐急迫，如既往几次坐失良机的余裕并不存在，失今日之机会，必将使日清韩再无出头之机。今日实是千载一时的好机会，且认为是最后之机会。失此

---

① "七博士事件"，也称"帝大七博士事件""七博士建白事件"，在日本近代史上极为重要，但战后被日本社会有意遗忘，日本学界也很少对此进行研究。甚至在《东京大学百年史》中绝口不提这些教授煽动对俄开战，却将之视为日本大学自治问题，明显是在对上述东京大学教授的污点进行有意遮掩。

机会则遗万世之患，现时之国民以何答对祖宗，又以何面对后世子孙。俄国日渐于满洲扶植其势力，贯通铁道，建设城壁炮台，渐渐坚实其基础，尤其于海上扩展舰队，以海陆强势威压我邦，此最近报告所证明也。故迁延一日，则加一日之危急。然唯独可喜在于，当下我军力与俄比较尚有些许胜算。此时若失去先机，不可不谓留千秋之患。今俄国实无与我拮抗之成算……他日俄国集中强力于极东自有成算，可知其先占领满洲，次则临朝鲜，如洞若观火。如朝鲜被其势力征服，次则所临不言自明也。故曰：今日不解决满洲问题则朝鲜会消失，朝鲜消失则日本不能防御。我邦上下人士于今日自觉其形势，舍姑息之策，彻底解决满洲问题。今我邦尚有成算，实是得天时。而彼尚未于极东完成确固之根据地，是地利全在我。而四千万余同胞皆憎俄之行为，岂不是得人和？然此际不决，是失天时弃地利背人和，且不可不谓危及地下祖宗之遗业，丧失后世子孙之幸福。"① "七博士事件"是日俄战争前日本文人鼓动日本对外扩张最有代表性的事件。

关于《意见书》如何出笼，并非一般意义上七名教授有感于时事急迫而自发向政府当权者建言。关于"七博士事件"，据参与者以及《意见书》起草者高桥作卫的回忆："（1903 年）五月十八日于芝区南佐庄，与户水、中村两博士会面。南佐庄乃近卫公、渡边子、松浦厚氏清适之处。此夜近卫公、渡边子、两博士外，有志之士四五人来会谈时事。近卫公问中村氏吾等是否有为国事奔走之意志，余等同感约定尽力，定顺序，主要纠合大学教授中真正研究满洲问题之人，一起以诚实意见劝告当局，并约定以下条件，即只以大学教授中有志者名义进行，与近卫公下属的旧国民同盟会毫无关系，且与南佐庄经常会面之人毫无关系，只是单纯独立团体的活动。" "五月三十一日富井、金井、户水、寺尾、中村、小野塚等六博士与我七人会于南佐庄，近卫公坐主人席位。酒席间陈述对时局意见，七博士所论并不一致，然当下问题重大，不可等闲视之。于是七人决定联袂劝告当局者……元来七人皆以专家自负，论点细微处各自顽守固执，或云对满洲持守略，或云开战，或云战争尚早，此

① 戸水寛人等『日露開戦論纂』、國文社、1903 年、第 169—170 頁。

等论点并不容易调和。幸亏近卫公以其至诚使得吾人观点得以折中协同，大体意见一致，至于细微处各自向当局者陈述。"① 由此可知，此次"七博士事件"与近代日本推行对外强硬运动代表人物近卫笃麿的运作有很大关系，可以视为近卫笃麿及其对俄同志会组织进行舆论动员、号召对俄国开战的重要组成部分。

义和团运动爆发后，俄国以镇压义和团为借口出兵占领东北，而义和团运动平息后俄国拒不撤兵，引起日本对外强硬派的担心。日本对外强硬派认为俄国占领"满洲"对日本构成极大威胁，面对俄国占领"满洲"积极奔走谋划对俄开战事宜。甲午战争后日本对外强硬派代表人物近卫笃麿，针对俄国占领"满洲"的情况，于1900年成立了国民同盟会，又于1902年将国民同盟会解散，同时成立了对俄同志会。另外，早在国民同盟会即将成立之际，近卫笃麿就运作过一次东京帝国大学教授富井政章、寺尾亨、金井延、中村进午、户水宽人与东京高等商业学校教授松崎等六位博士向当时的首相山县有朋就俄国占领"满洲"提交建议书事件，被称为"六博士事件"。

据"六博士事件"参与者户水宽人的描述："明治三十三年义和团骚乱起，北京在留外国臣民蒙团匪包围攻击，其生命迫在旦夕，列国军队急救之，无暇他顾之时，俄国恣兵进入满洲忽然占领之。余与友人寺尾博士及中村博士等会面每每谈之，共慨然，有唤起征俄舆论之志。当时忧国之士头山满氏、神鞭知常氏、陆实氏（即陆羯南，当时是《日本》的主笔）等组织国民同盟会，以故近卫公为魁首，众望所归。偶来近卫公书信，见之曰九月九日午后五时来富士见轩，共谈露国有关举动。余欣喜雀跃，同赴会者除近卫公外，富井政章、井上哲次郎、金井延、寺尾亨、松崎藏之助、中村进午诸博士及法学士小川平吉、早稻田出身柏原文太郎，关于满洲问题特有名的陆军少佐根津一氏及中西正树氏后来参会……九月九日之会，吾辈商谈结果，决定向当时内阁总理大臣山县侯递交建议，其建议书的起草，决定经故近卫公安排委托陆实起草。"②

---

① 高橋作衛『満洲問題之解決七博士意見書起草顛末満洲問題研究録』、清水書店、1904年、第3—5頁。
② 戸水寛人『回顧録』、有斐閣書房、1906年、第2—4頁。

1900年9月27日一起确定意见书文稿后，9月28日向首相山县有朋递交委托陆实起草的时局意见书，提醒注意俄国占领"满洲"。该意见书认为，"帝国曾为东洋和平，容三国之忠言，中止占领辽东。今若有割取中国之国，帝国亦予同一忠言，于列强环视之中，断然抗拒之，乃至当之事。特占领满洲及辽东，伤害列国均势，破坏东洋和平，乃帝国所不能同意之所在。加之祸乱东洋的朝鲜问题不可不速决之。军备竞争之状态今方移往东亚，满洲及辽东俄国之经营日渐进行，山东德国之计划亦不算小。帝国战后经营重置军队渐将完成，而今之计，主客之势恐为之一变，如朝鲜问题以帝国之力不能解决。此次变乱之际，帝国送最多军队，立最著战功，救援北京之危机，实维持东亚现状、世界永久和平所赖，列强亦此意，关于事变的收结，理当为列强重视帝国主张的好机会，不可错失，今日开启帝国雄飞之端"①。另外，小川平吉对上述六名博士关于时局意见进行访谈并整理成《诸大家对外意见笔记》准备对外刊行，但由于遭到政府查封，没有在社会上广为流传。不过，户水宽人等人以这次提交意见书为契机，频繁出席研究会发表演讲，就俄国占领"满洲"，批评政府软弱激发战争舆论，主张对俄开战。

无疑，近卫笃麿利用诸教授进行对俄开战舆论煽动的策略是相当成功的。因为当时日本仅有两所帝国大学，即创办于1886年的东京帝国大学和1897年的京都帝国大学，可见东京帝国大学教授在日本社会上具有举足轻重的地位。加之此前很少有帝国大学教授对时势发表意见，因此来自东京帝国大学教授的上述举动震惊朝野，尤其引起日本民众的极大关注。七博士批判政府软弱，号召对俄国开战，这种舆论动员方式显然要好过甲午战争时日本政府先宣战，随后日本文人附和的方式。

四 日本向"满洲"扩张的内在"合理性"理论构建

更具有重要意义的是，上述各博士作为日本文教领域代表，在此前后为了所谓日本以帝国主义方式经营"满洲"不断著书立说，提出各种

---

① 戸水寛人『回顧錄』、有斐閣書房、1906年、第6—7頁。

"合法性"。七博士为日本帝国主义扩张提供了各种逻辑和理论上的准备，是日本文教领域支持日本帝国主义扩张的标志性事件，也推动日本对"满洲"的扩张认识进入了一个新的阶段。由于《日俄开战论纂》等著述的公开刊行，上述诸教授为日本进行帝国主义扩张提供的各种逻辑和理论得以广为人知，从而内在地形成了支持向"满洲"扩张的种种"合理性"。其中户水宽人、寺尾亨、中村进午和金井延四人的"满洲"扩张论最有代表性。在构想日本如何向"满洲"扩张上，大体可分为户水宽人所代表的"割取满洲论"，以及其他人的"扩大利权论"。

户水宽人言辞激烈，主张日俄必有一战，越早开战对日本越有利。在《诸大家对外意见笔记》中，他直接提出了日本占领"满洲"的主张："我认为宜占领满洲。"①

在《日俄开战论纂》中，户水宽人论述了日本占领"满洲"的种种理论依据。比如认为日本占领"满洲"是适应世界帝国主义大势之举："考虑日本的立场，必须考察世界大势。十九世纪下半由于科学技术的发达，其结果交通急速发展，地球感觉变得狭窄……天下大势如此，产生大变革，世上星罗棋布各国渐渐被合并成大国，换言之，帝国主义的实行日渐盛行，乃伴随此大势而生的新事实……菲律宾不能独立，此新世纪的趋势。失去独立地位，此新世纪的趋势。伴随此势发展，朝鲜国早晚失去独立地位。日本此趋势下必须从事之事，就是谋求扩张领土。言及扩张领土，确实是野蛮之事，但却是新世纪趋势所在，此点恳请注意。"② 比如"殖民论"："加之日本人口近年益益增加，据统计明治二十四（1891）年日本人口增加二十六万五千，明治三十三（1900）年人口增加五十四万五千，仅仅九年人口增加一倍以上……日本人欲在世界竞争场里雄飞，不得不选择对日本殖民最适当场所……日本人移民适当场所不外乎朝鲜和满洲，故日本人宜谋求移民朝鲜和满洲的便利。如前所述，日本人有必要实行帝国主义，且有必要在亚细亚大陆谋求日本殖民地。而亚细亚大陆中朝鲜和满洲是日本最适合移民的场

---

① 成田興作『諸大家対外意見筆記』〔第1〕、1906年、第44頁。
② 戸水寛人等『日露開戦論纂』、國文社、1903年、第4—6頁。

所，所以日本人必须利用一切机会在朝鲜和满洲两地发展国力，由此来看，今日是谋求国力发展的最好机会。现在俄罗斯在满洲大地跋扈跳梁，兵力又薄弱，对日本而言，实在是可乘之机。乘此机会举兵讨俄，不用说日本会胜利。"①

日俄战争后户水宽人认为日本应该谋求占领"满洲"："关于战争之后满洲如何的问题，我认为这是由战争结果以及与外国关系如何来决定的问题，不是预先能确定的事情。或许清国出让该地给日本，若不可的话，满洲将无法成为日本的领土，还不如成立别的国为宜。对欧洲来说，可称其为 Manchuria，对中国来说，可称其为大辽国，使其成为中国的姊妹国。日本的（原文此处用四个黑点表示）成为其君主，我认为是一个策略。若有必要于满洲设置副皇帝，则设置副皇帝……有人主张将满洲交还给中国，中国果能治理满洲，能否向各国开放，值得怀疑。以此来看，日本人掌握满洲主权各国人不会有异议。"② 其他人并非都像户水宽人那样主张占领"满洲"，但都支持日本对俄开战，主张日本以帝国主义方式扩大在"满洲"的权益。

寺尾亨在《诸大家对外意见笔记》中，认为虽然对于作为与日本同文同种同教同风俗的中国，日本应该采取"保全中国"的政策，但也不排除日本参与"分割中国"，割取中国一部分的可能。"此极东问题由在极东有利害的欧美人决定，日本对之不能施加充分建议，甚是遗憾。若今日情况稍稍推迟，待日本发达的时候，也像美国一样提倡门罗主义，美洲是美洲人的美洲，不容欧洲人置喙，则极东是极东人的极东。但提倡远东的门罗主义的时节还未到来……今日情形下日本对远东应该采取什么政策，不应仅限于远东，世界的问题都集中于远东。今日日本在东洋应该采取的政策，应该视日本在世界所采取的政策而定。就原来日本在东洋所采取的政策大体上是保全中国。若中国被分割，日本也割取一部分吗，或进一步设想的话，或许日本占领中国。这是不符合实际的主张，总之今天符合实际的是一方面保全中国与其共同开明进步，带领中国复苏。若成被分割之势，则中国大部分由日本占领。今日的情形各国

---

① 戶水寬人等『日露開戰論纂』、國文社、1903 年、第 6、8、9 頁。
② 戶水寬人等『日露開戰論纂』、國文社、1903 年、第 16、18 頁。

嘴上不说直接分割中国，将来形势一变，或许有中国被分割的结果……对照以往历史，则英国人对印度，或更早的，葡萄牙人、西班牙人等对非洲，欧洲人对土耳其的政策，欧美各国对中国、日本、朝鲜的态度来看，黄色人种被白色人种所压迫，白色人种嘴上不说压迫黄种人，但从其所为来看压迫黄种人乃趋势所在。白色人种已经很早就征服黑色人种，唯独黄色人种还未被征服。……日本与中国同文之国，同人种之国，风俗礼教相同之国，从来关系深厚之国，从利害角度看又是唇齿关系，引导之如今日的日本，率同将来之日本，则远东的黄色人种一致，欧美人的门罗主义将难以贯彻。……不用说保全中国是日本必须采用的正当之策，然而事态往往不同于理论预料，时机多少会发生变化。"①

在《日俄开战论纂》中，寺尾亨一再将"满洲"视为日本生死存亡之所在。首先，将"满洲"视为日本殖民的重要场所，而俄国占据"满洲"的话，日本将无法顺利殖民。"（日本）领土狭窄，人口过多，局促于国内，到底不能增进国民的幸福，必须向人口稀薄的外国发展……吾人帝国臣民黄色人种，地理上其生存发达最便利就是中国和朝鲜，尤其是满洲，是我国民的商工业、农业发展最枢要的地域，然而满洲若归俄国所有，不难得知将和美国、加拿大、澳大利亚一样排斥我国人。"其次，认为俄国占领"满洲"后将会威胁日本。"满洲若归俄国所有，朝鲜独立在俄国眼里不复存在，不仅清国存亡危矣，一苇带水的我日本帝国不得不胆战心寒，所以余辈以满洲为我邦危急存亡一大要件，对此敢于发表强硬意见。"再次，寺尾亨还从法学角度提出日本与俄国开战是行使"自卫权"。"自己的独立生存遭到侵害等场合下，有防卫的权利。即为了维持世界的和平，对一国的武力行为可以反抗。故俄国对满洲的行动，纵令与我国没有直接重大的利害关系，但作为国家的自卫权利，当然可以进行反抗。"最后，为了使日本形成对俄开战的舆论，寺尾亨甚至还提出"战争有利经济论"。"战争乃商工业仇敌，和平是经济的好友，虽是通论，但所谓和平是永久的和平而不是一时的和平，且战

---

① 成田與作『諸大家对外意見筆記』〔第 1〕、1906 年、第 14—17 頁。

争多是祈求和平之举，相信长久来看有助于经济的进步。当时的战争会给商工业带来一时的不振，若战争的结果能给经济带来进步，则战争是必要的。"①

中村进午虽然不像户水宽人那样直接提出日本占领"满洲"，但对于获取土地持有积极态度。在《诸大家对外意见笔记》中："关于日本在国外获取土地是好是坏的问题，日本不是在大陆获得过土地的国家，这点对于俄国和中国来说，日本是劣等之国。占有广阔土地治理数千年之久这是中国的自豪所在，因为希腊和罗马都灭亡了。俄国今天如此自豪，其二百年前只是极小的国家。日本曾征伐朝鲜，但未曾在大陆获得土地。征伐三韩虽获得土地但很快退回，所以在大陆获得土地对日本来说是好是坏，我不知晓。但如今我认为日本在大陆获得土地并不是攻击外国然后获得，认识到日本的生存条件——必要条件，如今实在是危急存亡之际，日本对中国今日之事不出手的话，就是日本自我灭亡，经济上自我毁灭。为什么日本必须向外国扩展呢，即不向欧洲伸手，实际必须向中国和朝鲜伸手，因为如今不是日本和中国的冲突，而是和俄国的冲突。在满洲与俄国冲突是生存条件引起的，俄国从自己的生存条件——主义纲领出发与中国发生冲突，其余波就是俄国与日本必然的冲突。如今中国被视为零一般的存在，中国被俄国视为零一般存在，日本也把中国视为零一般的存在，导致日本和俄国不得不在满洲冲突，若像以往那样成为强大的国家，则在中国俄国和日本将不会发生纷争。"②

中村进午在《日俄开战论纂》中论述日本与俄国开战日本将获得巨大的外交利益："若在满洲对俄战争胜利的话，日英同盟将会更坚固，美国会信赖日本。俄国战败后会停止敌视日本，就像日清战争后中国依赖日本那样。与清国战争获胜后，英国等对日本另眼相看一样，今日的日英同盟就是日清战争日本胜利的结果。因此，日俄战争胜利的话，朝鲜将臣服日本，中国将信赖日本，日英同盟更加坚固。"③

在《诸大家对外意见笔记》中，金井延认为："义和团事件的善

① 户水宽人等『日露開戦論纂』、國文社、1903 年、第 22、23、25、27、32 页。
② 成田與作『諸大家对外意見筆記』〔第 1〕、1906 年、第 57—58 页。
③ 户水宽人等『日露開戦論纂』、國文社、1903 年、第 68 页。

后处理是与本邦利害休戚的一大问题。不用说日本的利益线直达大陆。全力守护此利益线的话，则必须防备外来入侵势力。为此若可以和平外交手段进行防备的话，则幸矣，若和平的手段不可防备，则诉诸战争，此是为将来日本发展日本扩张所必做之事。而俄国对满洲的经营的全情虽不了解，但从某些点来看渐渐侵入日本的利益线，对此第一招应极力以外交手段防御，同时或有必要采取攻势姿态。"① "利益线理论"是山县有朋于1890年提出，此时已经成为影响日本对外行为的重要理论。

在《日俄开战论纂》中，金井延也依据"自卫权"、"战争有利经济论"和"殖民论"极力主张对俄开战。"今日对俄开战不错过的话，不仅使我国达到自卫防御的目的，对世界文明普及作出贡献，还对经济上大发展、我民族的大扩张有益处。在满洲及华北我国充分获得通商贸易的利益，最有前景的方面在于能强固我国的经济基础……满洲及华北等地全部文物不开，人口稀薄，民俗极质朴，政治上容易驾驭，欧美竞争者尚少，我国企业家容易成功。满洲及华北等地全体与朝鲜在等待本邦人开发。"② "国民经济对外发展前景最好是在朝鲜和华北，尤其是在欲想在满洲扶植必要的经济事业，就要清除对日本人不便的现状，由此来看时下外交应该强硬。"③ 对于战胜的好处，"战争的结果我国掌握东洋的制海权，打破对亚细亚大陆俄国的侵略，将满洲全部交还给中国，恢复东洋的和平和世界的和平，我国与列强共同在东亚大陆进行经济经营，扩充人道的光明文化的恩泽，我民族得以渐渐扩张，余信而不疑"④。

对于鼓吹对俄开战，金井延总结道："第二，俄国拒不撤兵满洲，此现状持续，明显无视清国的主权，威胁其完整，违反人道，敌视文明。第三，俄国对满洲及对华北的经营不符国际礼仪，俄国曾劝告我国归还辽东，自己反而违反，妨害东洋和平扰乱世界和平。第四，俄国占领满洲现状持续的话，则危及朝鲜的独立，侵害日本的自卫权，

---

① 成田與作『諸大家対外意見筆記』〔第2〕、1906年、第57—58頁。
② 戸水寛人等『日露開戦論纂』、國文社、1903年、第57—59頁。
③ 戸水寛人等『日露開戦論纂』、國文社、1903年、第47頁。
④ 戸水寛人等『日露開戦論纂』、國文社、1903年、第52頁。

影响世界的存立……第十,诉诸兵力,打破俄国占领满洲的现状,完全恢复清国的主权,将俄国在东亚的经营控制在不侵害他国的利权范围内,不仅是为了清国,实是为了东洋全体,世界的全体,为了维护人道……第十一,今日的好机会不错过的话,不仅是我国达到自卫防御的目的,对世界文明普及作出贡献,还对经济上发展我民族的大扩张有益处。在满洲及华北我国充分获得通商贸易的利益,此是最有前景的方面,能强固我国的经济基础……满洲及华北等地全部文化未开,人口稀薄,民俗极质朴,政治上容易驾驭,欧美竞争者尚少,我国企业家容易成功,满洲及华北等地全体与朝鲜实在等待本邦人开发,经济上是潜力的培养地。"①

"七博士事件"以及《日俄开战论纂》等著述的刊行使得诸教授关于日本对俄开战以及日本向"满洲"扩张的"殖民论""自卫权""战争有利经济论"等言论和主张在日本广为流行,从有利日本的角度内在构建出日本向"满洲"扩张的"合理性"。上述"六博士事件"和"七博士事件"作为大学教授在政治领域如此奔走、著书立说,是企图促使日本形成对外强硬、对外开战和支持帝国主义式经营"满洲"的舆论,这些教授的活动确实很难一见,不过这些教授的言论并非书生之见,而是与当时鼓吹日本对外进行帝国主义扩张的对外强硬派主张一致,因此可以说这些教授的上述活动就是日本进行帝国主义对外扩张活动的重要组成部分。比如,强硬主张对外进行扩张的根津一发表《对俄主战策》,谈及日本对战后"满洲"经营的构想:"开放满洲经营的话,名义上虽然为清国所领有,实则无异于我邦的外府,同时,以我邦之力经营朝鲜,开垦土地,殖民移民,以为满洲的后盾,以其国土自为我邦的藩屏。日本在通过教育和军事训练等实际假清国之名,在中国大陆建立一大日本也,此国策之盛大,维新大业以来谁能与之相比呢?"②

随着日本帝国主义扩张,日本文人热烈响应,各种日本"满洲"扩张论不断涌现,一再重复上述诸博士关于日本向"满洲"扩张的

---

① 戸水寬人等『日露開戦論纂』、國文社、1903 年、第 55—59 頁。
② 東亜同文書院滬友同窓会編『伝記叢書 243 山洲根津先生伝』、大空社、1997 年、第 309 頁。

"合理性"。

比如，记者须崎默堂在杂志《日本》中重复日本对俄开战的日本"自卫权""人口移民"等理论："在东亚均势上吾人不能同意一国占领满洲，鉴于俄国曾因为我国占领辽东而予以忠告的历史，所以认为今日俄国独自吞噬满洲是不当的……大体论之，我国实际先于俄国，日清战争马关条约缔结后，我国得到辽东一带，可以移民过剩人口，打开工商业发展的门户，国是基础于兹确立。然形势俄而一变，俄国取得在满洲的优先地位，我国沦为被其制肘的可怜境遇……吾人断言任由姑息策则挽回日本在满洲颓势是不可能之事，应对我国过剩人口，移民必要，但俄国却无法对投资予以合适保护。……归根到底我国应做大决断，再度在满洲确立优先者地位。与其谋求东亚的均势还不如我实行国家的自卫。"①

有田三郎认为："俄将不利于东洋，竟执虚喝主义，不顾能力恣肆其威而思压服支那，日本不亦误乎？彼之背约而图取满洲，破信而害保全支那主义，并妨列国交通之利，一面殷殷备战，逞其非义之心。由此观之当如何而后能保全和平之局乎？余则曰为义而战是所必要也……今日文明之程度，如个人自卫之权利。已立于政治界上之一国政府于时势之必要，何在不藉夫武力，武力者立国之要素也。故有为义而战为自卫而战为文明而战，虽和平论者亦必认其为当然之事。试言其实例……亚美利加自立国以来，确守门罗主义。当法兰西干涉墨西哥欲吞并之之时，美国曾起干戈驱逐之。今日者日本国民之于满洲亦犹是也。……则凡日本为文明而战，为平和而战，开放满洲保全支那之大目的，并开历史的朝鲜皆得尽其责任矣。"②

从上述可知，日本文人通过构建日本对俄开战以及日本向"满洲"扩张的外在和内在"合理性"，煽动日本民众支持日本政府对外扩张，因此日本文人是日本对外扩张的重要参与者。然而，二战日本战败后，虽然有日本政府官员被追究对外扩张发动侵略战争的责任，但对诸如"七博士事件"这类通过"合理化"扩张论煽动对外扩张的日本文人的

① 犬饲木堂『明治新聞人文学集』、筑摩书房、1979年、第352—353页。
② 有田三郎「日本人之论俄罗斯」、『大陆』1904年第1期、第156—157页。

战争责任，却很少被追究，甚至被日本社会有意遮掩。这就导致日本虽然战败投降，但对日本政府官员以外各阶层的战争责任的追究和反省无法深入开展，从而使得日俄战争是日本"保家卫国"的举动这种认识延续至今，进而成为日本与中韩等亚洲国家一再发生历史认识分歧的根源所在。

日俄战争前日本文人利用其学识权威构建日本对俄开战以及日本向"满洲"扩张的"合理论"，打消了一般日本民众对明治政府发动战争的本能怀疑和抗拒，自觉成为日本军国主义对外扩张的工具。对一般日本民众而言，并非一开始就能达到自觉支持日本政府对外扩张、心甘情愿成为日本军国主义扩张工具的程度，逃避兵役就是一般日本民众不愿支持明治政府对外战争的表现。民众最初普遍认为，依据1873年日本建立的征兵制度所建立的军队并非守护国民利益的国民军队，而是维护明治专制政府利益的军队。1889年明治政府改革征兵令，规定全体成年男子都有服兵役的义务。但一般日本民众对此并没有轻易接受。从当时的资料可知，一般日本成年男子不去参加兵役登记的人数，从1880年的9798名增加到1901年的59653名，10人中就有1人逃避服兵役义务。①但随着日俄战争前日本文人不断煽动支持政府对俄开战，战争开始后日本民众以前所未有的热情加入了日本对外扩张的战争中。

与日本文人肆意煽动对俄开战舆论形成鲜明对比的是，在日本公共认知空间内，也有少数日本文人如幸德秋水、堺利彦和内村鉴三等以《万朝报》为依托，不断发表反战言论，号召日本民众不要支持战争。以内村鉴三为例，面对日本社会不断涌现的日俄开战论，作为基督教思想家的内村鉴三从1903年6月始不断发表文章予以批判。内村鉴三在《战争废止论》中，直接表明自己不光是日俄开战的反对者，还是废止一切战争的支持者。他首先直接批判日本社会中流行的"战争有益"论。他认为战争杀人，而杀人是大罪恶，因此不论是个人还是国家都不会通过犯下大罪恶而永久获益。世间提倡战争有益论，其愚至极，战争所获利益不足偿战争所荼毒。战争所获益是强盗所获益，是强盗者一时所获利益（若称为利益的话），强盗与被掠者间将处于永久的无利无益，

---

① 池山弘「愛知県に於ける日清・日露戦争期の徴兵忌避の特質」、『四日市大学論集』第15巻第2号、第1、22頁。

强盗道德为之堕落,最终与强盗用剑所掠得之物相比,将不得不以数倍代价补偿其所犯罪恶。所谓以剑定夺国运进步,可称得上是大愚至极。从最近的例子1894年、1895年的甲午战争就可明白,花费两亿财富浪费一万生命,日本国从此战争中所得者何?仅仅少数伯侯名誉加身,妻妾为之增加以外,日本国从此战争获得什么利益了吗?此战以朝鲜独立为目的,此战后朝鲜并非变强而是变弱,此战开启列强瓜分中国的序幕,此战加重日本国民负担,其道德极其堕落,此战致使东亚陷于危机地位。此战造成大毒害大损耗眼下视而不见仍主张开战者,神志不能视为正常。① 在《战争废止论》中,内村鉴三指出甲午战争非但没有让日本一般民众获益,而且甲午战争造成列强进一步破坏和侵害朝鲜和中国的主权,使得东亚处于危险的局面之中。这与当时众多日本文人一再片面指责朝鲜和中国改革缓慢,进而以推动朝鲜和中国改革为名行侵略朝鲜、中国之实的论调有着根本的不同。内村鉴三的难能可贵之处在于坚持这样的事实,即正是日本发动甲午战争才导致东亚陷入危机。

在《满洲问题解决的精神》一文中,内村鉴三阐释了为何日本谋划通过日俄战争取得的"满洲"权益最终会以失败告终。内村鉴三认为:"就解决满洲问题的方法而言,首先优先予以考虑的问题是'什么才是对满洲和满洲人最有益的',不用说我等在解决满洲问题上不应为俄国利益而谋,也不应谋求日本利益,满洲首先是满洲人的满洲。解决满洲问题首先应该考虑的是满洲人的利益。满洲恢复到义和团之乱前的状态是对满洲人最有益的状态,还是将满洲从俄国手里夺回交到日本手里,是对满洲最有益的状态?抑或是如今日这般,将满洲放到俄国手里,是对满洲开发的最良策?我国有自称爱国者论道,现今是各国生存竞争的时代,我等决不该为他国利益着想,我等首先考虑的是我国的利益,然后以此决定一切方针。然而此爱国者之言实是盲者之言。一国终不能靠剑和谋略生存,此已被世界历史所证明。爱其国者将成其国主人公,爱满洲最多者终成满洲的所有者。此事乃支配宇宙的法则,经过适当时间后终将成为事

---

① 内村鑑三『よろず短言』、警醒社書店、1908 年、第 369—371 頁。

实。各国皆有其命运和天职，我等深究各国历史和地理可知其天职，日本人深究其天职，但绝不该做无理之事，应在其可能范围内行事。"① 对于"满洲"问题，内村鉴三坚持应该以"满洲"人的意见作为认知的原理，而不该以日本人的利益考虑，那是"无理之事"。其预见到以剑和谋略获得"满洲"利益终究会以失败告终，"满洲"的命运终究将由"满洲"的所有者中国所决定。

但这些反对日本向"满洲"扩张的话语力量稀薄，不足以改变日本文人构建日俄开战"合理性"的主流态势，最后黑岩泪香主持的《万朝报》竟也倒向支持日俄开战，幸德秋水、堺利彦和内村鉴三不得不联袂辞职，日俄开战前本就稀薄的反战论就此更加衰弱。

第二节 战争期间日本民间的"满洲"扩张论

一 一般日本文人的"满洲"扩张论

日本为了争夺中国东北权益正式与俄国开战，这是 20 世纪的第一次帝国主义战争。1904 年 2 月 10 日，日本明治天皇发布《对俄国宣战诏敕》："保有天佑践万世一系之皇祚大日本帝国皇帝示汝忠实勇武之有众：朕兹对俄国宣战，朕令陆海军宜极全力与俄国交战，朕令百僚有司宜各率其职务尽其权能应努力以达国家之目的，凡国际规范范围内尽一切之手段必期万无遗漏，惟求文明以和平笃列国之友谊以永远维持东洋之治安不损各国权利利益确立永保帝国将来安全之局势。朕夙以为国交之要义以期朝夕不敢违之。朕有司亦能，体朕意行事与列国关系年年愈益亲厚，今不幸与俄国开启战端，岂朕之所愿？帝国置保全韩国之重非一日之故也，也非两国累世之关系之因，韩国之存亡实帝国安危之所系。然俄国不拘与清国之明约对列国之累次宣言，依然占据满洲至愈益巩固之地步，终将并吞之。若满洲归俄国领有乎，保全韩国不能支持远东之和平亦无望。"②

① 内村鑑三『よろず短言』、警醒社書店、1908 年、第 375—377 頁。
② 王芸生编著：《六十年来中国与日本》第 4 卷，生活·读书·新知三联书店 2005 年版，第 175 页。

日本是在"保全韩国"口号下发动的日俄战争,但战争刚开始日本就逼迫大韩帝国签订《日韩议定书》,使得朝鲜沦为日本保护国。随后为了所谓的"东洋和平"对俄国占据"满洲"进行战争,但通过日俄《朴茨茅斯条约》使得俄国转让其在侵占"满洲"中所获得的权益,通过逼迫清政府,日本进而攫取比日俄《朴次茅斯条约》更多的权益。这些侵犯和扩张行为对朝鲜和中国民众而言,无法将之视为合理的为了"东洋和平"的逻辑,但在日本已经鼓噪起来的"合理化"向"满洲"扩张的言论中却变得"有理有据"。

日俄战争期间,日本文人将注意力主要集中于与俄国争夺"满洲",以及如何在"满洲"进行扩张上。从明治初年开始的日本对外扩张到甲午战争,一直都是日本政府掌控对外扩张和战争的舆论动向,基本上文教领域中的日本文人都是在追随和迎合日本政府的开战论调。但在日俄开战以前,前述"七博士事件"中日本文人首次以直接批判日本政府的形式,引领日本对俄开战、向"满洲"扩张的舆论。受此影响,其他日本文人在日俄开战后更加肆意著书立说支持日本对俄战争、谋求在"满洲"的扩张。总体而言,战争期间一般日本文人的"满洲"扩张论,在构建"合理性"话语逻辑上,基本上仍是在重复上述诸位博士的论调,但也有一些新的扩展。

日俄开战之际,日本有一套比较有影响力的丛书《海外的富源》得以刊行,该丛书分别介绍东南亚、"满洲"及西伯利亚、华南、北美等地区的自然资源,显示出这一时期日本视野遍布全球,但从这些地区的分别介绍中可以看出,日本对"满洲"的地位最为看重,甚至"理所当然"视"满洲"为日本的"新故乡"。该著述出版时日俄已经开战,其对"满洲"的扩张论可视为后来将中日关系拉入战争状态的日本的"满洲"特殊权益论的源头所在。"满洲面积六十三万平方俄里,人口约一千五百万。包括奉天、吉林和黑龙三省。满洲面积比我国面积大两倍半多,其人口只是我国三分之一。其地足以吸收一亿以上人口,岂不是吾等好个新故乡?今满洲乃俎上之肉……满洲乃资源无尽宝库,我人口每年增加五十万,不用说其地理上适当之处。历史上此土乃古昔我祖先统治部分,人种文字趣向相同。见我鲸吞此地艰辛,将此宝库钥匙交我,对这个公平无私的要求，世界无异议，就此加工此俎上之鱼肉开发宝库吧。"① 值得注意的是，与上述诸博士的"满洲"扩张论不同的是，这本著述中的"满洲"扩张论已经将异域"满洲"视为日本的"好个新故乡"，并且为了日本的扩张虚构"此土乃古昔我祖先统治"历史，甚至认为向"满洲"扩张是"公平无私""世界无异议"之举，从中可知日本文人"合理化"的"满洲"扩张论，已经达到多么肆无忌惮的程度。

与户水宽人等人试图用"合理化"扩张理论试图影响日本政府实权人物的决策、鼓动日本民众支持对俄开战、向"满洲"扩张不同的是，以学习院大学教授石井国次为代表的日本文人为了配合日本政府战时征兵政策，在日本公共话语空间内进一步挤压一般日本民众对战争的犹豫和怀疑以及少数日本文人的反战论，号召日本民众听从这些文人的教育以积极参军的形式走向战场，成为所谓日本对外扩张"天职"下"合格"的扩张工具。

日俄开战后，石井国次于1904年3月完成《国民的觉悟：战时教育》一书，同年4月该书得以出版。该书以一般日本民众为教育对象，煽动日本民众"举国一致"支持日俄战争："实是我国家未曾有之大事，且世界稀有之大变，我国民如何尽自卫之本分？如何为文明有所贡献？如何为人道而得光荣的和平？是本书所论之处……且本书着眼战时和战后我国民的觉悟。"② 如何让一般日本民众形成"发挥我国民真价之大任，系于诸君双肩之上"的觉悟，即自觉支持战争、支持日本向"满洲"扩张的认知呢？石井国次所用的方法是美化自甲午战争起到日俄开战前日本的扩张行为，以此激发日本民众的"使命感"，这一点与其他文人的论调并没有什么不同。

石井国次的特别之处在于提出日俄战争期间日本国民应有的"报国之道"，具体包括："吾人同胞虽不能与军人共赴战场之艰苦，唯军人后顾之忧一点，吾人致力之以鼓舞外征之勇气。军人家属有穷于衣食者，救济之。有苦于疾病者，医药慰问之。家业劳力不足者，辅其不足

---

① 平山勝熊『海外富源叢書満洲及西伯利の富源』、隆文館、1904 年、第 3—4 頁。
② 石井国次『国民の覚悟：戦時教育』、富山房、1904 年、序。

之……如斯同胞亲睦协力以慰军人家属，以安外征军人，则外征军人当至奋勇杀敌。""吾人兹于经济极当唤起国民注意。……华族富豪者也，此国家有事之际，善用利用其蓄之财，以示模范。一般人民能勤俭贮蓄勤勉产业多少有助国家财用。响应军事公债，为其第一要义，次则资金献纳寄赠恤兵费，为重要事项……占国人一半的妇人女子，或可成为护士，为国家所用……地方人士一洗旧弊情实，打破小党派心，精砺恪勤发挥自治真面目，节约官厅费用，培养地方财源，以供给军国费用……宗教家于精神事业贡献国家之觉悟最为必要……吾人希望宗教家不忘国家发挥拥护国家之志，不论佛教信徒和基督教信徒，作为日本国民达成报国之至诚。"①

总体来说，日俄战争前日本文人关于日本对俄开战借此向"满洲"扩张的理由大体有为解决人口问题对外殖民、战争有利经济论、扩张领土"以保自存"、加入帝国主义扩张潮流等，日俄战争期间日本文人支持战争以及借助战争向"满洲"扩张的论说基本上延续了上述论调，但在日本扩张的"合理性"角度上也有所扩展，即寻找历史"依据"。

近代日本向朝鲜扩张的论调几乎都以历史上所谓日本侵略朝鲜为例。比如明治政府刚成立不久，1869 年木户孝允主张"征韩论"，为此1870 年外务省制定《对朝鲜政策三条》筹划向朝鲜半岛扩张的策略，其中表明日本向朝鲜扩张的历史"依据"在于"列圣之遗烈丰臣氏之余光德川氏之周旋""在昔神功皇后御一征之雄绩"②，同年 7 月外务省权大丞柳原前光在其《朝鲜论稿》中，更是视朝鲜为"列圣御垂念之地"③。从上述可知，对明治政府政治实权人物而言，都将所谓神功皇后征朝鲜以及丰臣秀吉征朝鲜等侵略历史作为日本向朝鲜扩张的历史"依据"。日本文人也追随日本政府这一历史"依据"论调支持明治政府向朝鲜半岛扩张。但就日本向"满洲"扩张论而言，就笔者目前所找到的资料来说，只是在日俄战争期间出版的《满洲古今史》中，日本文人才开始构建向"满洲"扩张的历史"依据"。

① 　石井国次『国民の覚悟：戦時教育』、富山房、1904 年、序、127—135 頁。

② 　「対朝鮮政策三箇条につき外務省伺」、外務省外務史料館、https://www.mofa.go.jp。

③ 　『朝鮮論稿』、外務省外務史料館、https://www.mofa.go.jp。

《满洲古今史》同样将日俄战争视为日本"保全东亚"的"天职"。在自序中表明，以往清朝和俄国的冲突属于边界之争，而日本和俄国此次争斗属于"天职"之争，从西乡隆盛的"征韩论"开始，保全东亚就是日本的国是，并向此目的迈进，上次为了朝鲜问题与中国开战，这次为了"满洲"问题而与俄国争斗，以此尽日东帝国的"天职"①。

日本在"天职论"下与俄国争斗解决"满洲"问题"保全东亚"，对日本意义何在呢？作者并不讳言，是为了"完成殖民政策"。作者在讲述著述目的时表明："如何完成殖民政策可乎？何等方面寻求殖民地可乎？此是我国现在及将来之大问题也……吾人卜我国之将来，确信成世界之大帝国、宇内优胜国民……发展国力、扩充民族上最必要且容易解决现在及将来之大问题者，独占天赐之好殖民地……不用说满韩之地现在是我好市场，同时将来实是我天赐好殖民地，八道山河，三省土壤，实有待我日本民族才能开发之处多多，且相距甚近，人种相同，文字相同，我国民与此地有绝对的便捷，所以西欧求而不得，特权将归于我手……吾人开拓利用满韩天地，以求发展国力、扩充民族，确信实是我天分也。然希望我国民熟悉满韩之地犹熟悉我领土内之事，可谓今后正当之要求。吾人一般国民有的对朝鲜半岛还没有正确的知识，对东三省一无所知更不足为怪。明白此国民的缺点，以笔耕为业者岂能不注意此。"②

但此书作者足立栗园和平田骨仙并非历史研究者，为了"完成殖民政策"，向日本国民传递关于"满洲"的错误认识，编造日本向"满洲"扩张的历史"依据"，"上古满韩皆日本势力范围也"。作者通过从各种正史野史中摘抄出古代中国东北地方政权与日本关系的史料，将日本与"满洲"的关系概括为："我朝家神明传统、天险开疆、土壤膏腴、人民庶富，故东平肃慎、北降高丽、掳西方新罗、南方会吴使之臣、三韩入朝、百济内属、大唐使驿纳贿、天竺沙门为之归化……千载以下今昔所感如何，朝鲜今辱我，清朝亦未深信我，吞并满韩不知餍的俄国，呈旁若无人之姿。若夫不自奋一番，我日东帝国威名终失坠，且将来发

---

① 足立栗園、平田骨仙『満洲古今史』、積善館、1904年、自序。
② 足立栗園、平田骨仙『満洲古今史』、積善館、1904年、本書の成れる所以。

展国力之机终失去，两千五百年来历史勇名空化而去如过去之梦。"① 以此联系历史和现实，说明日本借日俄战争向"满洲"扩张的历史"合理性"。这可视为日俄战争后日本文人为了迎合日本在"满洲"的扩张甚至是占领"满洲"的目的，而制造虚构"满洲乃古昔我祖先统治""日满一体""满洲非中国论"等历史认识的滥觞。

同时值得注意的是，日本《太阳报》发表《论日本预定满洲政策》，提出日俄战争后日本将以保全中国为自己的义务，基于此要求在"满洲"拥有不同于其他列强的特殊利权。"日本之于满洲永持一义而不变，即所谓保全中国土地而开放满洲是也。然欲实行之而有效则不可不委屈以达之，今使日本果能夺满洲于俄人之手，而一扫其阻力，不稍踌躇遂还之中国。中国果能御俄国将来之侵略乎？能保其永远无祸乱乎？又能保安其土地人民而使有开拓精进之实力乎？是至要之义也。使仅仅拥虚名之主权而不守边境、不治领土，重蹈变乱之覆辙，则日本近日倾无量之汗血以排俄人，不亦太无谓耶？是故保全中国之主义，诚不可有违，而行之要必有其术。日本既以自卫之关系，而倾无量之汗血以为此战，则与其善后而当有最优之权利。且亦负最大之义务者也。满洲开放以后，固当与世界各国享同等之利益，然监督华廷安固满洲，日本不可不有异于他国之特权。使收之于俄人而漫焉归之于中国，则危矣。"②

二　战争期间七博士的狂言妄语

日俄战争期间，在支持战争，要求日本借助战争向"满洲"扩张论调中，主张强烈者仍是户水宽人等人。其中中村进午和户水宽人论调接近，二者在借助日俄战争推进日本向"满洲"扩张上相互支持。比如户水宽人在其出版的《回顾录》和《续回顾录》中，大量罗列中村进午对其著述的批语。

战前中村进午与户水宽人一样持有强硬的对俄开战论，也主张借此

① 足立栗园、平田骨仙『満洲古今史』、積善館、1904 年、緒論。
② 《论预定满洲政策》，《东方杂志》1904 年第 11 期。

实现日本向"满洲"的扩张，扩张的方式也接近户水宽人主张的直接占
领方式。日俄开战后，日本数次击败俄军，于是这些日本文人开始筹划
日俄战争结束后如何处理"满洲"。1904年6月20日，中村进午在《外
交时报》上发表《满洲善后策》一文，该文直接表明日本永久占领"满
洲"的野心："自今以往，前途之最可忧者，则满洲何如处分之一问题
也。将收之归我掌中耶，事固易易，其奈名不正何。将委之清国，一听
其所为耶，暴徒再兴，秩序复乱。我前此所以拼死命与俄相角者，究为
何来，非直为我之不利，且清国之不利，抑亦全世界各国之不利也。有
陈第二策者曰：宜使满洲为永久中立地，或为永久中立之一独立国。虽
然永久中立，必有保证之者，而横览世界，有保证之力者谁耶？虎狼之
俄既不能，残喘之清亦不适，以云英美则地远隔有事之日不能专力以为
保障，以云德法，一在山东一在安南，其势力亦固不足以及远，而满洲
自身无保持中立之诚心与实力，又不待问也。故满洲永久中立，必不可
能之事也。满洲今既脱虎狼之手，而中立不可，委之中国又不能，归之
日本又名不正言不顺，然则更有策以善其后乎？曰：有之有之。曰：满
洲依然立于清国主权之下，我日本可勿为租借之说，惟永远占领其地握
其地之行政权而已。清国赖之而安，满洲赖之而宁，各国赖之而平和，
而清国主权实无丝毫所损害。"①

　　中村进午直接指明日俄战后日本对"满洲"应该"永远占领其地握
其地之行政权而已"，这种扩张方式，与日本政府在《宣战诏敕》中所
宣传的日俄战争性质完全不同，也不是日俄开战前其他博士所主张的经
济扩张，而是接近户水宽人主张的领土占领方式。因此中村进午的文章
一经发表，经中国《大公报》披露之后，迅速引起中国报界的注意，引
起中国社会各界对日本的警觉。1904年6月22日，《大公报》就刊发
《日本中村进午满洲善后策书后》一文，对中村进午言论予以批判："日
本曾宣言曰此战为保东亚大局并不利人土地，战胜后举土地而还之中
国，故曰日本此次之战，盖世界之义战也。今也旅顺陷落在指顾间，满
洲全境已入日人掌握，战事之结果将见日本果为东亚大局而战，抑为利

---

① ［日］中村进午：《满洲善后策》，《日俄战后满洲处分案》，杨维新译案，广智书局
1905年版，第1—3页。

人土地而战，亦将揭晓。乃忽有日本中村进午之满洲善后策出现焉，其策维何，盖永久占领满洲是也。吾读之而惧，汗流浃背，不知所措。倘日政府果为其言所动，则我满洲土地出于俄人之口而入于日人之腹。以暴易暴，吾姑不论，恐我政府又将以受欺于俄者而受欺于日。"① 除了《大公报》报道中村进午的日俄战后日本永久占领"满洲"论以外，日俄战争期间中国主要报刊都注意到日本有着借助战争实现向"满洲"扩张的目的，这也引起清政府当局的注意，在清政府内部传出将就中村进午的日本永久占领"满洲"论，派使节赴欧美各国寻求外交支持。中村进午的上述言论在日本也成为热议话题。

面对由自己言论所引起的中日热议，中村进午随后再度刊发一篇文章《满洲善后策辩》，为自己言论辩解："前曾满洲善后策一编，揭载之于外交时报第七十九号，而中国之报纸多批评予说，谓背初时为公义而战之宣言，怀吞噬满洲之野心。中国政府复有派使臣于欧美议满洲善后策之意。予辈得此报，得不吃一大惊乎。盖日本之不惜牺牲国民之肝脑膏液，涂满洲之野以与俄人决死者，非为悯中国之弱也，非为欲扑灭俄国也，非为维持增长在高丽之势力也，又非为采世界侵略主义，及驱于国家的虚荣心也。实以为非排斥俄国于满韩之外，催压其侵略政策，则不能保东洋之和平，且日本之安固，亦岌岌可危也。满洲既脱俄国横暴之手，则将举而复归之于中国乎？然今日之中国，已无处理统治满洲之实力。苟举而归之，则俄人必复乘机而肆其侵略政策，固可豫必则日本此时又将再举而扫荡之乎？谁能耐此烦扰，且其害更有难测者也。如主持使满洲永久中立之说者，亦仅属空论。盖俄国之蔑视国际法，固从古已然。近观其破坏达达尼尔海峡不能通航之条约，更彰明较著，是则虽欲使满洲永久中立，然保证之者，不知果将谁觅也。近又有唱置满洲于中日两国共同统治之下者，果尔？亦徒种烦恼以酿异日之杯葛而已。不观之桦太岛之往事乎，其置于日俄两国共同统治之下时，纷扰常不绝，前车后鉴，则是说又不可行者也。故以英国人之眼观之，法美德意墺荷诸国人之眼观之，更合中国人及

---

① 《日本中村进午满洲善后策书后》，《大公报》1905 年 6 月 22 日。

日本人之眼观之，宜莫不以置满洲于日本永久占领之下为最安全公平之策……或曰日本市恩于中国，既代彼扫荡俄军，而将以满洲为其报酬也，或曰日本宜得偿金于中国，今不取之，应以满洲为之代也，此皆谬论也。我日本为东洋之和平而战，为祖国之安宁而战，决非为欲取偿于中国而战也。中国而有猜忌日本之心也，则忘千年来之好谊。恩将仇报，则此举也，岂惟中国之不幸而已。偶阅大公报第七百五十六号……云云吾读至此而不禁长太息也。曰：甚哉！中国人士其蛇蝎视我，乃如是哉。试问中国敢自信能以独立维持满洲乎？苟无此自信无此实力，而犹尚疑我，不信赖我，而窃窃焉欲乞教于欧洲列强。吾以为中国之不吊，莫甚于此也。况我辈所论，仍以满洲置诸中国主权之下，不过日本统治之云尔，于中国主权实无丝毫伤也，使中国他日能有实力以统治满洲者，则珠还又非无日耳。"①

虽然先前中村进午的永久占领"满洲"论让中日舆论界哗然，但中村进午在辩论中并没有改变其支持日本永久占领"满洲"的立场。随后，户水宽人发表更加直接和更加强硬的日本占领"满洲"论。1904年9月25日，户水宽人在东京帝国大学的时局学术演说会上发表题为"亚细亚东部之霸权"的演讲，户水宽人此次演讲再次在中日舆论界掀起轩然大波。随后此次演讲被日本出版成书，户水宽人的演讲也被中国文人所注意并且翻译成汉语，中国各界更加深刻认识到日本借助战争向"满洲"扩张的真实目的所在。

在其《亚细亚东部之霸权》中，户水宽人认为："日俄大战大事也，日本开辟以来，所未尝有也。神功皇后之讨新罗，丰臣大阁之征高丽，不足以比之。甲午日清战争之役，犹不足以比之。诚哉我国开辟以来所未尝有也。虽然在二十世纪中以世界的眼光视之，恐将来事之大于此者不知凡几，而日俄战争特其滥觞耳蘸末耳……今日之支那殆已失可为强国之机会矣。支那之国情既已若是，则为日本计以割据大陆与支那土壤相接为上策甚章章矣。质而言之，名义上以满洲还附支那，事实上则以满洲为日本领土，此日俄战后最要之一着也。不此之图而但注目朝鲜弹

_____

① ［日］中村进午：《满洲善后策辩》，《日俄战后满洲处分案》，杨维新译案，广智书局1905年版，第7—11页。

丸黑子之地则战争之结局不惟日本国力不能发展而已，或五七年后第二次第三次之日俄战争将复起焉。夫日俄战争虽至再至三，固所不辞。惟此后如有事也，则战于贝加尔湖以西可也。若复在满洲原野角雌雄，此日本之大不利也。反是而以满洲为事实上日本之领土，则他日当支那有内乱时，我日本以驻屯满洲之兵蹂躏支那可也……于日俄战争之后名义上以满洲还附支那，事实上占领满洲为日本之领土是为上策。满洲与直隶接壤，故领有满洲直可移兵而取道直隶。余今日非公然主张可取道直隶也，盖望日本无论如何何时有得取直隶省之优势而已，能占此优势则全支那之运命，皆吾所左右也。日本若取北清则南清瓦解，而南清固无强大之陆军，苟无列国之干涉，则以取北清之兵，直取南清可也。若南清诸省欲独立而为联邦，则日本当助之，使之达其目的。总之蹂躏北清之后，再取南清或助南清为联邦，其事皆属于日本之自由，相机而动焉可耳……日本乘日本战争之机会而割据满洲，名义上还附满洲于支那，事实上占领之，是实吞并支那最优之凭借也……反是而吾日本停辛伫苦，始得驱俄人于满洲以外，至既驱之后，满洲已久为日本军所屯驻于其间实施军政焉，保护农业征收租税焉，皆得从容布置。因粮于彼以养我军，既无所大费，而他日以满洲为事实上之领土，其基础实建于是，所谓一举而两得者也。日军所屯驻者，为满洲沃土，俄军所屯驻者，为西伯利亚之瘠土……若战而持久，吾知日本之实业，必缘此而益勃兴……吾故曰战而持久于吾日本有大利二焉，大困俄人使之一败涂地，一也。久踞满洲以为异日占领之基础，二也……欲称霸亚细亚东部，则事实上不可不占领满洲，占领满洲，南下以略取支那，有建瓴之势，斯固然也。不宁惟是，更北进而席卷西比利亚，亦意中事也。今次之战，日本但吞并贝加尔湖以东之地足矣。虽然他日不可不立旗于乌拉尔山，饮马于窝瓦河，苟欲此者，则先置远征之根据于满洲。今其时矣，况且日本以朝鲜为领土，满洲抚朝鲜之背，不得满洲则朝鲜卧榻之侧，犹有他鼾声也……综而言之，事实上占领满洲其利于日本者四焉，制支那一也，取西比利亚二也，征俄罗斯三也，保障朝鲜四也。譬之蜘蛛之巢，满洲其中心地也，故欲称霸亚东，则必割据满洲，乘日俄战争之机会，日本不可以不以满洲为事实上之领土，苟能行此则日俄之战，吾之利也，如不能则此战之得恐不足以偿其失也。"①

中村进午和户水宽人虽然都身为东京帝国大学法科大学教授，各自在法学领域造诣颇深，但考察其日本占领"满洲"论，只是遵循着简单的强权逻辑，即清政府不能制止俄国占领"满洲"，因而"我日本为东洋之和平而战，为祖国之安宁而战，决非为欲取偿于中国而战也"，也因为担心清政府没有维护"满洲"的实力，因而主张"满洲"在中国主权之下，由日本永久占领施行事实上统治。

日俄战争开始后，以新闻界的中国文人为代表的中国社会各界对日本向"满洲"扩张的种种言论有所警惕。虽然中国文人在使用近代学术术语构建话语能力上并不强，但对于日本文人通过日俄战争试图向"满洲"扩张的企图，使得中国文人的日本观开始发生实质性转变。以往中国文人将日本视为中国抵御帝国主义侵略的盟友、亚洲解放者或者"东洋和平"保卫者，以日俄战争期间中村进午和户水宽人的"满洲"扩张论为契机，中国文人意识到日本对中国怀有明显的侵略和扩张意图。此后中国文人更加警惕日本在中国尤其是在"满洲"的扩张动向，这导致日本文人所构筑的日本所谓"天职""义战"等"合理化"日本扩张的理论不能继续迷惑中国各界，日本在日俄战争之前以及日俄战争之后所构筑的日本向"满洲"扩张的理论由此也触及了其适用范围的上限，即日本的"满洲"扩张论不论其如何构建种种"合理性"，这些扩张论事实上都直接危及中国主权，即便当时中国贫弱且清政府统治能力低下，但中国文人出于民族大义却不能也并不认可日本文人以所谓"天职"代为掌管"满洲"统治权的论调。换言之，即日本"合理化"的扩张论，不论使用多么精妙的近代学术术语，其只能适用于日本国内各界，并不能以此说服并影响中国文人接受，而从日俄战争开始中国社会主流就开始涌现对日本扩张的抵制和批判。

1905年2月20日，户水宽人进一步发表《世界的大势与日俄战争的结局》的演说，后来该演说被整理发表在各种报纸上。在《世界的大势与日俄战争的结局》中，户水宽人进一步强化了扩张的思维。在其

---

① ［日］户水宽人：《亚细亚东部之霸权》，《日俄战后满洲处分案》，卢籍刚译，广智书局1905年版，第15、22、23、24、25、29、30、31、32、33页。

《亚细亚东部之霸权》中，户水宽人已经露骨地提出要占领"满洲"之地，然后将来以此为基础或者北上与俄国交战，或者南下占领中国更多领土。而在《世界的大势与日俄战争的结局》中，户水宽人除了坚持以往论调中这场战争的目的为事实上占领"满洲"领土以外，还惊人地将战争目的设定为将俄国"贝加尔湖以东之地悉收日本之手"，并设想日本在贝加尔湖以东发展渔业、金矿业以及进行军事部署，以此确立日本在亚细亚东部的霸权。① 户水宽人的言论狂妄程度也让日本各界感到惊愕，虽然由此户水宽人被称为"贝加尔湖"博士，但在日本文教领域以及日本军政各界，只是认为户水宽人提出扩张目标不切实际，并未批判户水宽人的对外扩张逻辑。

在鼓动日本对外扩张论调中，上述"七博士事件"中除了中村进午、户水宽人以外，其他人也从各自的领域在日俄战争期间发表支持日俄战争、支持日本向"满洲"扩张的言论。作为七博士中唯一的经济学者，金井延在战前就主张战争有利经济论，在日俄战争期间发表《国民经济的坚忍持久》，要求国民做好战争长期化的准备。②

在日本已经无力继续对俄国进行进攻，谋求与俄国讲和之际，日本文人仍要求为了更大限度实现扩张的目的，长期进行战争。比如户水宽人继续鼓吹其"满洲占领论"。他于1905年5月13日在静冈县教育会发表题为《论二十世纪的趋势及教育方针》的演讲，其中直接提出："日本借此日俄战争大胜之际，将'满洲'变为日本的领土，名义上将'满洲'交给中国，实际上由日本控制。如此一来，日本独自向'满洲'发展农业、渔业和掌握司法权，静冈的日本法官派往'满洲'执掌司法权。这件事想起来就很有趣。渔民也可做同样的事。立法等诸多事宜均可不必多虑，吾国可在满洲制定法律。满洲虽返还给中国，但实际上归吾国日本所有。虽也有人讲满洲的法理，但也需屈服于日本权力之下。因为日本是战胜国，日本军可随意行动。西伯利亚也如此，贝加尔湖以东应早日占领。"③ "幸而发动日俄战争，应借此机会大力发展侵略主义。

---

① 户水宽人『続回顧録』、有斐閣書房、1906年、第146頁。
② 户水宽人『続回顧録』、有斐閣書房、1906年、第255頁。
③ 户水宽人『続回顧録』、有斐閣書房、1906年、第215—216頁。

如上所述，满洲之地理非常便利，如得满洲则朝鲜易于控制，满洲不论为何处之领土，朝鲜为屡被侵略之国民，如满洲为外国所有，日本不便控制朝鲜，故日本势必占领满洲，占领满洲则易占领朝鲜，满洲不仅为进军贝加尔湖以西地区之策源地，更因满洲与直隶相邻，如中国愚钝，可直取直隶，直隶被占领则中国瓦解，届时以直隶之兵吞并整个中国，此非可笑之议论。"① "因此，作为日本人就应该灌输侵略主义，即扩张领土，此点应作为教育之方针，并必须在学生时代就要在学生头脑里注入侵略扩张之思想。"②

除此之外，以户水宽人为代表的诸博士再次联合起来延续日俄开战前七博士影响舆论的做法，1905 年 5 月 23 日户水宽人、中村进午、寺尾亨、高桥作卫、金井延、建部遯吾、冈田朝太郎七博士再次在南佐庄相会，要求日本不要停战，继续战争直到其扩张要求得到满足。1905 年 6 月 11 日，户水宽人、中村进午、建部遯吾、冈田朝太郎等人在南佐庄聚会后，向日本新闻界发表《媾和条件的最小限度》宣言，诸博士所提出的媾和条件包括：俄国赔偿 30 亿日元；俄国割让萨哈林和沿海州给日本，割让"满洲"土地由日本和清政府两国决定；中东铁路及其附属土地转让给日本，新加坡以东逃跑的俄国军舰和军用船转让给日本，俄国在"满洲"的矿山和其他建设转让给日本；在太平洋和日本海俄国不能设置舰队，在贝加尔湖以东俄国不能部署军队，没有日本的同意俄国不能获得与中国有关的土地利益。③ 户水宽人等博士发表的上述讲和条件 6 月 14 日就被日本新闻界所报道。从日本博士所发表的讲和条件内容可知，除了直接对俄国提出赔偿和领土要求以外，几个日本博士想要实现日本在"满洲"的更大程度上的扩张。这种扩张不仅体现在要割让中国"满洲"土地，获得俄国以往在"满洲"的各种权益，还体现在不许俄国再染指"满洲"，从而实现日本对"满洲"的独占。

户水宽人等人发表的上述媾和条件不仅震惊了清政府官员，就连明治政府也难以接受他们的扩张条件。于是日本文部大臣向东京大学总长

---

① 戸水寛人『続回顧録』、有斐閣書房、1906 年、第 218—219 頁。

② 戸水寛人『回顧録続』、有斐閣書房、1906 年、第 221 頁。

③ 戸水寛人『回顧録続』、有斐閣書房、1906 年、第 255—256 頁。

发出训令要求对"不谨慎"发言的教职员进行训诫。日本外务省则免去寺尾亨参事官职务，免去高桥作卫和中村进午的顾问职务。但早就执迷于日本"满洲"扩张"合理性"的户水宽人等人并没有就此收敛，1905年7月10日户水宽人在《外交时报》杂志发表《讲和时机果真到了吗》一文，再次强调不达到上述媾和最低限度就不该停战。8月24日，在文部省施压下，户水宽人被东京帝国大学给予解除教职处分。这一事件被称为"户水事件"。户水宽人被文部省施压解除教职，非但没有令日本社会弥漫的狂妄的"满洲"扩张的言论得到克制，相反，各新闻报纸纷纷同情诸博士的报道更加速传播了户水宽人等人的"满洲"扩张论。

更重要的是，早在日本开战以前就深受户水宽人等博士提出的向"满洲"扩张的"合理性""正义性"影响的日本民众却深深被户水宽人等人提出的大力扩张的"满洲处分"论所误导，由此直接遭受战争困扰的日本民众反而成为反对日俄停战、必须满足日本扩张要求的政治运动的积极参与者。1905年9月5日，许多反对日本政府与俄国媾和的人士聚集在东京日比谷公园。随后抗议演变成恶性暴动事件，此暴动波及整个东京，内相官邸、国民新闻社、警察局、派出所等三百余处遭到袭击或被纵火，死伤者多达千名，七百多人被抓捕，三百多人遭到起诉，最终明治政府不得不对整个东京下达了戒严令才得以暂时平定暴动。这期间，9月21日，户水宽人、中村进午、寺尾亨、金井延、建部遯吾、冈田朝太郎等六博士发表向天皇请愿书，要求不批准媾和条约。

三　有贺长雄的"满洲委任统治论"

与同为法学博士的中村进午和户水宽人狂言妄语式主张的"满洲"扩张论不同的是，有贺长雄主要是从国际法视角出发，主张"满洲地位未定论"，并以此"合理化"日俄战争后日本统治"满洲"这一要求。曾担任元老院书记官，随后在陆军大学校、海军大学校和早稻田大学讲授国际法的法学博士有贺长雄，作为法律顾问参与甲午战争和日俄战争，1905年在旅顺要塞司令部完成《满洲委任统治论》一书，并于同年3月出版。"满洲诸处要害，虽已尽入日军之手，而其地位未定，日军民政上之措置，深形不便，俄国所有官有诸产业，日人对之，亦难于处置……满洲之地位未定，而若推断之，以求处理之方法，则有数定则存焉，是无他。第一满洲者中国之一地方而日本人与列国共负中国领土保全之言责者也，是故满洲无论何时宜在中国主权之下，既不可合并于日本，又不可无中国之书诺，而日本可行使主权于其地也。第二满洲之一部若辽东半岛者，原已属日本之领地，俄与德法出而干涉始还附中国，而俄附自进而占之，以胁日本势力范围之朝鲜，是日俄战争之原因也。故日本既战胜则对于其地不可不行一定之干涉，其干涉之者无他，中国既自无实力可以制俄人之非行，则日本欲护朝鲜之独立以图自国之安全，不可不代中国行主权于其地，盖日本之目的欲以制俄国之南逞也。第三既割于日本而复还者，在前虽系盛京省之南部，其界自鸭绿江至平安河口，亘凤凰海城以南，而此后欲以制俄国之南逞，使之不敢下鸭绿江以伐木，因以制朝鲜，则日本代中国行使主权之土地，不可不比前日还附中国之土地较为广，其界及满洲全境与否，固在将来之合约，而宜横领鸭绿江对岸之地域，则不可待论而知也。第四日本代中国行使主权既述于第三，而其所行使主权之范围及方法不可不使日本足以抵制俄国而有余，其详细则斟酌中国之事情并察历史上之经验而定之，最足以为模范者，若英国对于土耳其之昔布里斯与埃及之苏丹墺大利对于土耳其之坡士尼亚与赫斯戈维纳是也。第五日本既赞成中国之门户开放而先列国以唱导之，则其于满洲行使主权无论范围如何方法如何，其关于经济政策不可不施行门户开放之主义，而独占利益之政策，是俄国之覆辙，万不宜有者也。以上五项，乃满洲事件之定则，苟日本能维持其战胜之地位，则无论日俄两国之和议以何时而收局，或由列国公会以定，或日俄两国以定，皆必能维持此五项之关系，无可动也。而其程度之如何，亦可由今日以推其大概，所最宜研究者，日本代中国所行主权之范围及方法，即第四项所言者也。"①

　　具体涉及日本代行中国在"满洲"主权的方法，有贺长雄认为："日本行于满洲之局部保护权，自论理言之，有三种方法。其一凡中国之主权者在满洲应行之事务，日本尽行之，曰代理统治主义。其二日本

---

　　① ［日］有贺长雄：《今后之满洲（原名满洲委任统治论）》，《日俄战后满洲处分案》，周宏业译评，广智书局1905年版，第38—41页。

与中国共行主权于满洲，而区别其事务之种类，各分其劳，曰联合行政主义。其三满洲之事务由中国自行，日本唯立于监督之地位，曰监督行政主义……以上三主义之中，为日本计，则代理统治主义，最有利益者也。盖日本为满洲之事已掷多大之人命与财产，则其偿之也，亦不可不有多大之利益。若联合行政主义，则日本之利益已与中国共之，监督行政主义，则举其利益之全部，拱手以奉中国，日本所供之牺牲不几尽掷于虚牝。且以俄国之大，虽割土地赔军费，犹不足制其野心，日本苟不扼其咽喉，则今日日本退明日俄国来，战胜之利益犹之未也，故以报酬言日本之代理统治，尤其最廉者也。"①

除此之外，有贺长雄认为由日本代替中国行使在"满洲"主权，是对中国"有益"之举。"即由中国而论，满洲为俄国占领已三数年，代理统治之实已成默认，今唯从俄国之手而移于日本，抑有何择。且其在俄国也，范围为定约无明文，扩张与否，俄国自有其自由。今若移于日本，则经正式之条约，列国所共认之，较之在俄尤有利焉，况以所见犹拟留主权于中国，彼尚能保其利益之一部也。是故以法理论之，日本行委任统治之权于满洲，乃因一定之目的，由中国之自由意志所结之条约而来，故日本常负完此目的之责任，使日本不能尽此责任，则无论何时中国有撤回其委任之权也，而其一定之目的为何，则防俄之侵袭，是其大端，其余尚无限也。"② "中国以满洲之统治委任于日本，而自保其主权，有数端可证于实际者。满洲之住民，仍为中国之人民，若往中国别处地方，任以中国人民相待。即往外国，亦受中国外交官之保护，日本毫不得而干涉，其对日本不负兵役之义务，纵编入满洲地方军队，亦作为中国兵勇，尽忠诚于中国皇帝，虽受日本将官指挥，非日本兵也。唯纳税之义务，原所以充统治之费用，日本亦得向中国人民责之，而其地之国旗，永守清国之国旗，固无论矣。不独此也，满洲地方之交通机关，虽在日本委任统治期内，中国人尽得使用之，纵由日本所设，亦犹自国之物。中国之

---

① ［日］有贺长雄：《今后之满洲（原名满洲委任统治论）》，《日俄战后满洲处分案》，周宏业译评，广智书局1905年版，第42、43页。

② ［日］有贺长雄：《今后之满洲（原名满洲委任统治论）》，《日俄战后满洲处分案》，周宏业译评，广智书局1905年版，第43、44页。

货币，亦暂作为合法货币，于满洲地方任意行用……且也日本之委任统治满洲也，其所用之官吏，固不必限于日本人，除日本事务之大纲外，凡直接人民之官吏，仍以地方人士为宜，此不独满洲人民之大利，日本亦蒙其福，否则生中国人民之反抗为统治上之阻力，是于台湾既已实验。日本之于满洲务求不改其住民之习惯风俗历史语言宗教而施以较中国稍良之行政，使其人民之负担，较之所受善政之利益加增不甚过遽，而公平其裁判以怀柔其人民，而举统治之实又扩张其起业之范围以收实利焉。"①

　　但有贺长雄的"满洲委任统治论"，即日本代中国在"满洲"行使主权的论调，马上遭到了中国文人的极力反对。梁启超专门写成《读〈今后之满洲〉书后》一文批判有贺长雄的上述论调。梁启超认为："原著谓为中国计划割让满洲最为上策，此实骇俗之言，若痛极而姑为滑稽也者，虽然委任统治与割让其事实上果有异乎？有贺氏征引先例，而举英之于昔布里斯岛及奥之于坡士尼亚赫斯戈维纳为证，此其事犹悬远，或非吾国人所能悉也。实则何必欧洲，其最切近之比例，即十年来中国之租借地，若胶州旅顺大连威海广湾，皆与委任统治异名同实者也。异哉！有贺氏原著有所谓委任统治与清国主权之一章也……以上所述，即有贺氏所谓委任统治无损于中国主权之论据也。呜呼！吾不知有贺氏为此言将以欺世界耶，将以欺中国耶，抑还自欺耶，自欺则何必欺世界又安能彼直以一手掩我四万万人之目云尔。如谓以自由意志缔结条约即为无损主权之征也，则谓我犹有主权于台湾香港可也，谓法犹有主权于奥斯鹿林可也。何也？彼曷尝非以自由意志缔结条约也。乃若其所举十端，以之为主权之实现也，则法律上'主权'之解释，虽论战未定，顾其为物也，绝对无限最高完全不可分，则今世学者率宗此义，亦有贺氏所常称道也。曾谓彼所举十者，足以当此名词否也，且有贺氏胡勿曰吾日本战争之权利不容尔老大帝国容喙也，则吾靡怨也，顾悍然于其大著中奋笔为'委任统治与清国主权'之一章，岂有他哉，为我国签委任状时当局者一解嘲之资而言。胶州条约第一条云'惟中国帝权不得稍损碍'，广湾条约第一条云'中国自主权毋得妨碍'，凡此皆以条约为主权

---

① ［日］有贺长雄：《今后之满洲（原名满洲委任统治论）》，《日俄战后满洲处分案》，周宏业译评，广智书局1905年版，第45、46页。

之保证者也,而试问以上诸地我所得行之主权果何在也?又胶州湾条约第三条云'因恐将来中德两国或于主权上生冲突,故清国政府允于租借期限内,将该地施行主权之权利,不自行之而以委诸德国',此约文及解释委任统治之性质最确当者。而有贺氏处分满洲之政策皆基是租借云,委任统治云,狙公饲狙朝四暮三云尔,吾国人若犹有不知委任统治为何物者,则何不取胶威旅大之事以观之也,夫胶威旅大诸地,固国际法家所认为'平时占领'之一种而吾国人心目中,亦共信其为覆水难收者也,使满洲之前途而竟如有贺氏所言也,而犹谓其有愈于割让,吾苦不知其所愈者何在也,故我国今后苟能于割让与委任统治之外,而更有他术焉以善其后,则其利害犹有可言者,如仅于此二者之中校利害而已,则周氏所谓与其委任毋宁割让之说,吾取之。"① 与上述户堆栈央水宽人等博士狂妄的"满洲"扩张论所发挥影响不同的是,有贺长雄从国际法视角所提出的日本"满洲委任统治论",对日俄战争后日本军政机构在"满洲"谋划扩张产生直接影响。

第三节 日俄战争后日本民间的"满洲经营"论

考察日俄战争期间日本文人各种以所谓"满洲经营""满洲处分"构想在"满洲"扩张日本的势力范围,最喧嚣的莫过于户水宽人等人要求借助日本战胜俄国直接占领"满洲",还有如有贺长雄提出"满洲委任统治论",谋求对"满洲"的控制。这些日本文人无疑把政治意义上的控制"满洲"既作为日俄战后日本在"满洲"扩张各种经济利权的前提,也作为日本在"满洲"扩张的最终目的所在。这些日本文人的思维方式清晰地呈现出"满洲"日本化的特征。"满洲"日本化一方面体现为日本文人的思想中无视"满洲"主权属于清政府,也对日本独占"满洲"引起西方列强抗议并不敏感。另一方面日本文人视野的"满洲"已经不再是异域,而是在着眼"满洲"的现实和未来时都主张应该由日本

---

① 梁启超:《读〈今后之满洲〉书后》,《日俄战后满洲处分案》,广智书局 1905 年版,第 102—105 页。

主导,以日本视角为中心的"满洲",即日本中心化的"满洲"。日俄战争后日本中心化的"满洲"扩张论进一步扩展。

一 侵害清政府主权的"满洲经营"论

日本文人从日俄战争前就已经开始构建的日本"满洲"扩张"合理论",一再以俄国侵占清政府主权为依据对俄国的"满洲经营"进行批判,但日俄战争后日本文人关于"满洲经营"的论调,反而与俄国一样着眼于在"满洲"扩张势力范围和利益范围,并不在意这种"满洲经营"是否会侵害清政府的主权。

加藤政之助通过实地考察"满洲"各地后提出其日俄战争后的"满洲经营"论,但这次实地考察只是丰富一些"经营"的细节,以何种方式进行"满洲经营",早在其实地考察之前,就已经在其头脑中形成。在实地考察"满洲"各地前,加藤政之助就日俄战后的"满洲经营"政策经常与朋友交谈。

最初加藤政之助的战后"满洲经营"策略包括:(1)日本继承俄国在"满洲"的租借地,俄国在"满洲"其他建设也归于日本;(2)扫清俄国在"满洲"的势力以后,如曾向世界宣扬的那样,开放"满洲"成为各国的市场,但在清政府军备实力不足以守备边境的情况下,为免再遭敌国蹂躏,故在某条件下暂缓将"满洲"交还给清政府,由日本代清国支配"满洲";(3)日本对"满洲"和中国大力发展通商;(4)日本指导诱掖清政府改善其政治扶植使其文明以绝东洋之祸根。[①]

在考察"满洲"各地时,尽管随处可见战争给"满洲"各地中国民众造成的极大伤害,通过接触日本"满洲"派遣军高级军官也不难得知日军在占领地如何排挤清政府当地官员侵害中国主权,但这些基本事实并没有进入加藤政之助的考察思维中。加藤政之助在结论中就战后"满洲经营"进一步提出扩张建议:(1)作为战胜的结果,日本继承俄国租借地旅顺大连,由日本陆军海军完成对旅顺大连的军事经营;(2)大连作为商港建设,利用铁路吸纳欧洲大陆及沿线的旅客货物,作为日本的

---

① 加藤政之助『満洲処分』、實業之日本社、1905 年、第 1—2 頁。

旅客货物的吞吐港;(3)中东铁路作为战利品由日本获得,对其加以修复使其能运输,与韩国铁道相连,由日本政府统一管理,使其成为"满韩经营"的枢轴;(4)俄国在"满洲"各地建设的矿山及其他事业由日本继承;(5)旅顺大连租借地以外的日军占领地应该交还给清政府,但目前清政府军备不足、对敌国没有防御力,恐再遭敌国蹂躏,故与清政府约定数年之内由日本代其守护且统治"满洲",秩序恢复后开放"满洲"成为世界的市场,在某种场合或条件下不妨碍将"满洲"统治权交给清政府;(6)发展"满洲"及中国各地的商业;(7)获得"满洲"和中国的河流航运权;(8)不兑换军票,为将军票财政及经济机关使用创立日清银行,该银行拥有货币铸造权。①

加藤政之助作为结论的"满洲经营"策略与最初设想的一致,即借口不予撤离日军,借此由日本掌控"满洲"的统治权,进而像日俄战前俄国一样占据"满洲"各种权益。加藤政之助这种无视清政府在"满洲"的主权,进而采取与战前俄国一样独占"满洲"的经营策略的"合理性"在于,"日本对俄战争大胜,实有史以来未曾有之大业伟绩,光辉我国威于八纮,博得列强惊叹,名实相符为世界一等国,跃进盘旋角逐之盛运,满洲又同时为我民族发展之所在,我国势扩张之所在,将又为东洋和平关键之所在,毋庸讳言成全战胜效果的大责任即在满洲处分问题"②。

二 依据条约的"满洲经营"论

但也有一些日本文人并不是从上述以日本视角为中心、无视清政府主权的"满洲"视角去看待日俄战争后的"满洲经营"问题,而是客观地认识到应该在日俄《朴茨茅斯条约》规定的范围内以及在"满洲"开放而非日本独占的前提下去谋划"满洲经营"问题。法学士平田德治郎就是如此。平田德治郎从1905年5月开始在"满洲"实地考察,随后出版其《满洲论》一书。在该书中平田德治郎指出关于"满洲经营"的方针,指出日本国民的一部分主张将南"满洲"完全纳入日本的势力范围,日本官民自由策划行事,无视列强的利益,这些让人吃惊的极端言

---

① 加藤政之助『満洲処分』、實業之日本社、1905 年、第 185—186 頁。

② 加藤政之助『満洲処分』、實業之日本社、1905 年、序。

论是错误的。日本在"满洲经营"的方针应该是"宽严相施"。所谓"宽"就是指依照条约规定的权利，作为个人示人以专心贸易和居住之实，与列国竞争把握商机，作为政府示人以机会均等主义之实，标榜其公正无私为要。所谓"严"，除了在旅顺大连租借地以及日本在铁路运输及其附属事业以外，日本跟列强处于平等地位。但在旅顺大连租借地日本可以自由开展民政和军备活动，这是日本对"满洲经营"的最后保障。具体来说，其"满洲经营"策略包括以下四点：（1）依照《朴茨茅斯条约》第3条规定，俄国不承认在"满洲"的领土上侵害清政府主权或与机会均等主义不相符的利益或优先的让与或专属的让与，全部交还清政府的行政权；（2）依据《朴茨茅斯条约》第7条关于铁道的规定，日本在"满洲"的经营一般限于工商业目的，不可用于军事目的；（3）依据《朴茨茅斯条约》第8条规定，为增进日俄两国的交通运输，决定将两国各自的铁道连接，为顺利实施，约定不采取对抗行为，因此日本的铁路政策应该是世界性的不该是地方性的；（4）清政府为了开放"满洲"和允许外国人居住经商，除了开放原来的营口、奉天、大东沟以外，还开放了16个地方，对此日本应该改变对清政府的政策，同时速速动员日本国民到重要的地方居住经商。①

从平田德治郎的"满洲经营"论中可以看出，其根本上不同于上述意欲独占"满洲"侵害清政府主权的"满洲经营"论，平田德治郎"满洲经营"论的前提是依据日俄签订的《朴茨茅斯条约》，主张依据和约规定日本享有的权利，在不侵害清政府主权以及保证"满洲"对列强开放的基本框架下日本进行"满洲经营"。但平田德治郎所代表的稳健的"满洲经营"论只是日俄战争后"满洲"扩张论的组成部分，其影响力比不上上述以日本视角为中心、侵害清政府主权的各个"满洲"扩张论。

三　日本"满洲"扩张"合理论"的制度化

上述日本文人都是依据其学识和社会声望，以一种启发和呼吁式语调论述日本借助日俄战争的胜利向"满洲"扩张的"合理性"和"必

---

① 平田德治郎『満洲論』、經濟世界社、1906年、第5、3—4頁。

要性",对整个日本社会而言,上述日本文人的"满洲"扩张论最初是一种新论。但随后日本向"满洲"扩张的"合理性"和"必要性"的论述,就逐渐成为整个日本社会的"共识"。从少数拥有学识和社会声望者提出的"满洲"扩张论到成为日本整个社会的"共识",这意味着日本的"满洲"扩张论进入更加深入的制度化阶段。

推动"满洲"扩张论成为日本整个社会的"常识",除了民间舆论的一再呼吁和文人的著述以外,日本还通过教育手段这一制度性力量推动"满洲"扩张论成为"常识"。1907年日本文部省图书课发布公告要求将有关日俄战争的内容加入教科书中,1908年东京市小学校长会编纂的《普通小学地理历史补充教材材料》就是将日本的"满洲"扩张论制度化为"常识"的体现。

在《普通小学地理历史补充教材材料》中,作为补充材料主要是在教材中增加关于韩国、库页岛和"满洲"地理,尤其是日俄战争方面的内容。与叙述性的内容相比,《普通小学地理历史补充教材材料》从逻辑意义的"合理性"角度将以往作为异域存在的"满洲"转换为以日本视角为中心的"满洲"。其中尽管承认"满洲"是中国领土的组成部分,但"满洲"却是日本以举国之力遏制俄国南侵挽救东洋和平的所在。在日俄战争部分,认为日俄战争因为甲午战争后俄国、德国、法国逼迫日本把辽东半岛交还给清政府,然后俄国不仅占有辽东半岛和"满洲",还侵略韩国,威胁日本帝国安全。对此日本为了保护韩国的独立和领土主权,为了维持日本在韩国的优先权,为了日本帝国的利益和安全,除了打破俄国的侵略政策以外别无他法。为此日本一再与俄国进行谈判,但俄国拒不履行从"满洲"撤兵的约定,反而再次向清政府提出占领"满洲"的要求,另外在韩国表现出危害朝鲜半岛的野心,大力扩张军备。随后俄国海军和陆军进行侵略的准备,对此日本不得不对俄开战。日本战胜后获得在韩国的优先权,俄国将旅顺大连租借地和库页岛南部以及中东铁路南段转让给日本,这场战争极大宣扬了日本国威、扩张了日本国权,遏制了俄国侵略,维护了东洋和平。①

---

① 東京市小学校長会『尋常小学地理歴史補充教材資料』、泰東同文局、1908年、第29—30、51—70頁。

教科书所代表的制度化认知力量，就这样将实质上与俄国一样侵害中国和朝鲜主权以及在"满洲"建立以日本为中心的势力范围的日俄战争，变换为为了遏制俄国侵略、维护东洋和平的"正义"战争，并借此宣扬日本国威、"合理"扩张日本国权。户水宽人于 1905 年 5 月 13 日在静冈县教育会发表题为"论二十世纪的趋势及教育方针"的演讲，提出"作为日本人就应该灌输侵略主义，即扩张领土，此点应作为教育之方针，并必须在学生时代就要在学生头脑里注入侵略扩张之思想。"① 曾作为户水宽人个别文人的认知如今由于制度化教育力量的推动而逐渐成为整个日本的"常识"。

以七博士为代表的日本文人向日本政府施加压力要求对俄国开战，并向社会各界传播日本应该与俄国开战以及向"满洲"扩张的构想，这些日本文人的"满洲"扩张论通过向日本社会传播，使得一般日本民众开始改变长久以来对明治政府的怀疑态度以及对战争的抵触态度，积极投身参加日俄战争，日俄战争结束以后日本民众仍旧是日本"满洲"扩张论的最广泛支持者。除此之外，在公共认知上，日本文人在日俄战争前后所构建的日本向"满洲"扩张种种"合理性"，逐渐从日本文人的私论和私见成为日本公共认知空间内的常识，乃至这种常识得到日本教育的推动而成为制度化的认知。在政治和外交政策层面上，以七博士为代表的日本文人在日俄战争前后所构建的种种"满洲"扩张论，成为此后日本军政机构及其代表人物进行种种"满洲"扩张策论的前提。但不同于日本文人主要在公共文化空间内对其"满洲"扩张论的宣扬，日本军政机构及其代表人物的种种"满洲"扩张论主要在政治层面和外交层面上进行，并在相互冲突和相互协调下形成日本国策意义上的"满洲"扩张策略以及实现"满洲"扩张的途径。

---

① 戸水寛人『回顧録続』、有斐閣書房、1906 年、第 215—216、218—219、221 頁。

第二章

日本军政机构的"满洲"
扩张论与满铁的设立

第一节　战争期间日军在"满洲"的军政统治

一　日本军政人物的对外观

明治政府虽然成立，但是原幕藩体制下的各种旧势力仍有较大的活动能力，导致各种动乱不断，叛乱也时有发生，最大的叛乱莫过于1877年西乡隆盛率领旧萨摩藩士族举兵对抗的"西南战争"。同时，在内政上日本开始启动学习近代西方的政治、经济和文化制度的改革，但这种制度改革需要较长时间才能见效，因此日本并没有迅速实现富国强兵的目标。因此，从当时日本的客观实力来看，日本并没有远超中国、朝鲜的实力，在国际外交舞台上也不是一个重量级的存在，不具备左右东亚国际外交的能力。但明治政府建立不久就在1872年阁议通过派遣西乡隆盛出使朝鲜，着手"征韩"，1874年借口琉球漂流民被杀"征台"，1875年对朝鲜开展炮舰外交，制造"江华岛事件"，1879年最终吞并琉球，随后全力侵略朝鲜，中日甲午战争爆发。上述明治政府成立后的一系列扩张举动，并非建立在改革之后日本国力军力大增这个物质基础上，而是由于明治政府中的军政实权人物一开始就有着极强的扩张野心，并利用东亚国际形势的变动，尤其是在西方列强侵略下东亚各国处于衰弱的局面，企图将对外扩张野心具体实现。

所谓明治政府中军政实权人物的对外观，是一种表现为认识、判断和评价主要世界局势的思想活动，这些关于国际局势的思想活动有的是真实呈现，有的只是以片面、虚构和夸大的"事实"呈现。但这些思想活动并非个体层面上的感情和意识，而是关于日本国家利益如何在国际局势中实现以及实现步骤的界定，并直接影响了明治政府的对外政策。

明治政府成立后，日本军政人物主要关注欧美各国以及中国和朝鲜的局势变化，并且在此基础上形成日本特殊的对外观，以及确定明治政府特殊的对欧美外交政策以及对中国和朝鲜政策。1868年2月8日，明治政府首次发布关于对外基本方针的公告。在公告中，明治政府认为外国事宜因为"幕府从来之错误，因循以至今日"，如今世态大变，大势所趋，不得不承认所订条约。大大充实兵备，布国威于海外万国，承诺"外国交际之仪，以宇内之公法"[1]。同年发布天皇的亲笔诏书《宸翰》，直接表明日本对外扩张的意图："拓万里之波涛，布国威于四方。"

明治政府的军政人物虽然在上述布告中宣布遵守国际法，但在这些军政人物的对外认识中，却不断出现以所谓"时势""现实"的认识为依托，以此呈现出日本的对外扩张意识，并且逐渐形成支撑日本对外扩张的独特观念和逻辑。日俄战争期间，与日本文人构建各种理论、不断呼吁民众支持战争实现日本向"满洲"扩张一脉相承的是，日本各军政机构纷纷提出各种"满洲"扩张政策，以此影响或决定日本政府具体向"满洲"扩张的策略和途径。

二　日军在"满洲"军事统治机构的建立

日俄战争期间日军在"满洲"各占领地以军事行政方式进行统治，其军事行政的最初目的是保障日本"满洲"派遣军军事需要，但渐渐日军在"满洲"占领地的军事行政开始成为殖民地式管控，借此谋求在各"满洲"要地扩张日本利益和建立日本的势力范围。日军在"满洲"各占领地的军事行政就成为在中央的日本陆军省、参谋本部和日本"满洲"派遣军实现其日本"满洲"扩张论的途径。

---

① 芝原拓自、猪饲隆明、池田正博『日本近代思想大系12 对外观』、岩波书店、1988年、第3页。

日俄开战后，各国相继宣布中立，清政府也宣布严守局外中立。随后清政府于 1904 年 2 月 13 日照会日本外务省，声明"应按局外中立办理……其盛京、兴京为陵寝宫殿所在，并责成该将军等敬谨守护，东三省城池官衙人民财产，两国均不得稍有损伤。……然三省疆土，无论两国胜败如何，应归中国主权，两国均不得侵占"①。2 月 15 日日本外务省回复清政府："为照复事：日本国政府并无扰乱妨害贵国和平之意，除俄国占据地方外，所有贵国疆域，本国必与俄国同一尊敬贵国之中立。日本国兵队，于战争之处，确守交战公法，断不损害地方财产。……凡战斗境内，贵国官民除与战事实有关系外，日本军队于其身命财产必当十分尊重保护。……总之，日本与俄以干戈相见，乃为保守我应有之权势及利益而起，本无侵略宗旨。日本政府于战事结局，毫无占领大清国土地之意。贵国疆域中所屯兵队，除与战事有关系外，必不敢有损害大清国主权之事，请转告贵国政府查照。"② 日本外务省在回复中声明在战争中保护"满洲"地方民众和财产，保证不损害清政府主权。但日俄开战期间，除了给中国民众的生命和财产造成巨大伤害以外，日军还在其占领地设立军政署，并建立起完整的军事行政体系，事实上架空了清政府在当地的行政权，极大侵害了清政府的主权。日军在占领区的军事统治直到 1906 年 12 月撤销在各地的军政署才宣告终结。考察日俄战争期间以及战后日军在占领区的军事行政可知其已经远远超出其军政和军需范围，几乎将所有的占领区民政事务纳入管辖范围，日军在占领区的军事统治更像是一种殖民统治。

在日军尚未与俄军开战时，日军大本营决定在"满洲"派遣军中设置军政委员职务，由日军军官担任，要求该军官具有通晓汉语，了解中国风俗习惯，以及能够维持与清政府官民的良善关系等才能。更明确地说，最初设置军政委员职务使其充当"军事的领事官"角色，即负责军需交涉。1904 年 4 月 17 日，大本营正式就设置军政委员职务向"满洲"

---

① 王芸生：《六十年中国与日本》第 4 卷，生活·读书·新知三联书店 2005 年版，第 187—188 页。

② 王芸生：《六十年中国与日本》第 4 卷，生活·读书·新知三联书店 2005 年版，第 188 页。

派遣军参谋长下达指示："就此次战役，即如参谋总长训示，对清国官民处置交涉最要谨慎注意。已在大本营选定熟悉驾驭清国官民者，作为军政委员派遣，适当利用清国官民，谋划我军之便利。贵军将来关于物资征集、搬运工具征用及证票使用等一切事务，与派遣至贵军之军政委员商议，由其适当施行。"[①] 4 月 21 日大本营任命陆军工兵中佐佐仓辻明俊、步兵少佐斋藤季治郎、松浦宽威和步兵大尉川崎虎之进为"满洲"军政委员，4 月 23 日大本营制定了《满洲军政委员派遣要领》。

在《满洲军政委员派遣要领》（以下简称《要领》）中规定："第一为随我军前进在满洲内地镇抚民心各安其业派遣军政委员。第二军政委员须设在满洲内地清国官宪所在地。第三军政委员接受军司令官或高级指挥官指示进行工作。第四军政委员以军官充任之，附属人员包括宪兵尉官一名、宪兵同下士四名、宪兵下士两名、宪兵上等兵二十名、翻译官三名、马夫两名，必要时人员可增减。第五军政委员及其他人员使用由陆军大臣配备的马夫和佣人。第六军政委员及宪兵尉官骑马，但平时不骑马者所需马匹和马夫在满洲征用和雇佣。第七下士以下所需兵器被服的调配由陆军大臣定之，公用行李及事务用品等由参谋总长准备之，行李箱子依适宜办法搬运。"[②]

从上述《要领》的规定来看，军政委员尽管负责"镇抚民心各安其业"行政事务，却不是由外务省派员而是由军官充任，军政委员由大本营任命但在隶属上却直接听命于"满洲"派遣军司令官和高级指挥官，而不是直接对陆军大臣或者参谋总长负责，在《要领》中陆军大臣和参谋总长只负责军政委员及其附属人员的物资调配。因此军政委员及其手下实质上属于"满洲"派遣军。

4 月 23 日大本营陆军部发布《满洲军政委员派遣细则》（以下简称《细则》），其中明确规定了关于军政委员的职责："一军政委员派遣目的如别册派遣要领所示，其本意在指导清国官宪，容易为我军征集人

---

① 日本陆军省『明治三十七八年戦役満洲軍政史』第一巻、1916 年、第 8—9 頁、アジア歴史資料センター、www.jacar.go.jp。
② 日本陆军省『明治三十七八年戦役満洲軍政史』第一巻、1916 年、第 69—70 頁、アジア歴史資料センター、www.jacar.go.jp。

夫、给养品、器具及诸种材料等等，谋划我军之便利。……四军政委员为我军衙军人和清国官宪或官吏中间一媒介者，以图清国官宪为我军诚意尽力。"① 简单来说军政委员就是沟通日本"满洲"派遣军和清政府官吏的"中间一媒介者"。

5月11日军政委员在安东县开设第一个军政署，从而使得军政委员的职权依托机构实体进行。随后5月12日在凤凰城、5月26日在金州、5月27日在大孤山、5月31日在大连、6月19日在复州、6月在岫岩、7月在营口、8月29日在盖平、8月在海城、9月6日在辽阳、11月在烟台等地设置军政署。1905年1月在旅顺，3月在奉天、铁岭和新民府，5月在法库门，12月在开原和昌图，1906年2月在瓦房店继续设置军政署。上述日军一共设立20个军政署，按照军政署隶属的不同，分为不同的时期。9月7日设立辽东守备军后的辽东守备军时期；1905年4月26日，日军设立"满洲军"总兵站监部后的辽东兵站监时期；9月26日设立关东总督府后的关东总督府时期。从这些军政署的开设时间看，绝大多数军政署为日俄战争期间开设。但1905年5月日俄战争结束以后，尽管遭到清政府关于日俄战争结束应该撤除军政署的抗议，但日军仍在法库门、开原、铁岭和瓦房店开设军政署。日俄战争结束以后日本"满洲"派遣军开设的军政署显然不是出于服务与俄国战争军需的目的。

5月军政委员在安东县建立第一个军政署，不论是在上述《要领》还是《细则》中，虽然规定要为军政委员配置附属人员，但并没有要求军政委员在"满洲"派遣军所占地区建立行政机构。如上文所述，日本大本营最初将军政委员限定为"军事的领事官"以及处于日军和清政府官衙"一媒介者"的地位，随着军政署的大量设立，军政委员事实上成为军政官，众多军政署成为日军在"满洲"地区的军事统治机构，这个军事统治机构完全改变其"军事的领事官""一媒介者"的定位，从军需军政领域扩展到管理占领地区警务、卫生、教育、交涉、交通运输、工商业等民政领域，借此排挤侵犯清政府的官吏职权。

① 日本陆军省『明治三十七八年戦役満洲軍政史』第一卷、1916年、第71—72页、アジア歴史資料センター、www.jacar.go.jp。

军政委员这一职务通过在日军占领地区设置军政署而予以机构实体化，进而由最初办理日军军务负责与清政府官吏沟通的"中间一媒介者"，进一步将其职权范围扩大至占领地区的民政事务，最终造成排挤侵占当地清政府官吏的职权，无视清政府主权的局面。这些变化反映的是日本陆军省、参谋本部和"满洲"派遣军企图借助日军占领局面扩张日本利益利权，希望造成既定事实，以便日俄战后日本进行"满洲"扩张的意图。

日本攻占旅顺后，面对日军取得如此意想不到的胜利，日本军事机构的高级军官们开始放弃最初承诺不损害清政府主权以及坚持"门户开放"原则，"理所当然"地谋划在"满洲"如何扩张。其中，总管日军占领地军政的日本"满洲"军高级参谋福岛安正提出"满洲战后处分案"。该案内容如下："战胜后将满洲交还中国之际，作为对我巨费与鲜血的报酬，理当向中国政府要求的各项概略如下：（1）俄国在辽东半岛的租借地由我继承。盖以中国之实力对抗强国压迫已难自保，若在为他国所占，则东洋和平恐有扰乱之虞。（2）哈尔滨为水陆交叉要冲，实满洲北门之咽喉，故此地强固，则满洲三省人民可以高枕无忧，一旦失去，将导致三省秩序动荡，甚至造成有如今日之战争。鉴于中国目前实力不足以坚守此地，而此地之得失立即牵涉满洲之安危，进而严重影响我帝国之利害，故必须在某一段时间内以我兵力严守之。因此，以哈尔滨为中心，以二百里半径范围内为租借地，于此修筑坚固要塞，且要塞守备兵之外另驻守一个师团，其费用由中国支付。（3）自永甸河起，经宽甸县、隶阳城、凤凰城，至大洋河口内划为租借地，以强固韩国西北边境。（4）获得自鸭绿江下游某地起以至辽阳或奉天之铁路，自同一地点起沿辽东南岸以达普兰店或金州之铁路，自奉天义州或辽阳义州线上某地起以达吉林之铁路敷设权。（5）开采长白山矿藏和采伐树木权利。（6）与俄国签订合约之前，为维持满洲安全并稳固秩序，吉林、奉天、辽阳由我军驻扎，人数不需过多，借此兵威以强固我维信，俾将来对满洲的计划容易进行。（7）享有奉天直隶及山东沿岸之渔业权。"① 该案

① 太田阿山『福島将軍遺績』、大空社、1997 年、第 270—271 頁。

直接显示了日本军方在"满洲"扩张的野心,这种扩张完全是依靠日本战胜俄军的余威,并无任何条约依据。福岛安正构想的在"满洲"扩张的程度甚至要比俄国更甚,却与上述七博士主张直接占领和统治"满洲"的扩张构想相似。

除了福岛安正以外,日俄开战后从参谋本部总务部长转任"满洲"军司令部兵站课长分管日军在占领地军政事务的井口省吾,7月5日上任后对各地军政官作出训示,要求从7月1日开始在"满洲"日军占领地域内给予从事实业的日本移民居住和营业许可,以巩固战后日本获利的基础。[1] 9月23日,在辽东兵站监部取消前,井口省吾进一步向"满洲"军司令大山岩提出意见书,"在日俄媾和条约批准后将达成的日清间协约中,不仅不要放弃我公私既得权利,还应进一步获得利权,尤其是出于军事行动而进行的各种施设,要求清国政府承认等"[2]。此意见书显示出日本要借助占领状态,将战争期间侵犯清政府主权的日本军政所造成既定事实,要求清政府予以承认,从而成为战后日本"满洲经营"的基础。

而随军出征的法学博士有贺长雄提出的"委任统治论","合理化"日本的军政统治,对军政署扩大职权范围侵犯清政府主权有直接影响。后来关东都督府在编纂日俄战争期间和战后日军在"满洲"进行军事统治的《满洲军政史》时,就直接引述有贺长雄的理论以"合理化"其军事统治。当时有贺长雄在其《日俄陆战国际法论》中指出,日俄战争中日军占领地区在中立国版图之内,日军为行使行政权特别设立军政委员,军政委员最引人注意之处在于由熟悉中国生活、风俗和习惯的日军军官担任,直属于各军的参谋部。军政根本上不同于民政,按照海牙《陆战法规与惯例公约》第43条规定,合法政权的权力实际上落入占领者之手,占领者应尽力采取一切措施,在可能范围内恢复和确保公共秩序与安全。当"满洲"正当的权力在清政府官员手中,日军不应插手,

---

① 角田顺『満州問題と国防方針——明治後期における国防環境の変動——』、原書房、1967年、第282頁。

② 角田顺『満州問題と国防方針——明治後期における国防環境の変動——』、原書房、1967年、第282頁。

所以恢复和确保公共秩序与民众安全不应由军政委员负责。但当清政府地方官员没有施政能力而导致秩序紊乱，对日军造成不利影响的情况下，军政委员在占领地的行政就要包括民政部分。① 战争期间，日本军政委员就屡屡以所谓的"维护秩序"或者"日军军事需要"为借口将其职权扩展至民政范围，以此侵犯清政府的主权。

因为日俄战争期间日本外务省在"满洲"当地并没有足够的领事官员负责与清政府官吏的交涉，所以只能接受隶属于"满洲"派遣军的军政委员充当"军事的领事官"，为此外务省开始着手对军政委员制定规则。1904 年 6 月 30 日，外务省制定了《满洲占领地施政方针》，规定："关于归我军占领满洲地方，我于国际法上行使军事占领所有一切权利，自不待言。此际以不超过俄国原来在该地所施行的过大权力为宜。关于满洲占领地之施政，以在不超过俄国施行过的做法范围内，适当行使我权力为大方针。满洲地区其性质上有俄国租借地、清国开港地及清国内地之别，其施政亦自以此区别，其趣稍异为必要。第一俄国租借地……租借地设置军政厅，以军政长官总辖各部之行政事务并司法事务，军政长官幕僚内以一名外交官或领事官充任之，主要适当处理外国人有关事务、与外国交涉事务。第二清国通商口岸设置军政厅，基于自身军事的必要进行各种施政的同时，基于军事必要的允许，适当承认清国地方官掌管地方的民政，关税事务也基于军事必要的允许，适当使现任职员处理。军政长官幕僚内以一名外交官或领事官充任之，主要适当处理外国人有关事务、与外国交涉事务、关税交涉事务等。……在清国内地，俄国亦承认清国地方官的任职，因此我占领后亦保留其职。"② 外务省制定《满洲占领地施政方针》规范军政委员的权限，其中要求在军政委员的幕僚中加入日本领事官负责与外国人和外国机构交涉事务，但实际上这一设想并没有实现。另外，即便是在外务省派遣领事官的日军占领地区，也不能对军政委员进行实质性约束。因此，尽管日本外务

① 日本陆军省『明治三十七八年戦役満洲軍政史』第一巻、1916 年、第 67—68 頁、アジア歴史資料センター、www.jacar.go.jp。

② 「第七節　占領地行政」，『日本外交文書』第 37 巻・第 38 巻別冊日露戦争Ⅲ、第 239—240 頁、外務省外務史料館、https://www.mofa.go.jp。

省制定了《满洲占领地施政方针》，但军政委员及其军政署只接受日本"满洲"派遣军的指挥，因此上述日本军事机构高级军官借助日军军事统治侵犯清政府官员职权、造成有利于日本扩张的既定事实的趋向并没有改变。

依据《关于陆战法规与习惯的章程》关于敌国占领地行政的规定："第三编 在敌国领土内的军事当局 第四十二条 领土如实际上被置于敌军当局的权力之下，即被视为被占领的领土。占领只适用于该当局建立并行使其权力的地域。第四十三条 合法政权的权力实际上既已落入占领者之手，占领者应尽力采取一切措施，在可能范围内恢复和确保公共秩序与安全并且除非万不得已，应尊重当地现行的法律。第四十四条 禁止强迫被占领地居民参加反对其本国的军事行动。第四十五条 禁止强迫被占领地居民向敌国宣誓效忠。第四十六条 家庭的荣誉和权利、个人的生命和私有财产以及宗教信仰和活动，应受到尊重。私有财产不得没收。第四十七条 应正式禁止抢劫。第四十八条 占领者在占领地内征收为其国家利益而确定的税捐、费用等，应尽可能按照现行征收规则和分配办法。占领者并因此有义务提供合法政府有义务提供的占领地所需的行政费用。第四十九条 如在前条所指税捐以外，占领者在占领地征收其他现金捐税，则此项捐税应仅限于支付该地军队和行政的需要。第五十条 不得因为个人行为，而对居民给以任何罚款和其他的一般性惩罚，居民对个人的行为并不承担连带的责任和由某几个人共同负责。第五十一条 除非有书面命令和总司令负责，不得征收任何捐税。此项征收必须尽可能依照现行征收和分配捐税的规则实施之。对任何捐税必须向捐税人出具收据。第五十二条 除非占领军需要，不得向市政当局或居民征用实物或劳务。所征实物或劳务必须与当地资源成比例，其性质不致迫使居民参加反对祖国的作战行动。此项实物和劳务的征用只有在占领地区司令的许可下方得提出。对实物的供给应尽可能用现金偿付，否则须出具收据。第五十三条 占领军只能占有严格属于国家的现款、基金和有价证券、武器库、运输工具、货栈和给养以及一般供作战用的一切属于国家的动产。铁路器材、陆上电报、电话、不受海商法管辖的轮船和其他船舶、武器库以及一般的即使属于社团或私人的军火，都是可供作战之用的物资，但在媾和后必须归还，并予以补偿。第五十四条　来自中立国的铁路器材，无论是该国国有或社团或私人所有，均应尽速送回。第五十五条　占领国对其占领地内属于敌国的公共建筑物、不动产、森林和农庄，只是被视为管理者和收益的享用者。占领国必须维护这些产业并按照享用收益的规章加以管理。第五十六条　市政当局的财产，包括宗教、慈善、教育、艺术和科学机构的财产，即使是国家所有，也应作为私有财产对待。对这些机构、历史性建筑物、艺术和科学作品的任何没收、毁灭和故意的损害均应予以禁止并受法律追究。"①

从《海牙公约》"第三编　在敌国领土内的军事当局"规定来看，因为只有旅顺大连原来属于俄国的租借地，所以其可以被视为敌国占据地，可以依照上述规定由占领国开展行政。但在俄国租借地以外，都属于清政府主权范围内地区，并非敌国占据地，另外清政府在日俄开战后采取中立立场，因此除了旅顺大连俄国租借地以外地区，即便属于日本和俄国的交战区，但依据《海牙公约》属于中立国地区。因此，上述日军军政委员和军政署随意将其职权扩展至民政范围，随意扩展至其他日军占领地，显然违反了《海牙陆战公约和惯例》的规定。

上述外务省关于军政委员行政权限的规定，反映的是外务省国际协调的立场，但在军政委员向日本"满洲"派遣军军政官转换，以及在日军占领地以军政署为中心的日军军事统治机构的扩张中，上述反映外务省意见的规定对于日本"满洲"派遣军来说并没有实际约束力。在日本高级军官的授意下，日本"满洲"派遣军的指挥官以及在日军占领地的军政官们，自行扩大其行政职权和范围，最终在日军占领区建立起由日军控制涵盖军政和民政的完整行政体系，极力排挤和侵占清政府在"满洲"地方官员的职权和清政府的主权。

1904年12月24日辽东守备军制定公布了《辽东守备军行政规则》，其中明确扩大军政委员的权限。"第七条　为谋求帝国军队的便利，维持地方居民的安宁秩序，执掌必要的行政事务。……第八条

---

① 《国际条约集（1872—1916）》，世界知识出版社1984年版，第197—199页。

军政委员为行使职权，经军司令官认可，发布必要的规则，对违反者予以制裁。第九条　军政委员为维持管区内的秩序保护居民的安宁，有必要依照地方原来的法规或者参酌帝国的法令，对居民的犯罪进行裁决，但判处死刑应提交军司令官认可。第十条　军政委员对管区内民事纷争案件请求裁决时，依照地方原来法规惯例或参酌帝国法令予以裁决。第十一条　军政委员在其管区内监管非军人军属的帝国臣民，其犯罪者将之移交陆军检察官，而军人军属犯罪者移交其所属部队长官或陆军检察官。第十二条　军政委员在管区内对帝国臣民及清国和其他外国人可以收取租税和捐税，其税目、税率和征收手续由军司令官另行制定。"① 从中不难看出，辽东守备军制定的规则明确赋予军政委员极大的权限，在日军占领地区可以拥有行政权、征税权和司法权，这些都是以往关于军政委员职权规定中没有出现的权力。尤其是司法权，在行使司法权时竟然可以参酌日本的法令，还可以对日本国的臣民和军人的犯罪行为拥有司法管辖权，这意味着军政委员的权限近似治外法权性质了。

而就在 1904 年 6 月 30 日外务省制定的《满洲占领地施政方针》中，将军政委员的权限限定在不超过以往俄国权力实施范围，而且依据"满洲"所存在的俄国租借地、开港地和"内地"具体确定职权范围，为此外务省还要求在军政署幕僚中加入外交官或领事官负责外国事务、与外国交涉。除此之外，外务省制定的《满洲占领地施政方针》中，除了在原俄国租借地军政委员可以总辖行政和司法职权以外，不论是在开港地还是"内地"，都要求军政委员承认清政府在"满洲"地方官的职权。可见外务省强调的是军政委员的职权需要在国际协调下进行，但辽东守备军制定的上述行政规则实际上已经无视日本外务省制定的《满洲占领地施政方针》。

而在辽东守备军 12 月 24 日公布《辽东守备军行政规则》之前，大本营于 9 月 15 日在关于设立辽东守备军的训示中强调："二、辽东守备军司令官在俄国租借地（包含金州）地方行政应以海牙公约中附属的陆战法规

---

① 「第七節　占領地行政」、『日本外交文書』第 37 卷・第 38 卷別冊日露戦争Ⅲ、第263—264 頁、外務省外務史料館、https://www.mofa.go.jp。

惯例第三编内容为依据。三、在俄国租借地以外管辖区域，辽东守备军司令官指挥军政委员以前项规定为准，为了军事上的必要，进行各种施政。但民政上在不妨碍军事上范围内由清国地方官吏掌管。……六、辽东守备军司令官制订关于在管辖区域的行政规则，并向大本营报告。"① 大本营给辽东守备军司令官的训示中，已经明确日军在俄国租借地和非俄国租借地两种不同的行政方式，在非俄国租借地确定民政仍由"清国地方官吏掌管"，但辽东守备军司令部经过八稿确定下来的《辽东守备军行政规则》，完全明确扩大军政委员的权限包括行政权、征税权和司法管辖权。尤其是在参酌日本法令规定下，司法管辖权无疑是一种治外法权。因为虽然规定中将清政府的法规和日本的法令并列，但这种并列也是对清政府在"满洲"主权的直接侵犯，因为清政府法规和日本法令并列从而给军政委员的行政依据以较大自由范围，这种自由往往都会有利于日本的利益而损害"满洲"当地官府和民众的利益。最重要的是，《辽东守备军行政规则》完全删除以往"民政仍由清国地方官吏掌管"这一原则。这意味着《辽东守备军行政规则》已经把最初作为"军事的领事官"的军政委员及其军政署，转变为日本"满洲"派遣军在日军占领地的统治机构，授权其排挤侵占当地清政府官员职权和清政府主权，并按照日本国内法令进行内政式的统治。这种内政式的统治发生在异域的"满洲"，而并非日本国内，因此可视为对日军进行殖民地式统治。

三　营口日军军政署的扩张

上述先后成立的 20 个军政署中，大多数在日俄战争期间建立，但日俄大规模战役结束以后，在没有军事需要的情况下，日军仍在法库门、开原、铁岭和瓦房店开设军政署，这显示出日军把军政署这一军事统治机构作为扩张日本在"满洲"势力范围和利益范围即"满洲经营"的基本工具。在这些军政署中，日军在通商口岸营口（外国人多将营口称为牛庄）设置的军政署在侵犯清政府主权上最有代表性。这体现在清政府一直要求营口道台赴任，但先后被日军和日本外务省所拒绝，为此

---

① 「第七節　占領地行政」、『日本外交文書』第 37 卷・第 38 卷別冊日露戦争Ⅲ、第 263—264 頁、外務省外務史料館、https://www.mofa.go.jp。

清政府和日军、日本外务省一再交涉；还体现在日军营口军政署完全展现了借助日军占领东北各地的机会，扶植日本势力，在"满洲"当地出现日本利益优先的扩张策略。另外，日军其他军政署在 1906 年 10 月 1 日前撤销，但营口军政署直到 1906 年 12 月 6 日才被撤销。

义和团运动后俄国占领营口，拒绝清政府营口道台行使职权，俄国自己任命行政长官管理海关以及征税等事务，营口实际上已经完全被俄国所控制。日俄开战后，7 月 25 日俄国从营口撤退，日军占领营口。早在 6 月 30 日外务省制定的《满洲占领地施政方针》中即规定："营口现为清国之贸易港，与内地地位有别。俄国目下为独自在该地施政，承认清国地方官之职权。今后我军占领该地后，允许清国地方官回归原职。"① 因此，为了有别于俄国对营口的占领，日本外务省决定允许清政府的营口道台回归原职。但是外务省这一决议遭到营口军政委员的反对，随之日本外务省也转变态度，支持日本军政委员拒绝清政府营口道台回归原职，甚至支持军政委员及其军政署独自对营口进行管理，建立类似俄国占领营口一样的军事统治机构，从而实现将营口作为日本的势力范围和利益范围。

7 月 24 日，日军占领营口，军政委员与仓喜平准备赴任，在与仓喜平到任前由盖平军政委员高山公通代为管理营口军政。得知日军占领营口以后，日本外务省出于考虑不能任由军政委员施政，为了维持在营口各国的关系以及保护日本的利益，应该迅速派遣领事官到营口掌管民政事务。于是日本外相小村派遣濑川领事官前往营口，在濑川到达营口之前，其职务由天津总领事伊集院兼任。同时针对在营口如何施政这一问题，7 月 28 日和 7 月 29 日分别致电日本驻清公使内田以及伊集院总领事，要求按照 6 月 30 日制定的《满洲占领地施政方针》，允许清政府道台归任原职并掌管民政。但也强调一点，这只是大体方针，可以基于军事实际必要予以变更。② 但 7 月 29 日清

① 「第七節　占領地行政」、『日本外交文書』第 37 卷·第 38 卷別冊日露戦争Ⅲ、第 263—264 頁、外務省外務史料館、https://www.mofa.go.jp。
② 「第七節　占領地行政」、『日本外交文書』第 37 卷·第 38 卷別冊日露戦争Ⅲ、第 263—264 頁、外務省外務史料館、https://www.mofa.go.jp。

政府新任道台文韫在与高山公通会面时，高山公通以没有得到训示允许清政府道台归任原职为由，拒绝接受文韫道台履职。文韫道台不得不回到锦州等待。

随后，与仓喜平赴任后向兵站课长井口省吾建议，"此际正是满腔精神，将营口租借 99 年，扶植之使实权永远置于日本国旗之下，与大连一起经营，万一我政府战后恢复和平之后交还清国，利用现在机会……保留实权"①。7 月 31 日山县有朋参谋总长致电日本"满洲"派遣军司令，指示营口的民政及海关在当地秩序恢复以及对军事没有妨害后，再交由清国道台管理，但现在按照与仓喜平建议采取与俄国占领营口同样的措施。② 山县有朋在下达命令时并没有直接拒绝营口道台归任原职，而是采取拖延策略，指出现在应该采取像俄国一样的独自占领营口政策。从中可以看出，山县有朋代表的日本军方在处理日军占领地行政问题上与上述外务省依据《海牙公约》制定的行政方针不同，日本军方并不在意《海牙公约》关于中立国权利的规定，简单地以所谓的"军事需要"或者"维持秩序"为名排挤营口道台侵害清政府主权，这种思维与俄国借助义和团运动以所谓"恢复秩序"为名占领"满洲"各地并没有什么不同。

而最初依据《海牙公约》界定军政委员在日军占领地行政权限的日本外务省很快就转向支持日本军方。7 月 31 日，清政府就营口道台赴任一事照会日本驻清公使内田，内田向小村外相寻求指示。8 月 10 日小村外相在回电中指出，依据日本"满洲"派遣军司令的意见，即日军占领营口时日尚浅，当地秩序还未充分恢复，现在出于军事需要还不能让营口道台赴任，要求内田公使以此答复。③ 与 7 月 29 日小村外相对濑川领事的指示相比，数日过后小村外相就改变其立场，转而支持日本军方以"军事需要"和"恢复秩序"名义拒绝营口道台赴任。8 月 17 日，清

---

① 角田顺『満州問題と国防方針——明治後期における国防環境の変動——』、原書房、1967 年、第 282 頁。
② 「第七節　占領地行政」、『日本外交文書』第 37 巻・第 38 巻別冊日露戦争Ⅲ、第 263—264 頁、外務省外務史料館、https://www.mofa.go.jp。
③ 「第七節　占領地行政」、『日本外交文書』第 37 巻・第 38 巻別冊日露戦争Ⅲ、第 263—264 頁、外務省外務史料館、https://www.mofa.go.jp。

政府再次以日本驻营口领事已经到任为由要求营口道台赴任，但被日本外务省再次拒绝。由此在营口道台赴任问题上，外务省成为日本军方独自占领营口以及通过执掌营口军政和民政扩张日本利益策略的支持者。

随后军政委员像俄国占领营口一样无视清政府主权独掌营口军政民政权力。首先为了"利权伸张"迅速取缔以往禁止日本人前往营口的禁令，同时在营口设置警官进行管理。8月2日，日军大本营福岛少将视察营口，日本驻营口领事伊集院在与福岛少将会谈中介绍营口军政署的施政。比如，日军军政委员以"军事需要"为名控制了海关并尽量将海关职员换成日本人，将海关的收入交由日本正金银行保管。军政委员将海关收入用于营口市内道路卫生警察等支出，以此进行日本的"权利扶植"，以及拒绝营口道台的赴任。① 这次日本领事官向大本营参谋汇报军政委员的施政情况，不但没有按照之前外务省制定的规则要求福岛少将纠正军政委员侵害清政府主权的行为，反而与军政委员立场一致拒绝营口道台赴任。显然大本营早已掌握这一情况，尤其是福岛安正最开始主张借助日军军事统治造成既定事实扩张日本在占领地的权益，因此对于营口军政委员侵犯清政府主权的行为也没有加以制止，实际是予以默认和支持。

在日俄战争期间，营口军政委员以"军事需要"为名独自掌管营口市内道路建设、卫生、警察、税收和海关等行政权，后来到了辽东守备军时期更是占据了司法管辖权。由此营口军政委员借助日军占领营口的时机，独掌营口的行政权和司法权，除了用于军事需要以外，更是以建立和扩大日本人在营口的势力范围为目的。

第二节 战后日本军方关于"满洲经营"的构想

一 日本军方核心人物的"满洲经营"构想
日俄战争期间，山县有朋担任参谋总长，是日本军方筹划"满洲经

① 「第七節 占領地行政」、『日本外交文書』第 37 卷・第 38 卷別冊日露戦争Ⅲ、第263—264 頁、外務省外務史料館、https://www.mofa.go.jp。

营"的关键人物。与日本文人着眼于构建日本向"满洲"扩张"合理性"不同的是，山县有朋作为职业军人，其对战后日本"满洲经营"的构想与军事需要直接相关。1905 年 3 月，日俄在奉天会战结束后，山县有朋考虑到俄军在四平街增兵布防，兵力达到日军的 3 倍，因此其在意见书中指出，此后作战最为重要，万一失算，以往胜利将成为泡影。①而日本已经无力继续增兵，因此山县有朋此时下定决心与俄国停战媾和。早在 1904 年 7 月的日俄辽阳会战时山县有朋就已经开始构想通过日俄媾和，日本借此获得并扩张其在"满洲"的利权。当时山县有朋与首相桂太郎商定的谈判方针是："一与俄国交战的目的是保全满洲韩国，为了确立东邦永远的和平、完成帝国的自卫，我应维护利权。二于满韩和沿海州等地，我应扩张利权，以图发展我国力。三于清国占有优越的势力，以作足以应付将来东亚和平问题之基础。四对韩国按既定方针，纳入我主权范围，确立保护实权。对满洲某种程度上成为我利益范围。"②从中可以明显看出，山县有朋、桂太郎等日本军方实权人物已经明确通过日俄战争实现在"满洲"扩张的基本思路，这种扩张是要通过在"满洲"控制利权的方式，将"满洲"纳入日本的利益范围。

在日俄媾和谈判之际山县有朋提交的《战后经营意见书》以及随后提出的《满洲经营概论》，成为日本军方关于战后"满洲经营"最有代表性的构想。山县有朋关于战后"满洲经营"的着眼点在于防备俄国日后对日本的报复。"今后十年或二十年间彼（俄）尝试大恢复运动，并企图向我复仇，此无容怀疑之余地，吾人从今以后必须有此觉悟……总之视此次和平为较长期的休战最适当。"山县有朋把"满洲经营"的重点集中在军事上，由此强调铁道的军事价值，"哈尔滨旅顺间的铁道于我们应成为军用铁道，作为专供控制俄国南下之用，确定维持此种状态才应是稳妥之策"，相反并不看重铁道的经济价值，"东清铁道如前所述本为军用目的铺设，其收支应该不容易相偿，况俄国已经体验证明。今后归我国领有的应当只是哈尔滨以南的路线，哈尔滨以北的货物直接以

① 德富猪一郎编『公爵山県有朋伝』、山県有朋公記念事業会、1933 年、第 687 頁。
② 德富猪一郎编『公爵山県有朋伝』、山県有朋公記念事業会、1933 年、第 689 頁。

浦潮斯德为出口,我方铁道就因被切断与物产丰富之腹地之联系而不免受到损害,而且纵使辽河的水道并不轻便,亦不失为我们铁道的竞争者"。其不看重铁道的经济价值也与其看轻"满洲"的经济价值直接相关:"以余之所见满洲之地虽极为广大,但所到之处人烟稀少,无望迅速收得工商业之利,改良大连湾租借地发展满洲的进出口,其所得恐尚且不足补偿其所失。最能迅速获得实际利益的除旅顺煤矿之外别无所求。"①

因此,基于防备俄国军事报复的原因,山县有朋主张战后"满洲开放",尤其是在距离俄国较近的"北满地区",引入其他列强参与。"满洲之地战后虽理当归还清国,帝国回顾列国之信赖也不能废弃其公约,但以清国今日之实力,欲维持满洲一带的和平和秩序并控制俄国的南下运动,亦为困难之事。我们于和平恢复之后,第一实现满洲开放,在海拉尔哈尔滨等重要地点开各国互市以控制俄国的野心,并在一些名义下使若干军队驻扎在哈尔滨以南要地,一方面保护讲和之后归我所有之铁道,另一方面控制将来俄国南下所必须采取的手段。"② 山县有朋基于军事上防备俄国报复的原因,主张在经济上通过"满洲"开放让更多列强参与获得"满洲"的经济利益,而不是由日本独自掌控"满洲"的经济利益,即"满洲中立"立场。持有同样立场的还有"满洲"派遣军参谋田中义一,田中义一在日本军中很有影响力,1906 年田中义一曾与山县有朋一起起草《帝国国防方针》。田中义一认为:"满洲其气候与工商业情况,于我邦人而言绝非便利之地……大陆交通网虽形成,其所获实利用于维持该铁道以外剩余不多,不足以供给庞大资源以助日本国的培养。"③ 也就是说,山县有朋和田中义一所代表的日本军方核心人物在战后"满洲经营"构想上尽管以扩大日本在"满洲"的利权为目标,但并不主张以殖民地经营的方式去扩张。

因此,山县有朋在战后"满洲经营"上主张"满洲"对列强开放这

---

① 大山梓『山県有朋意見書』、原書房、1966 年、第 278 頁。

② 大山梓『山県有朋意見書』、原書房、1966 年、第 278 頁。

③ 小林道彦『日本の大陸政策 1985—1914——桂太郎と後藤新平——』、南窓社、1996年、第 108 頁。

一立场，而不是坚持以日本为中心的排他性立场。坚持"满洲"对列强开放，可以视为对日俄开战前日本陆军中流行的通过"满洲"开放以便制衡俄国的"满洲中立"构想的继承。日俄开战前，1903 年 6 月 8 日井口省吾总务部长向参谋总长大山岩提出《满洲对俄国行动关于帝国应采取措施的意见》，该意见书主张："纵令帝国为自国生存之必要奋起俄国收敛退缩，非为将来其不再行动计，则帝国将来之安全难以期望，为此驱逐俄国于满洲之外开放满洲以为各国之互市场，以生各国利害关系，满洲能为不被各国毒手所触之中立地。"① 在日俄开战后不久，曾任参谋本部第二部长、战争期间任"满洲"军司令部高级参谋的福岛安正甚至主张："首先为断俄国侵略之念，将来俄国经营之铁道为世界所共有……各国人均可成为股东。"②

　　除了上述日本军方核心人物持有"满洲"中立化的立场，作为有着巨大政治影响力的元老伊藤博文，也从国际协调的立场出发支持更加全面的"满洲"中立化。首先是铁路的"国际化"管理。日俄开战后，1904 年 11 月 12 日，伊藤博文向英国驻日本使馆书记官表明，"确保永远和平的唯一手段是，将东清铁道国际化……由国际团体管理铁道是对下次俄国侵略维持满洲安全的唯一之路"。其次是"满洲"的"国际化"，"日本看透韩国难免被俄国蚕食之际，因对俄国侵略的纯粹恐惧而卷入战争，此并非扩张领土之立场。与俄国战争加入日本取得最终胜利，日本不占有满洲且此地域遥远，也无能力无限期维持大量的守备军。日本明确声明尊重保全清国"③。

　　作为日本军方代表人物的山县有朋把"满洲经营"的重点集中在军事上，由此强调铁道的军事价值，以铁道为重点的"满洲经营"确立日本在"满洲"的优势地位。而日本军方的另一位代表人物儿玉源太郎作为日本"满洲"派遣军的总参谋长，在战后"满洲经营"构想上，与山

---

　　① 角田顺『満州問題と国防方針——明治後期における国防環境の変動——』、原書房、1967 年、第 239 頁。

　　② 角田顺『満州問題と国防方針——明治後期における国防環境の変動——』、原書房、1967 年、第 239 頁。

　　③ 角田顺『満州問題と国防方針——明治後期における国防環境の変動——』、原書房、1967 年、第 239 頁。

县有朋相比有很大不同。儿玉源太郎曾担任中国台湾地区总督，有着殖民地统治和经营的经验，因此儿玉源太郎的"满洲经营"主张参照东印度公司的殖民地经营方式，提出以铁道及其附属事业为依托进行殖民地式经营。早在《朴茨茅斯条约》缔结前，后藤新平就帮助儿玉源太郎起草《满洲经营策梗概》，全面提出其战后"满洲经营"的构想。

《满洲经营策梗概》提出："战后满洲经营的唯一要诀，表面上以铁道经营伪装，背地里进行各方面的建设。据此要诀，租借地内之统治机关和获得的铁道之机关全然分开。铁道之经营机关，假装与铁道以外的政治军事毫无关系。租借地之统治机关，目下以讨论中的辽东总督府充任。作为铁道的经营机关，特设满洲铁道厅，作为政府直辖机关，铁道的经营、铁路的守备、矿山开采、奖励移民、地方警察、改良农工业、对俄国和清国的交涉以及整理军事谍报，另兼一部分平时铁道队技术教育。然我获得铁道，为长春至大连干线及数个支线，其一部通过辽东总督管辖地内，很容易就在总督府和铁道厅之间产生意见冲突。为预防之，须由总督兼任铁道厅长官。铁道守备队，应由辽东总督麾下军队派遣，有关守备任务，应受铁道厅长官指挥。"①

二 关东总督府的建立及军政式"满洲经营"的实施

尽管日本军方核心人物如山县有朋和儿玉源太郎还在探讨何种"满洲经营"，但实际上日俄战争后在"满洲"的日军以远超过山县有朋和儿玉源太郎设想的"满洲经营"方式，利用日军占领"满洲"各地的态势，将日俄战争期间存在的军事统治机构军政署进一步升级整合，建立关东总督府统管各地军政署，制定军政纲领，继续侵犯清政府在"满洲"各地的主权，全面进行军政式的"满洲经营"。

当初"满洲"派遣军以所谓的"军事需要"为借口，在日军占领地任命军事委员设置军政署，形成日军在"满洲"的军事统治机构。其中，以营口军政署为代表的日本军事统治机构不断排挤"满洲"地方官员，独占行政权和司法权，招徕日本移民开展土木、教育等民政事务，

---

① 鹤見祐輔『正伝後藤新平 4 満鉄時代』、藤原書店、1967 年、第 15—16 頁。

侵害清政府主权。但日俄战争结束后，尽管已经不存在所谓"军事需要"，但日军非但没有撤除在日军占领地的军事统治机构，反而通过建立关东总督府，使其管理旅顺大连、昌图、铁岭、奉天、辽阳、瓦房店、营口、安东和新民等地，在这些地区进一步要求日军统治机构管理警务、土木、卫生、调查和教育等民政事务。关东总督府这一名称中的"总督"一词，往往是在殖民地经营中设立的官职，再加上关东总督府的管辖范围已经超出日本从俄国获得的旅顺大连租借地范围，这显然是日军试图强化战争期间施行的依靠军事统治进行扩张的策略，以便进一步在这些地区确立日本的势力范围和利益范围。

1905 年 9 月 27 日，日本公布了关东总督府编制要领，规定总督由大将或中将担任，下设幕僚、理事、炮兵、工兵、经理部、军医、兽医、邮政各部，并将旅顺大连的民政署纳入其中，成员达 569 人。10 月31 日关东总督府人员配齐，大岛义昌任总督，总督机关设置在辽阳。随后日本"满洲"派遣军总司令部开始将其所属机构转归关东总督府管理，其中将日俄开战后新设立的第 14、16 师团划归关东总督指挥。10 月 22 日，日本"满洲"派遣军总司令致电关东总督，确定从 11 月 25 日开始关东总督直属于大本营，原来"满洲"兵站监部所属部队划归关东总督府，依据关东总督府勤务令，负责守备战后日本获得的租借地以及俄国转让的中东铁路及其附属事业，奉天铁岭军政委员和新民厅军务官也划归关东总督指挥。日本"满洲"派遣军司令部将其所属所管的各机构转归关东总督府指挥管理，以此充实关东总督府的实权。原先出于军事需要的军政官和军政署通过转归关东总督府而得以保留，再加上设在旅顺大连的关东州民政署从"满洲"军总司令部中脱离，转属于关东总督府，这使得关东总督府明显成为在日军占领地统管军政和民政的最高机构。

11 月 1 日，关东总督就施政要点发布训示。在训示中除了要求关东总督府下属各机构协助完成日军撤离任务、加强铁道和电线的守备警戒、加强军队培训以外，还表明要继续在"满洲"扩张。"东洋和平的保障有赖于我满洲经营之适否如何，以战胜之余威和兵力之保护，速速开发富源，确立我势力扩张之基础，不用说乃刻下之急务，尤其保护允许居住于满洲帝国臣民发展的商权，使其经营不被妨害，为当局应努力之所在。"① 除此之外，在《关于我陆军战后经营的参考文件》中，更具体指出在"满洲"日军的"战后经营"，是要在朝鲜半岛、旅顺大连以及满铁附属地以外的广阔南"满洲""扶植军事势力、准备作战、进行民政和工商业施设"②。在"满洲"，日军的这一构想得到了儿玉源太郎的同意。

为了将关东总督府建成战后日本军方进一步在"满洲"扩张各种权益的中枢，新任关东总督大岛义昌还想进一步扩张其权限。12月17日，关东总督大岛义昌回东京就关东总督府施政提出如下意见：（1）要求将关东总督的权限扩大到统管"满洲"的文武外交事务。其理由是"满洲"不同于台湾，"满洲"与敌国接壤，有关文武外交等处理若失其机，则国权遭突然侵害。（2）总督府机关中加入交通部军政部，关东州军政署作为执行机关隶属总督府……（4）总督府幕僚中配属一名外交官。（5）编成隶属于总督府的军政署，租借地以外的军政署划归总督府……（8）野战提理部隶属于总督府。理由是今后"满洲"的作战计划以铁路运力为基准制订。③ 该意见书还特别提到一点，日军军政署成员在主要场合要假装成文官，掩饰其军官的身份。

但大本营并没有同意关东总督大岛义昌要求全面扩大关东总督权力的意见，关东总督要求其权限像殖民地总督一样扩大到文武外交领域并未成功。但关东总督仍试图在日军占领地实质性地扩张其文武和外交权力。文武大权指的是民政和军政权限，但上文所述关东总督府的编制中，仅仅是把关东州民政署纳入其组织之中，并没有专门成立民政机构，其民政管理多依赖战争期间在日军占领地建立的军政署。因此，可以说关东总督府尽管新加入很多机构，也开始取代日本"满洲"派遣军总司令部的职能，但战争期间在日军占领地建立的日军军政署成为战后

---

① 陸軍省『明治三十七八年戦役満洲軍政史』第一卷、1916年、第235—236頁、アジア歴史資料センター、www.jacar.go.jp。

② 小林道彦『日本の大陸政策 1985—1914——桂太郎と後藤新平——』、南窓社、1996年、第110頁。

③ 陸軍省『明治三十七八年戦役満洲軍政史』第一卷、1916年、第225—227頁、アジア歴史資料センター、www.jacar.go.jp。

关东总督府进行"满洲经营"的基本力量。

所以在 1906 年 4 月 10 日，关东总督府专门制定《军政实施要领》，明确依托各地军政署扩张日本的权益："第一军政署（包含军务署）本质为在其管辖区域内掌管军政保护居民，担任日本军队和人民与清政府官民的交涉，但在日本领事官所在地不能干涉领事官职权；第二军政执行基准在于专为实现军事上的目的，其当局常常注意获取维护日本利权及居住民发展，但不要逸出此轨道；第三军政执行方针为积极行事采取地方主义，对清国官民努力温和怀柔，但获取日本利权时机不可放过，或有利达成军事上之目的要断然实行；第四达成以上目的的手段概要如下一有益军事上的事项的建设帮助维护二管理居民奖励信用排除独占事业三对当地居民的启发指导和教授日语四对地方卫生的督促奖励及设置屠宰场五奖励植树、督促奖励道路、桥梁和其他公益事业六保护神社佛阁七赏罚八宪兵和守备部队的协同；第五营口军政署虽与其他地方不同但努力按此基准行事。"①

随后在《军政实施要领》中详细规定了日本军政实施涵盖的领域，包括对居民的管理、对当地民众的教育、对当地卫生和屠宰的管理、对植树和交通道路的管理、对神社和佛寺的管理、对当地民众的赏赐、对犯罪的处罚、关于宪兵队和守备队的规定、征税、收买当地土地以及建房、对当地风土人情物产的调查。其中在第一项"一有益军事上的事项的建设帮助维护"的实施细则第十款中有，"凡新领地之施政，极易忽视土民，且强迫性收取该地全部事业及利权之行动，亦绝非适当办法。盖满洲地方虽不得称之为领地，然施政方针同于我领地"②。不难看出，与以往制定关于军政官权限主要着眼于"军事需要"相比，上述关东总督府制定的《军政实施要领》直接在民政上对军政署进行指导，授权其管理民政事务，尤其是声称"满洲地方虽不得称之为领地，然施政方针同于我领地"，以此扩张日本在日军占领地的利权。

---

① 陆军省『明治三十七八年戦役満洲軍政史』第一卷、1916 年、第 243—244 頁、アジア歴史資料センター、www.jacar.go.jp。

② 陆军省『明治三十七八年戦役満洲軍政史』第一卷、1916 年、第 246 頁、アジア歴史資料センター、www.jacar.go.jp。

第三节　日本外务省的"满洲"扩张外交

一　战前日本外务省向"满洲"扩张的构想

明治政府一直以来将其外交扩张的方向集中于朝鲜半岛，最初"满洲"并不是日本外交扩张的重点所在。但以义和团运动后俄国占领"满洲"为契机，日本外交正式出现向"满洲"扩张的构想。依照日本外交逻辑，俄国占领"满洲"威胁到了其势力范围朝鲜半岛，因此必须对抗俄国，进而主张取代俄国在"满洲"的优势地位，将"满洲"置于日本势力范围内。日俄战争前日本外务省开始着手向"满洲"扩张的外交构想。

俄国占领"满洲"后，日本外务省了解到各个列强并没有合作阻止俄国占领"满洲"的意愿后，开始确立起独自对抗俄国的决心。1901年3月12日，日本外相加藤高明致信日本首相伊藤博文，就俄国占领"满洲"提出三种解决方案："第一向俄国公然抗议，若不达目的，直接决定对俄开战。若俄国占领满洲，其本身并不与我国利益直接冲突，然其结果俄国将支配朝鲜半岛，恐有危及帝国自卫之危险……故若认为我方有十分胜算，将满洲地方自己占有，此为永久的利益。第一策虽为适当的解决方案，但满洲为俄国立足之地既以甚巩固，故动摇之奏扫荡之功为甚难之事，且不仅所需费用庞大，还需对日本占领满洲则永远与俄国结怨有所觉悟，而对从满洲富源所获能否抵偿费用疑虑很大。第二帝国政府向俄国宣告出于平衡和自卫将采取适宜的手段，无视有关韩国的日俄协定。韩国有早晚失去其独立地位之命运，若俄国占据朝鲜半岛，则明显处于常常威胁帝国安全之地位，尤其从实际利益从国民感情上看帝国不能放弃韩国，故此际日本应占领韩国或变成日本的保护国以及以其他适宜方法将韩国置于日本势力范围内。如采用第二策，则有必要下决心不惜直接与俄国交战，且对占领朝鲜半岛增加日本负担有所觉悟。第三对俄国只是表明将保留提出抗议的权利，日后采取临机应变的措施。盖俄国占领满洲无疑将危及帝国自卫，数年或十数年之后其危害将至难以预言，故对俄只是保留抗议权利，以待日后临机处置，然时日迁延，俄国其地位更加巩固，遂至难以奈何形势，恐所谓噬脐之憾贻留后世。且列强不支持俄国，若日本政府执强硬态度，或许俄国遂屈服不至于开战，故此际取稳健方针用此下策，难免遭世人非难攻击。"①

简单归纳可知，在日本外相加藤高明的解决方案中，为了其在朝鲜半岛的利益而决心与俄开战，甚至作为正式外交提案提出对俄开战占领"满洲"，将"满洲"变成日本的领土，实现永久的利益。尽管当时日本外相加藤高明认为占领"满洲"极难实现，也没有得到伊藤博文的支持。随后伊藤博文召开内阁会议决定采取加藤高明提出的第三种解决方案。但日本外相加藤高明所提出的向"满洲"扩张乃至占领"满洲"的外交构想，也是日本外交的正式构想。日本外相加藤高明向"满洲"扩张的外交构想，被后任日本外相小村寿太郎以及其他日本外相逐步推动实现。

1901 年 5 月 2 日，日本首相伊藤博文提出辞职，6 月 2 日，日本政府组成以桂太郎为首相、以驻清公使小村寿太郎为外相的新内阁，伊藤内阁不支持加藤高明提出的对俄开战解决方案，该方案却在新任外相小村寿太郎推动下得以实现，日本外交由此进入与俄国开战的准备阶段。

伊藤博文担任首相时期主要坚持与俄国协商，新任首相桂太郎和外相小村寿太郎主张通过与英国结盟以便对抗俄国，维护日本在朝鲜半岛的支配权以及向"满洲"扩张权益，这也得到了日本军方的支持。早在伊藤博文内阁时期，1901 年 4 月 2 日，山县有朋致信伊藤博文，提出日本和俄国关系虽然没有出现对抗，但日俄之间的冲突不可避免，对此必须早下决心与俄国对抗，为此山县有朋主张通过日本与英国结盟来实现遏制俄国、帮助日本扩张。"苟欲保东洋和平，占通商利益握铁道矿山实权，据要地以待大势推移，暂与俄反目，宁可取与英合纵上策……我国与俄国关系虽未至破裂，但早晚起一大冲突势不可免，若彼恃强以至，侵我权利线，我亦决意与之对抗，然为避此冲突，防战争于未然之策，唯籍援他国之势，遏制彼之南下，本次同盟之计划恰为我提供良

---

① 「満洲二関スル露清協約一件」、『日本外交文書』第 34 卷、第 239—240 頁、外務省外務史料館、https://www.mofa.go.jp。

机，宜速探英国意向，主动与德国协商，成立盟约……此同盟果能成，东亚和平可维持，我可扩张通商、振兴工业、以图挽回经济，且待他日时机，势力范围扩至福建浙江等地，亦非难事。"① 桂太郎属于山县有朋派系，其执政纲领直接受山县有朋影响，桂太郎内阁决定发展工商业以巩固财政基础，海军扩军8万吨，因独立担当远东大局感到困难，所以择机与欧洲某国协商缔结协定，还有将韩国变成日本保护国作为执政纲领。

所谓在外交上选择与欧洲某国协商缔结协定上，其所指就是与英国缔结同盟对抗俄国，改变伊藤内阁时期与俄国协商谈判的政策。为此，桂太郎首相8月3日、4日与伊藤博文，5日与山县有朋、大山岩、松方正义、井上馨等元老协商决定在外交上进行日英同盟。在12月7日的元老会议上，外相小村寿太郎提交意见书比较日英同盟和日俄协商的优劣之处，力主确立日英同盟的外交政策。"清韩两国与我邦有颇紧密关系，中韩两国之命运乃我邦生死存亡的问题。故帝国政府从来屡屡就韩国问题与俄国协商，俄国与韩国边境相接，且关乎满洲经营，故常常反对我所希望，以至遗憾今日未解决韩国问题。然俄国在满洲地位日益巩固，纵令此次撤兵，彼尚有铁道且以护卫铁道名义有驻兵之权，若任时势推移，无疑满洲遂事实归俄国占领，满洲既归俄国占有，则韩国亦自不能全。故我邦应迅速制定对策，此乃当务之急。盖徵过去历史以鉴现下之事态，纯粹外交手段不能使俄国如我希望解决韩国问题，为之方法唯二，即一为贯彻我希望，示以不惜交战之决心。二与第三国结盟，依其结果使俄国得以荣我所希望……与英国结盟利用其共同势力，以使俄国不得已接受我要求之外，别无良策。"②

随后小村寿太郎论述与俄国谈判的坏处在于：只能一时维持东洋的和平、俄国最终会将全中国置于其势力范围；经济上获益不多；伤害中国人感情反过来使得日本利益受损；日本需要海军抗衡英国。而日本与英国缔结同盟的好处在于：比较长久地维持东洋和平；实现保全中国、

---

① 德富猪一郎编『公爵山县有朋伝』、山县有朋公記念事業会、1933年、第494—496頁。
② 「第一回日英協約一件」、『日本外交文書』第34卷、第66—67頁、外務省外務史料館、https://www.mofa.go.jp。

韩国以及中国的门户开放，不会遭致列强的非难；能够在中国增进日本的势力；有助于解决韩国问题；日本财政因此获益；通商上获益；容易制衡俄国海军。最终依照小村寿太郎的建议，元老会议上正式决定开展日英结盟外交。日本外相小村寿太郎在元老会议上的基本思路是，在俄国占领"满洲"的情况下，主张放弃以往的日俄谈判外交政策，转而通过日英同盟外交政策遏制俄国在"满洲"的扩张，并且使日本在朝鲜半岛的支配权即日本在朝鲜半岛的特殊权益获得承认。1901 年 10 月 16 日日英开始谈判，1 月 30 日日英双方代表签署条约，日英双方互相承认各自在朝鲜半岛和中国的特殊权益，并约定日英双方各自在朝鲜半岛和中国的特殊权益受到威胁时给予协助。1902 年《日英同盟条约》同时在东京和伦敦公开。《日英同盟条约》对日本而言，尽管从条约内容上看主要是为了实现日本在朝鲜半岛的支配权，但从后来的历史可知，日英同盟的形成是日本对俄开战与俄国争夺"满洲"的重要前提。

日本向"满洲"扩张构想，虽然并没有成为日俄战争前日本和俄国的谈判议题，日英同盟也没有就"满洲"进行利益划分。但在正式外交议题之外，实际上日本外务省早在日俄开战之前就已经着手实施向"满洲"扩张的构想，并不是在日俄战争后才开始设想如何进行"满洲经营"，以下进行具体说明。

1902 年 4 月 8 日，清政府与沙皇俄国签订《交收东三省条约》，规定"第一条　大俄国皇帝愿彰明与大清国皇帝和睦及交谊之新证据，而不愿由东三省与俄国交界各处开仗攻打俄国安分乡民各情，允在东三省各地归复中国权势，并将该地方一如俄军未经占据以前，仍归中国版图及中国官治理。第二条　大清国国家今自接收东三省自行治理之际，申明与华俄银行于华历二十二年八月初二日，即俄历一千八百九十六年八月二十七日，所立合同年限及各条款，实力遵守，并按照该合同第五款，承认极力保护铁路暨在该铁路职事各人，并应保护俄国所属各人及该人各事业。大俄国国家因有大清国国家所认以上各情，允认如果在无变乱，并他国之举动亦无牵制，即将东三省俄国所驻各军陆续撤退"[①]。

---

① 王铁崖：《中外旧约章汇编》第 2 册，生活·读书·新知三联书店 1959 年版，第 40 页。

清政府和沙皇俄国签订的《交收东三省条约》，本应该被视为缓解紧张局势之举，但小村寿太郎却企图以此为契机，谋划俄国撤兵之后如何在"满洲"扩张，即"满洲经营"。4月22日，日本外相小村寿太郎致信日本驻清公使内田康哉，指出清政府和沙俄签订条约后俄国在一定期限内将撤兵并将行政归还清政府，由此在"满洲"维护治安和保护外国人生命财产将由清政府负责。鉴于清政府责任重大，现在应该速谋划"善后经营"。① 此后，作为外相的小村寿太郎和日本驻清公使内田康哉的心腹岛川毅三郎随后前往俄国占据的营口、旅顺、锦州、奉天等"满洲"要地进行实地调查，尤其对俄国在"满洲"的扩张进行考察。随后5月提交《满洲视察报告书》，较为系统地提出日本如何"满洲经营"，即如何在"满洲"确立日本的势力范围和利益范围。该报告书得到小村寿太郎认可并呈递给首相桂太郎，因此该报告书是日本外务省最初关于如何在"满洲"扩大势力范围和利益范围的谋划。

该报告书直接指出日本"满洲"经营的大方针是俄国的"满洲"经营由日本取而代之，将"满洲"置于日本的势力范围和利益范围。在取代俄国在"满洲"经营的同时，在"满洲"树立日本的势力。俄国在"满洲"经营的根本在于中东铁路，日本应该夺其利而收之。然后提出十项具体政策：（1）辽河通行轮船，以低廉运费将货物运到营口；（2）将关外的铁道通过沟帮子新民连接到奉天，使得北京到奉天通车；（3）铺设从奉天经过凤凰城到达鸭绿江的铁道，以与朝鲜的京义铁道相通，另在大东沟铺设支线，北京到奉天铁路以及连接奉天到朝鲜的铁道网完成后，不仅在政治上、军事上，而且在通商上，对日本极为有利；（4）开放"满洲"内陆要地，如奉天、吉林、齐齐哈尔、锦州、辽阳、凤凰城、铁岭、宽城子、哈尔滨、呼兰等地；（5）依据华俄银行在俄国扩张上的作用，日本在"满洲"设立银行；（6）设立矿山局，调查找矿；（7）在"满洲"振兴和文物改革上要求聘用日本顾问和日本军官，以便日本掌握警察和军队；（8）在营口设置日本人居留

---

① 「満洲ノ善後経営二関スル件」、『日本外交文書』第35卷、第109頁、外务省外务史料館、https://www.mofa.go.jp。

地;(9)移民,除了商人,将日本农民移民到"满洲"树立日本势力;(10)为了实现以上"满洲经营",组织派遣日本人才到"满洲"调查。①

与以往日本外务省驻清各机构提交的报告不同的是,该报告书并非着眼于如何通过外交手段在策略上确立日本在"满洲"的优越地位,而是从战略上提出"满洲经营"的基本方针,即日本要取代俄国在"满洲"的优势地位。进而在政治、交通、矿山勘探、移民、调查上进行由日本主导的各种规划和开发,这种规划和开发的构想就像是日本在中国台湾进行殖民开发一样。可以肯定的是,这种殖民地经营"满洲"的构想,对后来日本外相小村寿太郎1905年10月提出的日本在"满洲"以殖民地形式进行经营的《韩满施设纲领》的影响极大。在《韩满施设纲领》中,小村寿太郎明确日本在"满韩经营"的策略就是:"于韩国拥护确守帝国之事实上的主权,于满洲维持确立帝国之势力,以全自卫之途,以图经济力之发展为其主要目的。"②

此外,1901年小村寿太郎就任日本外相不久便口授起草了《关于内外政策的十年计划》,较为完整地提出外交上进行扩张的构想:"今日东洋的局面已成为列国竞争角逐的焦点。列国锐意从事政治、经济活动,余势所激就酿成国际祸根,其间潜伏着扰乱和平的危机。对此,帝国政略上的对策应该是:平时抑制列国竞争的势头,扶植我国之国利国权,积极维持势力平衡,紧紧围绕利害关系,依靠外交手段巩固和平的基础。待不幸一朝发生时,也以此把握发言和出兵的权利,不可无自任保全东洋全局的精神准备……如同帝国这样个人势力尚不发达的国家,若徒等数年待形势自然发展,只能甘于列国之涎余,拾各国之遗利。于是,帝国在政略上自不待言,在商略上也应将东洋的诸种设施作为国家事业对待,或由政府亲自经营,或作为国民的后援予以保护和奖励,以开拓扩张我之国利国权的道路。"③

---

① 『満洲視察ヲ嘱託シタル島川毅三郎ヨリ報告ノ件』、アジア歴史資料センター、www.jacar.go.jp。

② 小林道彦『日本の大陸政策 1985—1914——桂太郎と後藤新平——』、南窓社、1996年、第111頁。

③ 日本外務省『小村外交史』、新聞月鑑社、1953年、第206—215頁。

二 日俄媾和交涉与日本扩张"满洲"权益

1902年4月8日，清政府和俄国签订俄军撤兵条约，但到1903年4月俄国拒不履行第二期撤兵约定，这种局势下日本对俄开战决心进一步坚定，但日本也试图与俄国直接谈判交涉。值得一提的是，以往日本与俄国交涉以要求俄国承认日本在朝鲜半岛的支配权为主要议题，但此次在与俄国外交谈判中虽然也是以要求俄国承认日本在朝鲜半岛的支配权为主，但日本外务省还企图加入日本向"满洲"扩张权益的议题。

6月23日，日本外相小村寿太郎向御前会议提交日俄交涉的意见书，并被御前会议所采纳。小村寿太郎提出的意见书中要求维护日本的"防卫和经济利益"，在经济利益上，"要求俄国不妨碍日本在韩国工商业的活动，日本不妨碍俄国在满洲发展工商业。另外，俄国不妨碍日本今后将韩国铁路延伸至满州南部，并与中东铁路及山海关——牛庄线接轨"①。小村寿太郎这一将日本控制下的韩国铁路与"满洲"铁路相连的设想，与其心腹岛川毅三郎《满洲视察报告书》中提出的"三、铺设从奉天经过凤凰城到达鸭绿江的铁道，以与朝鲜的京义铁道相通，另在大东沟铺设支线。北京到奉天铁路以及连接奉天到朝鲜的铁道网完成后，不仅在政治上、军事上，而且在通商上，对日本极为有利"一脉相承。从中可以看出，小村寿太郎确定通过将韩国铁路延伸至"满洲"这种方式扩张日本的权益。小村寿太郎依靠铁路扩张日本在"满洲"权益的构想对后来满铁的建立有着直接影响。

日本外相小村寿太郎关于对俄交涉的意见被御前会议接受，随后1903年8月12日，小村寿太郎命令日本驻俄公使粟野慎一郎将日本对俄交涉的基本方案交给俄方。除了要求俄国承认日本在朝鲜半岛的特殊权益即支配权以外，日本还提出要在"满洲"扩张日本的权益。在日本提出的基本方案中，"第三条 俄国还约定，今后韩国铁道延至满州南部，以之于东清铁道及山海关牛庄铁道接连时，对此不予阻碍"②。但俄

---

① 『日本外交文書』第36卷、第1—4页、外務省外務史料館、https://www.mofa.go.jp。

② 苏崇民主编：《满铁档案资料汇编·日本的大陆政策与满铁》，社会科学文献出版社2011年版，第35页。

国公使罗善提出对日本交涉的方案除了要求限制日本在朝鲜半岛的权力，并不理会日本要求将韩国铁道延伸至"满洲"的要求，甚至明确提出要求"日本承认，满洲及其沿岸完全属于日本利益范围之外"①，这与日本的立场形成了根本对立。

1904 年 1 月 12 日，日本内阁再次确定对俄谈判的方针。从中可知，即便在谈判最后阶段，日本仍坚持要保证其在"满洲"的权益，即"帝国政府却始终维持和平，切望在樽俎之间收拾时局。因此关于韩国问题，仍谋求俄国之让步，关于满洲问题如果放在协商范围之外，必然为两国间的纠纷留下根源，不符合帝国协议的目的，所以需要俄国再行考虑"。并且在日本对俄交涉的最后提案中，明确"日本承认满洲及其沿岸属于日本利益范围之外，但俄国须约定尊重满洲的领土完整，并且不予阻碍日本及其他国家同清国的现行条约下享有于满州境内所获得的权利及特权"②。在最后的提案中，日本虽然在俄国要求承认"满洲为日本利益范围之外"做出让步，但仍坚持扩张其在"满洲"的权益。而俄国在最后回复日本时，虽然让步承认日本在朝鲜半岛的特殊支配权，但仍拒绝了日本向"满洲"扩张权益的要求。

从前文日本民间文人的扩张逻辑上，有着从"防卫"日本在朝鲜半岛的支配权到进而要求在"满洲"扩大权益甚至占领"满洲"取代俄国在"满洲"独占地位的明显倾向。而日本外交在日英同盟建立之后，也有着要求俄国承认日本对朝鲜半岛支配权到进而要求向"满洲"扩张的诉求。而俄国在最后谈判中拒绝日本向"满洲"扩张的要求，最终日俄谈判破裂，日俄开战。因此，可以说日本的外交重点在于防止俄国对"满洲"的排他性控制，是关于在"满洲"现在和未来权益的争夺。

日俄开战后，随着俄国在战场上的败退，日本外交开始在日俄媾和谈判中直接要求更多地获得俄国在"满洲"的权益。由于日本在战场上

---

① 苏崇民主编：《满铁档案资料汇编·日本的大陆政策与满铁》，社会科学文献出版社 2011 年版，第 36 页。

② 苏崇民主编：《满铁档案资料汇编·日本的大陆政策与满铁》，社会科学文献出版社 2011 年版，第 36、37 页。

不断取得胜利，桂太郎内阁开始谋求日俄媾和的谈判事宜。其中，日本首相桂太郎在其日记中记下自己主张的谈判条件，即"一关于韩国使俄国承认日本关于韩国的自由行动权，以绝将来纷争之祸；二关于满洲为使俄国不再威胁北韩国境，使俄国从满洲撤军，俄国保证横贯满洲铁道只用于商业目的，俄国哈尔滨至旅顺间铁路以及辽东半岛租借地让与日本"①。随后桂太郎与参谋总长山县有朋商议的对俄谈判条件中加入这样的内容，"韩国按照既定方针纳入日本主权范围，设立保护的实权，满洲某种程度上成为日本的势力范围"②。至此，日本的军政首脑人物都确定了日本战后将"满洲"变成日本势力范围的构想。

而日本外相小村寿太郎于1904年7月向首相桂太郎提出日俄媾和的意见书，其中在"满洲"扩张日本的利权是其主要内容。"二、扩充帝国的利权近来各国汲汲于扩充其在远东方面的利权，苟有可乘的机会，为获得利权，唯恐落人于后。因此，我国必须当此时机，进而扩张在满韩及沿海方面的利权，以图我国国力的发展。特别我国在这次战争中，或许不能取得令人满意的军费赔款，所以更有必要扩充我们的利权……四、基于战争结果的帝国对满洲政策在战争以前，帝国以韩国作为自己的势力范围，在满洲仅以维持既得的权利为满足。但不幸的是，这种温和的要求竟为俄国所不容，终致掀起了战争。因此，基于战争的结果，帝国对满韩政策自然不得不比之过去要前进一步。这就是：韩国在事实上已成为我国的主权范围，基于既定的方针和计划，将确立保护的实权，愈益图谋我国利权的发展；至于满洲，则在某种程度上作为我国的利益范围，务期保护及扩张我国的利权。帝国的目的所在，实即如此……我方的主要要求条件，应大致如下：关于满洲，在不违反帝国宣言主张之范围内，必须贯彻我们的目的。大概关于韩国问题，各国对我们的自由行动将不会持有异议，但关于满洲，帝国屡次向各国发布宣言，主张维持其领土完整及各国工商业机会均等原则，尤其当日俄开战时，曾向清国声明，帝国并无牺牲该国进行领土掠夺的意思，因而必须在与上述原则不相抵触的范围内，实现我们的目的。而且我们关于满洲

---

① 德富猪一郎编『公爵山县有朋传』、山县有朋公记念事业会、1933 年、第 689—690 頁。

② 德富猪一郎编『公爵山县有朋传』、山县有朋公记念事业会、1933 年、第 689 頁。

的要求，又不得不分为两个方面，即对俄国的要求与对清国的要求。对俄国的要求是，排除其在满洲的势力，务必使该国不再威胁韩国的北境。而为达此要求，使该国在满洲的军队撤退出去，同时将其历来的占领区的行政权归还清国；至于满洲横断铁路即自贝加尔地方至海参崴的铁路，在只能用于商业目的的条件下，仍归俄国所有，而哈尔滨、旅顺间的铁路和辽东半岛租借地，则使其让与我国；所有这些是极为紧要的。其次，对清国的要求是，履行我们的宣言，将过去俄国继续非法占领的地区而现归我们占领的部分交还中国；而为使将来确实达到满洲的保全，必须要求以下各项条件：第一，约定满洲不割让给其他国家；第二,完满地维持满洲的秩序，促其实行行政、军制等的改革；第三，使之承认哈尔滨、旅顺间的铁路及辽东租借地的让与；第四，使之让与自鸭绿江至辽阳的铁路铺设权；第五，为了各国的通商，开放满洲的多数城镇，使其维持商工业的机会均等原则。其他对俄要求的主要条件是，除赔偿军费及割让库页岛以外，尚需使其承认沿海州沿岸的渔业自由权。以上是我国要求中最主要的，如果再加上其他条款，则我国的要求条件，具体来说有如下各项。一、使其赔偿军费。二、使其确认日本在韩国的完全自由行动权，并使之约定，不论直接或间接地不得妨碍日本在该国的利益。三、使其承认在日俄战争期间，我国为了韩国政府发表的宣言完全有效。四、在一定期限内，撤退俄国在满洲的军队，其占领地区的行政须交还清国。五、使之约定，不将满洲横断铁路使用于战略上及领土扩张的目的，而专使用于商业上的目的。六、使之将哈尔滨、旅顺间的铁路，其支线以及一切附属的特权与财产权让与日本。七、使之将辽东半岛租借地的一切特权及财产让与日本。八、使之确认各国在满洲的商工业机会均等原则。九、使之将库页岛及其附属诸岛割让给日本。十、使之承认于沿海州沿岸及其河川的渔业自由权。十一、使之承认自黑龙江口至海兰泡的水陆航行自由权。十二、使之将庙街、伯力及海兰泡开放为通商港口，并承认于该三个港口及海参崴，得有帝国领事的驻在。对清国的要求条件：一、约定不得将满洲割让给其他国家。二、使之约定完全尽到维持满洲秩序及安宁的责任。三、未达前条之目的，使之约定实行行政、兵制及警察的改革。四、使之承认哈尔滨、旅顺间铁路，其支线及附属一切特权的让与。五、使之将自鸭绿江岸某地到辽阳间铁道敷设权及哈尔滨、旅顺间铁路某车站至吉林间铁路敷设权让与日本。六、使之承认关于辽东半岛租借地的一切特权的让与。七、为便于各国通商，使之开放下列城镇。盛京省：凤凰城、辽阳、铁岭、通江子。吉林省：宽城子、哈尔滨、吉林、珲春、三姓。黑龙江省：齐齐哈尔、海拉尔、瑷珲。八、使之承认辽河、松花江、鸭绿江及其支流航行权。九、使之让与鸭绿江及浑江沿岸森林采伐权以及矿山开采特权。十、使之承认盛京省沿岸的渔业自由。"①

从其中关于日本向"满洲"扩张的内容可知，其设想分为三个层次：向美国等列强承诺的维持清政府领土完整以及"满洲"开放即各国在"满洲"工商业机会均等；要求俄国转让铁路和辽东租借地，以此排除俄国在"满洲"的势力；要求清政府承认俄国转让给日本的权益，并进一步从清政府获得更多在"满洲"的权益。小村寿太郎上述在"满洲"扩张日本权益的设想，可以看出与战前其心腹岛川毅三郎《满洲视察报告书》规划日本的"满洲"经营战略，即俄国的"满洲"经营由日本取而代之，并通过夺取中东铁路等将"满洲"置于日本的势力范围和利益范围极为相似。

而在将"满洲"变成日本势力范围上，不论是军方核心人物山县有朋、桂太郎，还是小村寿太郎都取得共识。但日本变"满洲"为日本势力范围的目标与美国总统罗斯福极力主张的日俄战后"满洲"由列强共管的"满洲中立化"构想存在冲突。美国一贯坚持门户开放原则，为了避免日俄战后仍由日俄主导"满洲"的局面，早在1904年8月罗斯福总统就提出在列强的共同保障下"满洲"维持中立。1905年1月14日罗斯福总统在会见被日本政府任命派往美国的金子坚太郎时，建议日俄战后将"满洲"交给清政府并在列强的保障下作为中立地域存在，并以此主张致信英法等国。② 为了抵制罗斯福总统引入日俄以外其他列强管

---

① 苏崇民主编：《满铁档案资料汇编·日本的大陆政策与满铁》，社会科学文献出版社2011年版，第38—40页。
② 角田顺『満州問題と国防方針——明治後期における国防環境の変動——』、原書房、1967年、第237頁。

理"满洲"的意图，小村寿太郎于 1 月 22 日训令日本驻美公使高平，要其向罗斯福总统表明通过以清政府进行"改革和善政"为条件归还"满洲"，这在确保"满洲"安宁和生命财产上比将"满洲"置于国际中立主义下要好。① 1905 年 1 月 25 日，日本驻美国公使高平向罗斯福总统转述日本战后处理"满洲"行政的方针，对列强共管的"满洲中立化"表示反对。"帝国政府于满洲执行机会均等原则一事，已经有过多次而又明确的声明……所以一旦缔结合约，日俄两国应决心尽快地将满洲归还清国一事，是很重要的。至于满洲将来的行政，帝国政府虽然没有任何办法，但相信一切行政在实质上应归清国所有，这一点是非常重要的。所以一旦恢复和平，帝国将以这样的改革和善政的保障，也就是足以达到安宁秩序的确保以及生命财产的适当保护为条件，只要条件允许，迅速将满洲归还清国。这样的满洲行政，不管它的计划怎样，比之置于国际中立主义之下会更令人满意而且有效，这是帝国政府所相信的。"② 显然，在日俄战争即将结束之际，基于已经在日本军政和外交核心人物中确立起战后将"满洲"变成日本势力范围的扩张共识，不会允许其他列强参与"满洲"事务制衡日本。

接下来主要就是日本外交如何在与俄国、清政府交涉中通过扩张日本在"满洲"的利权实现变"满洲"为日本势力范围的目标。在日俄正式在美国朴茨茅斯军港举行谈判前，1905 年 6 月 30 日日本内阁决定并经日本天皇批准给小村寿太郎《对日俄媾和谈判全权委员的训令》，其中"甲、绝对的必要条件。一、使俄国应诺将韩国完全归我自由处理。二、于一定期限内，使俄国军队自满洲撤出，与此同时，我方也从满洲撤兵。三、使之将辽东半岛租借权及哈尔滨、旅顺间的铁路让与我方。以上是为了达到战争目的及永远保障帝国的地位而不可缺少的重要条件，因此希望阁下始终贯彻到底"③。所谓"绝对的必要条件"是指必

---

① 角田顺『満州問題と国防方針——明治後期における国防環境の変動——』、原書房、1967 年、第 245—246 頁。

② 苏崇民主编：《满铁档案资料汇编·日本的大陆政策与满铁》，社会科学文献出版社 2011 年版，第 41 页。

③ 苏崇民主编：《满铁档案资料汇编·日本的大陆政策与满铁》，社会科学文献出版社 2011 年版，第 41—42 页。

须从俄国那里获得的条件，从内容可知日本想通过日俄谈判获得的主要就是扩张日本在"满洲"权益，具体来说就是排斥俄国在"满洲"的势力以及使俄国转让铁路和租借地给日本。

8月10日，在朴茨茅斯军港的日俄谈判第一次会议中，日本全权代表小村寿太郎几乎按照其先前的意见书内容提出了十二项讲和要求。具体为："第一、俄国承认日本在韩国政治上、军事上及经济上有卓越的利益，约定不阻碍或干涉日本在韩国必要的开展的指导、保护及监督措施。第二、俄国在限定的期限内从满洲全部撤军，且放弃一切满洲地区内领土上的利益和优先的及独占的特许特别待遇，还有侵害清国主权或与机会均等主义难以两立的一切事务。第三、在满洲日本占领地区日本以保障改革及善政为条件归还给清国。第四、日俄两国约定不阻碍清国为满洲商工业发展而施行对列国的共通一般的举措。第五、将萨哈林及附属一切诸岛以及一切公共设施及财产让与日本。第六、旅顺、大连及附近的领土及领水的租借权以及与该租借权有关或作为其一部分俄国从清国获得的一切权利、特权及特殊待遇还有一切公共设施及财产转移交付给日本。第七、哈尔滨、旅顺间铁路及其支线以及一切附属的权利、特权及财产还有铁路所属为其利益而经营的一切煤矿，均须不附带任何债务及负担由俄国转移交付给日本。第八、依据特许条件敷设的满洲横贯铁路只以作为商工业目的使用为条件，俄国保有运营。第九、俄国向日本支付其战争的实际费用，支付的金额、实践和方法协商决定。第十、战斗中受伤逃到中立国港口并被中立国扣留的俄国军舰应作为合法的战利品交给日本。第十一、约定限制俄国在远东海面上的海军力量。第十二、俄国给予日本国臣民在日本海、鄂霍次克海及白令海还有俄国领土的沿岸、港湾、入海口充分的渔业权。"① 其中关于"满洲"权益部分为上述第二、三、四、六、七、八条内容，但日本的上述条件很快被报纸报道。8月12日俄国全权代表维特对日本提出的条件进行回复，对日本提出的要求俄国承认日本在韩国的卓越权益以及日本在韩国的自由行动权并无异议，对日本提出的割让萨哈林、赔款、移交被扣留

---

① 「第三節　講和と条約」、『日本外交文書』第 37 卷・第 38 卷別冊日露戦争Ⅴ、第 277—278 頁、外務省外務史料館、https://www.mofa.go.jp。

的俄国军舰以及限制海军力量予以拒绝。关于"满洲"权益部分日俄双方进行深入交涉。其中对第一条，俄国表示无异议，俄国承认日本在韩国政治、军事和经济上有卓绝的利益，俄国不阻碍也不干涉日本出于必要在韩国实施指导、保护及监督，但俄国及俄国臣民应享有该有的权利，日本的上述举措也不应累及韩国皇帝主权，尤其是军事上的举措避免成为滋生日本在韩国威胁俄国领土这一误解的原因。对第二条，俄国政府认可本条前半部分内容，俄国军队同意与日本国军队一起从"满洲"撤军，关于撤退的详细事项由他日决定，关于本条后半部分内容，俄国政府要求日本全权代表明确说明，俄国声明应除去一切损害日本国或其他诸国利益的举措。关于第三条，俄国政府同意这一条，但俄国及俄国臣民和在"满洲"这一地区与其他外国及其臣民或人民享有同样的权利。关于第六条，俄国政府对本条无异议，但考虑到清政府的主权，俄国如果不预先得到中国的同意，则不能将其权利让与日本，而且必须不得侵害该地方个人的权利。关于第七条，俄国政府不能放弃现在日本国占领区外之铁路，据上述条件而让与之铁路终点，应由双方协商决定。此外需考虑到上述铁路之铺设及经营特许权，系由对该地尚保有主权之中国给予一私立公司者，军事占领对该公司之权利不能有任何损害。俄国政府将准许中国政府，今后随时行使上述铁路收买权，并承担与该公司协商之责，而归该公司所有之收买权则应让与日本。① 俄国全权代表维特在回复日本要求俄国转让在"满洲"权益的时候，开始强调俄国这些"满洲"权益是通过与清政府签订条约获得的，因此还需要清政府同意，以此与日本进行交涉。

在 1905 年 8 月 15 日的会议上，日俄在第四条 中国为了发展"满洲"工商业而采取措施不加阻碍上并没有争议，但在第六条 转让辽东租借地权利上，俄方坚持如果不预先取得中国的同意，则不能将辽东租借地权利转让给日本。日方建议辽东租借地的权利不必预先取得中国的同意，取得中国的同意这一手续由日方办理，但俄方并不接受。最终日俄两方妥协同意在转让辽东租借地权利上加入"俄国政府经中国的同

---

① 「第三節 講和条約」、『日本外交文書』第 37 卷·第 38 卷別冊日露戦争 V、第 279—280 頁、外務省外務史料館、https://www.mofa.go.jp。

意……两缔结国互相约定，前项规定应取得中国政府的同意"词句。在
8月16日的会议上，围绕转让铁路给日本，日方坚持要将哈尔滨到旅顺
间铁路转让给日本，但俄方反驳日军并未到达哈尔滨，哈尔滨处于日军
占领区以外，因此不能转让给日本。另外，俄方还提出直接将铁路转让
给日本将会侵害中国和东清铁道公司的利益，依照合同规定，转移铁路
的唯一方法就是由中国进行收买，而所获价款转交给日本。最终日俄双
方妥协，将转让终点定在长春，同时在条款中加入"两缔约国互相约
定，前项规定应取得中国政府的同意"①。

　　最终关于"满洲"的权益，在《朴茨茅斯条约》中日俄互相约
定："第三条　日俄两国相互约定各事如下：一、出租借之辽东半岛
地域不计外，所有在满洲之兵，当按本条约附约第一款所定，由两国
同时全数撤退；二、现被日俄占领及管理之满洲，全部交还清国接收
施行政务，然辽东半岛不在此限；三、俄国政府声明，在满洲之领土
上，利益或优先的让与或专属的让与，有侵害清国主权非一律均沾者，
一概无之。第四条　日俄两国彼此约定，凡清国在满洲为发达商务工
业起见，所有一切办法，列国视为当然者，不得阻碍。第五条　俄国
政府以清国政府之允许，将旅顺口、大连湾并其附近领土领水之租借
权内一部分之一切权利及所让与者，转移与日本政府。俄国政府又将
该租借区域内所造一切公共及财产移让于日本政府。两缔约国互约前
条所定者请清国政府允诺。日本政府允将居住前开各地内之俄国居
民之财产权完全尊重。第六条　俄国政府允将由长春（宽城子）至
旅顺口之铁路及一切支路，并在该地方铁道内所附属之一切权利、
财产以及在该处铁道内附属之一切煤矿，或为铁道利益起见所经营
之一切煤矿，不受补偿且以清国政府允许者，均移让于日本政府。
两缔约国互约前条所定者须商请清国政府承诺。第七条　日俄两国
在满洲地方各自经营专以商工业为目的之铁路绝不经营以军事为目
的之铁道。但辽东半岛租借权效力所及之地域之铁道不在此限。第
八条　日俄两国政府为图来往输送均臻便捷起见，妥订满洲接续铁

---

　　① 苏崇民主编：《满铁档案资料汇编·日本的大陆政策与满铁》，社会科学文献出版社
2011年版，第46—50页。

道营业章程，务须从速另订别约。"①

三　日清交涉与日本在"满洲"权益的扩大

日俄在"满洲"开战，尽管清政府最初宣布采取中立，但一面担心俄国或者日本不论战胜方是谁都将进一步扩张在"满洲"的权益，一面又寄希望于通过外交恢复清政府在"满洲"的主权。在日本和俄国即将停战进入媾和谈判之际，清政府想派外务部侍郎那桐为全权代表参加日俄谈判以此维护清政府在"满洲"权益。但早在清政府内部酝酿派全权代表参加日俄谈判之际，内田公使就致电小村寿太郎，建议日本应该设法阻止清政府这一任命。1905 年 7 月 3 日小村寿太郎训令内田公使要其告知清政府，在美国朴茨茅斯进行的谈判完全是两个交战国之间的事，不容第三国置喙、不许一切干预，日本不同意清政府派全权代表参加日俄谈判，日俄谈判中涉及清政府利害事项将在适当时期由日本与清政府直接商议决定。② 所以当那桐拜访内田公使告知清政府任命其为全权代表，内田公使当即表示，若没有事先征得日俄两国同意发表上述任命，若遭到拒绝，清政府有失颜面。就个人意见而言，不同意清政府这一任命。7 月 4 日，内田公使会见庆亲王转告小村寿太郎外相拒绝清政府派代表参加日俄谈判的声明，庆亲王妥协决定以照会各国的形式声明日俄谈判中涉及"满洲"的权益不与清政府协商则不予承认。对此因为小村寿太郎赴美而由桂太郎首相兼任外相 7 月 5 日训令内田公使，尽快会见庆亲王，表达清政府照会日俄两国不会有任何效果，只会阻碍日俄谈判的进行，拖延战争的结束，日本已经屡次声明将会交还"满洲"给清政府，清政府对此应该充分信任。但万一清政府不听从忠告，日本将撤回以往发布的交还"满洲"的声明自由行动。③

但 7 月 6 日清政府外务部坚持照会日俄两国，声明"前面贵国（日

---

① 苏崇民主编：《满铁档案资料汇编·日本的大陆政策与满铁》，社会科学文献出版社 2011 年版，第 50—51 页。

② 「第六章　講和関係」、『日本外交文書』第 37 巻·第 38 巻別冊日露戦争 Ⅴ、第 157—158 頁、外務省外務史料館、https://www.mofa.go.jp。

③ 「第六章　講和関係」、『日本外交文書』第 37 巻·第 38 巻別冊日露戦争 Ⅴ、第 162 頁、外務省外務史料館、https://www.mofa.go.jp。

本)与俄国,两国不幸失和,中国政府深为惊惜。现闻将开和议,修复旧好,中国政府不胜忻幸。但此次失和,曾在中国疆土用武,现在议和条款内,倘有牵涉中国事件,凡此次未经与中国商定者,一概不能承认。业经本部电知出使大臣,照达贵国政府,预为声明"①。7月7日,针对清政府的照会,兼任外相职务的桂太郎首相训令内田公使,表明日本政府对此事的态度。即此次谈判限于日俄之间,所以清政府的这次照会不会对日本有任何约束力。②

清政府除了尝试派遣全权代表参加日俄谈判以此监督并维护自身在"满洲"的权益而遭到拒绝以外,清政府在日俄战后处理问题上也没有设置外交议题的能力。"满洲"是日俄战场,导致发生很多交战区民众生命和地方官衙公私财产被侵害事件,清政府想在战后处理问题上要求赔偿。但清政府这一赔偿的要求直接被日本拒绝。8月8日,兼任外相的桂太郎首相以所谓战争对交战区域被伤害的民众生命和被损坏的公私财产予以赔偿并非惯例,再加上清政府已经宣布中立且划定在"满洲"的交战区域,这视为允许交战,因此日本拒绝清政府的赔偿要求。③

小村寿太郎从美国回到日本后,日本政界围绕《朴茨茅斯条约》商议如何落实。1905年10月25日,小村寿太郎在大矶访问伊藤博文和山县有朋,向其介绍战后经营"满韩"的构想,10月27日桂太郎内阁开会确定与清政府进行"满洲"权益交涉的决议案。首先该决议案直接表明日本要将"满洲"一部分纳入日本势力范围。"此次与俄国议和之结果,满洲的一部分已归入帝国势力范围,故帝国以维持确认此势力为要。"为了实现上述目的,日本对清政府提出9项要求,其内容与上述1904年小村寿太郎向桂太郎首相提交的意见书一致。但在如何逼迫清政府接受这些要求,使得"满洲"的一部分成为日本的势力范围上,尽管

① 苏崇民主编:《满铁档案资料汇编·日本的大陆政策与满铁》,社会科学文献出版社2011年版,第50—51页。

② 「第六章 講和関係」、『日本外交文書』第37卷·第38卷别册日露戦争Ⅴ、第165頁、外務省外務史料館、https://www.mofa.go.jp。

③ 「第六章 講和関係」、『日本外交文書』第37卷·第38卷别册日露戦争Ⅴ、第168頁、外務省外務史料館、https://www.mofa.go.jp。

此前日本政府一再宣称要将"满洲"交还给清政府，但该决议案直接指出"万一清国拒绝以上两项（辽东半岛、南满洲铁道的转让）绝对必要条件，我方则暂时中止交涉，决心占据辽东半岛及满洲铁道"①。兼任外相的桂太郎首相也曾以撤回交还"满洲"声明威胁清政府，由此可知，尽管在日俄战争期间日本一再发表声明日俄战后会交还"满洲"给清政府，但这些声明并不能阻止日俄战后日本政府获得"满洲"权益在"满洲"建立势力范围的扩张意图。

小村寿太郎作为全权代表，在与清政府袁世凯等人交涉的中，除了具体提出扩张日本在"满洲"的权益以外，小村寿太郎还表现出日本外交的扩张逻辑。首先，小村寿太郎在与桂太郎首相等人确定的对清交涉内阁决议案中，明确以不交还"满洲"和维持日军武力占据"满洲"为筹码逼迫清政府承认日本在"满洲"的扩张要求。② 其次，在谈判中，小村将取代俄国在"满洲"的地位以及日本在"满洲"权益的扩张，视为清政府应给予日本为了对俄开战付出牺牲的报偿。在 11 月 17 日，中日交涉代表的第一次会议上，小村寿太郎发言强调："去年 2 月我国不得已与强邻开衅端，而来近二十个月，生命财力付出巨大牺牲，遂至和平克复。期间巨大牺牲，海陆军合计实际死伤约二十一万，花费军费近二十亿元。不顾如此巨大牺牲开启战端，固然为日本之自卫，同时实出于维护东亚全局康宁之精神。为达此目的，我国举全力与俄国开战，于满洲日俄两国以古今未曾有之兵力开战，经数回大决战，遂幸甚耗时不久以迎和平，我国当初目的得达，值得日清两国共庆贺。这次作为日俄媾和条约的结果，且为满洲善后处分，更因有与贵国协定事项，我为就此事项达成协定奉大命来贵国。概括需要与贵国协定事项，大体有三类。即第一日俄媾和条约中俄国转让给日本权益予以确认，第二清国政府于满洲要改善施政，完全保障各国人生命财产，且设法消除使满洲将来成为国际纷扰的原因，第三于满洲发展商工业，清国增进各国利益，此三条以外我国不仅出于自卫更为了维护东洋全局康宁付出巨大牺牲的

① 「第三節 講和条約」、『日本外交文書』第 37 巻・第 38 巻別冊日露戦争 V、第 105—107 頁、外務省外務史料館、https://www.mofa.go.jp。
② 日本外務省『小村外交史』、新聞月鑑社、1953 年、第 105—107 頁。

事实，以及若坐视强邻侵略满洲，不难推测东洋全局将蒙受何种影响的论断，不得不希望贵王大臣深深谅察。"① 也是在这次交涉中，小村寿太郎更直接指出"最后尚有一言，审查此案之际请牢记两点，一将来若满洲有事，以实力防卫之只有日本。二此案中或各条包含贵国对日本报偿意义"，尽管庆亲王马上对小村的"报偿"论予以驳斥，② 但并没有使得日本外相小村寿太郎放弃这种"报偿"逻辑。在小村寿太郎看来，日俄战争是日本的"自卫"之战，是为"东洋全局康宁"的"正义"之战，因此日本索取的"满洲"权益是清政府应该给予的"报偿"。小村寿太郎的上述"满洲"扩张逻辑是一种特殊的逻辑，只是从日本视角强调其"合理性"。值得一提的是，这种日俄战争"报偿论"此后一再成为日本外交不断在"满洲"扩张要求中国承认的依据所在。最后，日本外相小村寿太郎要求"中国政府无论如何措辞，非经日本应允，不得将东三省土地转让给别国，或者允其占领"③。日本以维护"满洲"门户开放原则而对俄国独占"满洲"进行开战，但日俄战争后日本外交明显显示出追随俄国独占"满洲"排斥其他列强的一面，这种独占或主导"满洲"权益的日本外交扩张逻辑此后成为日本外交的基本构想。

最终在日清交涉中清政府屈服于日本外相小村寿太郎提出的"满洲"扩张要求，与日俄签订的《朴茨茅斯条约》相比，日本不但攫取了清政府承认从俄国转让的"满洲"权益，同时更具体地扩大了日本在"满洲"的权益。

在日俄战争后日本与清政府就"满洲"权益的交涉中，不仅能具体看出日本在"满洲"权益的扩张诉求，而且确定了日本今后与清政府的扩张交涉模式，即交涉议题的设置以日本利益为中心，以扩大日本在"满洲"势力范围为目标，以威逼的方式迫使中国政府接受。尽管"满洲"是中国领土，主权属于中国，但在"满洲"权益的议题设定和交涉程序上，中国不能完全主导。

---

① 日本外务省『小村外交史』、新聞月鑑社、1953 年、第 222—223 頁。

② 「満州ニ関スル日清条約締結ノ件」、『日本外交文書』第 38 巻、第 206 頁、外務省外務史料館、https://www.mofa.go.jp。

③ （清）王彦威纂辑，王亮编，王敬立校：《清季外交史料》第 193 卷，国家图书馆出版社 2015 年版，第 2 页。

第四节　满铁的设立

一　清政府、欧美对日军在"满洲"军政统治的抗议

（一）清政府对日军军政统治的抗议

通过日俄签订的媾和条约以及日本和清政府签订的条约，日本获得了以辽东半岛租借地、南满洲铁路及其附属事业为中心的"满洲"权益，但在日本政府确定以何种形式经营上述新获得的"满洲"权益之前，如上文所述日军建立关东总督府继续对日军占领的"满洲"各地进行军政统治，实际上这时候日俄已经结束战事，但日军仍以"军事需要""军务需要"为名，大肆在日军占领地侵害清政府主权，随意侵占中国民众土地，进行各种建设招徕日本移民。对日俄战后日军上述军政行径，由关东总督改任关东都督的大岛义昌在 1907 年 1 月 17 日致电日本外相林董，承认日俄战时日军为了修筑安奉铁路、新奉铁路而无偿征用的土地，战后中国官民要求返还的情况下，仍以"军事需要"的名义予以拒绝，拒绝归还以此"扩张利权"。① 总体上，在"满洲"日军仍借助日军占领"满洲"各地的机会，大肆建设以便造成既定事实，以此扩张日本在"满洲"的势力范围。

而面对日本军政官一再侵害清政府在"满洲"当地主权的行为，一再扩张各种条约规定以外的利权，清政府通过各种途径对此提出抗议。1906 年 4 月 24 日，清政府外务部照会日本驻清公使提出抗议。"准盛京将军电称：'日人在营口大东沟等处强买土地，率至数里十数里。木植公司尚未议合办章程，鸭绿江一带已遍设木材厂，反迫令入山伐木之华人，向其领票。复州盐滩强往运盐，不纳捐项。昌图军政官于昌图府城、小塔子、通江口、棉花街等处，抽收车捐。安东、沙河镇捐尤烦琐，征及丁口。营口擅行裁定权，甚至往他处关提人证，而海城、盖平本管之地，反不能传人审讯。各处军政宪兵，或拘人判禁，或凌迫委

---

① 马場明「日露戦争後の大陸政策」、『国際政治』、1962 年 19 号。

员。似此涉及商务、捐款、民事，断非军权所应有，日本均不应干预。又驻辽男爵大岛，现仍有总督名目，遇有应商事件，种种为难，等因。'本部查中日会议东三省事宜附约第四款内载：日本国在满洲地方占领或占用之中国公私各产业，其属无须备用者，即在撤兵以前，亦可交还；第九款载：营口、安东、奉天府各地方划定日本租界办法，应由中日两国官员妥商厘定；第十款载：设一中日木植公司，在鸭绿江右岸采伐木植，另订合办章程，中日股东利权均摊各等语。又于议约时，贵国全权大臣允达政府迅速设法约束在奉天省之日本臣民，勿致再有干预中国吏治、损坏官民产业等事。当日，贵国全权大臣与中国全权大臣和平商定，信义昭然。条约既经宣布，彼此均应遵守。乃日本官民在奉天省强买民地，遍设木厂，并涉及商务、捐款、民事，一切举动皆与定约及原议宗旨大相判谬。即谓未撤兵地方暂行占守通例，而地方官办之事，实非日本军政府所应干预拦阻，中国政府一概不能承认。至辽东总督名目，实非日本军政府所应干预拦阻，中国政府一概不能承认。至辽东总督名目，亦与旅大原约不合。以上各项情节，既大碍中国主权，且有伤贵国名誉。应请贵国政府转行约束禁改，并饬遇事妥为商办，以重约信，而昭睦谊。"①

4月24日清政府外务部再次照会日本驻清公使提出抗议："钦命全权大臣便宜行事军机大臣总理外务部事务和硕庆亲王　为照会事。光绪三十二年三月二十六日准北洋大臣盛京将军等文称：据奉天新民府禀，本年正月间，日员在新民勘定路址，将商民郑殿元等五六百户所有田地三千余亩、房屋四百余间、围［园］庐坟墓若干处，划界插标，旋复迫令乡约挨户催往领价迁让。又新民自上年日员井户川设立军务局，专收车捐，近于二月十一日，新民府由乡相验回署，车行至屯街，有日兵数名，借口查验车捐牌照，当街要截各等情，照会日本驻京大臣等因前来。本部查中国全权大臣前向贵国全权大臣声明，转达贵国政府，迅速设法约束在奉天之贵国臣民，勿再有干预中国吏治暨损坏官民产业等事，议定有案。今贵国官员在新民府设有军政署，并擅收车捐等事，殊

① 苏崇民主编：《满铁档案资料汇编·日本的大陆政策与满铁》，社会科学文献出版社2011年版，第81页。

与两国全权大臣议定宗旨不合，相应照会贵大臣查照，转达贵国政府，按照原议，将驻奉官员迅速设法约束，不得再有此等举动，以昭敦睦，而重信义，并希见复为要。须至照会者。"①

同样，日本驻清公使也向日本外务省反映日军军政官侵害中国利益，已经遭致中国官民反对。"近来，有些中国人往往由于对我国军宪在满洲的行动和设施感到不满，前来北京陈情。该国政府对于我方所为似乎也颇有不满的倾向。甚至有的人已经无所顾忌地提出，日本士兵虽然很好，可是军政官比俄国人还坏。因此，关于赵将军的抗议事项，希望能够在可能范围内给予充分说明。""如附件所载，奉天站巡道陶大钧曾以私函谈道：由于在满洲各地的我国军人干预地方事务，并且滥肆行凶，引起中国人的怨恨，破坏日中两国的感情，有害于该地政治，所以希望由日本政府采取各种取缔方法。如阁下所知，陶大钧二十余年来一直和日本以及日本人有亲密关系，经常被认为是亲日派。由于过去该人对我国有深厚的感情，特别是关于满洲事件，给了本使不少方便，我想该人所谈，很有值得我方参考的价值，所以寄上该信抄件，奉请查阅。"②

上文所提"附件"是指奉天站巡道陶大钧向日本驻清公使反映日军军政官横行霸道行为的文件："敬启者，月初寄上一函，略陈近事，计已早登记室矣。兹又有新民辱官一事，更出情理之外，不得不为阁下秘告。本月11日新民知府沈太守，由乡相验旋署，在马行至屯街东口，被贵国兵数名拦截，扣住车马，威吓查捐。沈太守向其理论，该兵用枪棒横击，并将仆人殴伤。移时传遍绅商学界，群情愤激，几酿事变。幸沈太守顾全大局，忍辱劝谕，始得解散。询悉启衅原因，系为贵国驻新军务官，前在新民强买民地勒令领价，民情惶骇，禀经沈太守，据理辩论。近来又因车务局贵国人向商民苛捐暴虐，商民饮泣禀求撤回自办，以恤商艰，沈太守复与理争。该日员因此两事自知不合公理，而沈太守

---

① 苏崇民主编：《满铁档案资料汇编·日本的大陆政策与满铁》，社会科学文献出版社2011年版，第82页。
② 苏崇民主编：《满铁档案资料汇编·日本的大陆政策与满铁》，社会科学文献出版社2011年版，第82—83页。

迭次断断与辩，致有微嫌辱官之举，由此而起。大钧因此事，特亲至新民，访查的确。而此间军政官井户川经回国，无可与谈，故特函告阁下，务请秘告贵政府，速将车务局停业，交我地方官自办。盖此时和议已成，无所用其稽查也。即购地开立商埠，将来亦应由地方官绅自行经理，他人不得干预。以上二事，于国体民生，均有关系，务请力止为感。况闻设局时，原议捐款归充地方善举，倘前一并交还，尤仰贵国名誉。至兵卒欺辱居留国之地方官，应如何惩办，执事一秉至公，尚希明示。但求不拂舆情，即易了结，曷胜盼祷。尤可笑者，贵国兵卒向见贵国大皇帝所赐勋章者，无不尊敬。乃钧到此，身佩勋章，不特不示敬意，反亦询查何往。岂目下陆军章程改易耶？抑到此皆忘之耶！无怪乎视辱官虐民为常事也。兹将大钧到新时，绅商学堂员生面递公禀，附呈查核。肃此。"①

1906 年 5 月 6 日，后被任命为奉天总领事的萩原将其在赴任途中了解到的日军军政官所作所为向兼任日本外相的西园寺首相汇报。"本日到达此地，将路过旅顺、辽阳，12 日左右可抵奉天。在北京和天津已与中国很多高官会谈，他们对我国军政均表不满，特别是袁总督向内田公使和本官举出三四件例证，责难我国军政。并且提出要求说：这种措施，使人怀疑日本政府履行《北京条约》的诚意，进而有对其地位和态度产生物议的倾向，结果恐怕会妨碍日清两国的交好，而使他国坐收渔人之利，所以希望赶快纠正。本官和公使都向他说明了日本政府的本意，并且已要求袁总督，不要使中国地方官宪为了细小的地方问题任意麻烦中央政府，并且不要对日本的对华政策有所怀疑。对于我国军政，在北京和天津的我国很多武官也提出了强烈的责难，而在天津与商工事业有关的日本人也说北京政府对于我国军政的反感，对其事业也有影响。另外，在北京的珍田次官也向本官私下谈过这种情形。阁下对于本官关于这个问题和我国施政的报告，如果同意，请秘示山县元帅为盼。"②

① 苏崇民主编：《满铁档案资料汇编·日本的大陆政策与满铁》，社会科学文献出版社 2011 年版，第 83—84 页。

② 苏崇民主编：《满铁档案资料汇编·日本的大陆政策与满铁》，社会科学文献出版社 2011 年版，第 84 页。

（二）英美抗议日本独占"满洲"市场

日军在"满洲"占领地施行的军政除了一再侵犯清政府主权以及侵害中国东北民众的生命财产以外，还专门给予日本商人种种特权，独占"满洲"市场，促使英美以日本一再宣称的日俄战争后将遵守门户开放原则为依据向日本外务省进行抗议，督促日本结束在"满洲"日军的军政统治。

1906 年 2 月 23 日，美国代理公使致信日本外相："本使能就有关日美两国商业在满差别待遇问题，提出备忘录，深感欣幸。我国政府对日本帝国政府具有维护机会均等原则之意愿，付予绝对信任，想为阁下所洞悉。但现在传闻有不使用此原则之情况。对此，国务卿确信此种情况，显系出自贵国僚属擅自独断之行为，而有违贵国政府之本意者。本公使乃接到可依靠日本政府调查此案之电训。合众国鉴于本原则所具有之重要意义，希阁下从速采取措施，以便由本使将贵我两国政府衷心一致所奉行之原则，得以付诸实现之经纬，向我国政府提出确证为盼。附属备忘录国务长官接到美国商人及贸易业者紧急陈情书内陈，自媾和条约实施以来，虽已为期甚久，然尚有阻止经由牛庄进入满洲等情。美国烟草业之利益，特别容易受到伤害。美国商人之代办被排出满洲，而日本烟草代理商却被准许进入该地，并扩大其交易。关于在满之通商利益，日本帝国政府曾声明将维持绝对的机会均等原则，此种意向，为合众国所深知并承认者。因此征诸前项报告，国务长官认为此举当系日本帝国政府之专断僚属，不履行上述意向之行为。"① 3 月 26 日，美国代理公使再次致电日本首相西园寺："我以美利坚合众国代理公使名义，就有关日军占领下之满洲地区内，不履行通商方面机会均等原则之报道，再次荣幸地促请日本帝国政府之严重注意。本月 24 日，国务卿电讯之意旨，如下记译文，本代理公使据此，现特向贵外务大臣西园寺侯爵阁下呈递本书。国务院曾接驻华公使呈报，内称：按日本占领满洲期间，该地日本官员之行为，有在其撤退前，完全不给其他诸国以贸易机会，而在主要城市扶植日本商业，并在其能以利用之所有地方，为日

---

① 苏崇民主编：《满铁档案资料汇编·日本的大陆政策与满铁》，社会科学文献出版社 2011 年版，第 87—88 页。

本居民获取财产权之倾向,希贵公使能取得缓和上述悬念之积极保障,应采取适当措施唤起日本政府之注意。"①

二 "满洲问题协议会"与日本"满洲"扩张逻辑的确立

早在 1906 年 1 月取代桂太郎内阁的西园寺公望内阁成立后,就如何处理日俄战争后日军在"满洲"占领地的军政统治问题,日本军政机构之间进行了协商。1 月 31 日,新任外相加藤高明就日本在"满洲"军政统治阻碍英国商人贸易活动致信陆相寺内正毅,但陆相寺内正毅虽然与外相加藤高明同属西园寺内阁,对于外相加藤高明的来信质询却未给予回应。2 月 14 日,英国驻东京大使正式就"满洲"开放即对日军在"满洲"统治问题致信外相加藤高明,这让加藤高明倍感压力。面对日俄战争后日军在"满洲"占领地的排他军政统治,以及这种统治引发的清政府、英国和美国的不断抗议,陆相寺内正毅和参谋总长儿玉源太郎都持有默认乃至支持态度。

2 月 11 日,外相加藤高明去大矶拜访伊藤博文。伊藤博文在了解到日本军方坚持军政统治而造成各国抗议的情况后,于 2 月 16 日邀请山县有朋、大山岩、儿玉源太郎、井上馨、西园寺以及加藤高明六人商讨。但在这次会面上,儿玉源太郎仍支持日军在"满洲"继续进行军政统治。加藤在日记中写道,关于陆军在"南满"的态度,经半日讨论,数件事情得到解决,但其他颇为重要的事情,由于儿玉源太郎一味坚持而没有解决。② 作为外相,加藤高明已经感到无法促使日本陆军改变其通过军政统治独占"满洲"的策略,为此以辞职相逼。最终加藤高明辞职,但并没有让日本军方改变其通过军政统治扩大日本在"满洲"权益的策略。

此后清政府以及英美对于日军在"满洲"施行军政继续抗议,尤其是英美对于日本政府的抗议,表明日军的军政统治已经触及日本对外扩张的上限,最终伊藤博文等人出面调整日本军方的这种扩张政策。

---

① 苏崇民主编:《满铁档案资料汇编·日本的大陆政策与满铁》,社会科学文献出版社 2011 年版,第 88—89 页。

② 伊藤正德『加藤高明』上巻、加藤伯伝記編纂委員会、1929 年、第 584 頁。

　　真正结束日军在"满洲"军政统治、撤销军政署这一机构，是在伊藤博文邀请日本军政各个核心人物出席的"满洲问题协议会"上实现的，出席该会议的都是日本军政各机构的核心人物，其中有枢密院议长山县有朋、元帅大山岩、井上馨、枢密顾问官松方正义、首相西园寺公望、陆军大臣寺内正毅、海军大臣斋藤实、大藏大臣阪谷芳郎、外务大臣林董、陆军大将前任首相桂太郎、海军大将山本权兵卫、参谋总长儿玉源太郎。在要求日本陆军改变军政统治"满洲"的目标上，该会议和大矶会议是一致的，因此"满洲问题协议会"可以视为大矶会议的延续。尤其值得关注的是，在"满洲问题协议会"上日本军政核心人物进行激烈争论，从中也可看出日本在"满洲"扩张的逻辑所在。

　　关于撤销日军在"满洲"军事统治的理由，伊藤博文特别强调最近来自英美的抗议。伊藤博文在发言中指出："近来我在任地，仅从外务省和各国间来往的电报了解了情况。由于3月底，美国政府关于满洲问题，给我国政府寄来严重照会，在英国也成为提到国会的问题，我深为忧虑。……同时，再看来自中国的报告，则袁世凯对日本怀有不满情绪，认为日本在满洲的行动违反《北京条约》，每当与内田公使、伊集院总领事、荻原书记官等会见时，也都明显谈到这点。这些报告各位一定都看过了，如果像今日这样状态放任下去，则不仅北清，而且21省的人心终将反对日本。……如此则我认为日本必须坚决致力于维持清国之和平，从而在满洲也必须采取清国人满意的方针。……现在满洲有所谓军政官，查有关此问题之规定，当然要引起清国人的不满，在撤兵的今天，维护从俄国所转让的权益乃理所当然，任何人不得对此抱有异议，然在事实上超越了这个范围之外，看一看军政署的纲领，如果按此活动，则清国人没有活动的余地。不仅如此，就连领事也无从进行活动。军事当局对此固然有相当之考虑，但据我个人所见，不可不撤销军政署。"①

　　随后伊藤博文提出委托外务省制作的提案，提案内容强调日本政府要遵守其一再宣称的"满洲"开放主义，反对日军封锁"满洲"门户企

①　苏崇民主编：《满铁档案资料汇编·日本的大陆政策与满铁》，社会科学文献出版社2011年版，第98—99页。

图垄断这个地区的利益。更重要的是,对日俄战争后日军在"满洲"一再以"军事需要"和"军务需要"为名进行的侵犯清政府主权活动进行批评。"事情达到这种地步的根源,大多基于这种看法:满洲直到撤兵结束期,即截至明年4月为止,仍然处于战争状态。然而,这却是一个很大的误解,战争状态是随着媾和条约的缔结而宣告结束的,并且转入和平状态。只因大军不能立即撤退,才约定了一定的期限。撤兵的本身就是和平的行动,尤其我方在事实上已撤兵完了,残留于满洲的仅仅是铁道和电报的守备兵。但是有人竟如此认为:我们仍然占领昌图以南的全部满洲,如战时一样继续实行军政,并想维持到明年4月。这是不符合实际情况的看法,而且不会得到一般的首肯的。……因而就目前各种悬案,大体做如下的处理。一、关东总督的名称于适当时机予以修改;二、军政可以不等到撤兵期限结束就逐渐废除。"①

而在讨论中,儿玉源太郎认为:"南满洲将来与俄国将发生种种关系,其中只有军事最为简单,因为明年4月以后只剩下铁道守备队而已。但从经营满洲上来看,将来要发生很多问题,而且这些问题一旦报到国内,势将牵涉到各省各个主管部门,处理手续实为繁琐。扶植日本势力这一南满洲港口不同于汉口或上海固不待言,所以满洲的主权应该委任于某一人,则上述烦琐事务可以汇总到一个部门,是否可以组织一个官衙由它指挥一切?"对此,伊藤博文直接指出:"根据我的看法,儿玉参谋总长等对于日本在满洲的地位似乎从根本上有所误解,日本在满洲方面的权利根据媾和条约,俄国所移交给我们的除辽东半岛租借地和铁路外并无他物。'经营满洲'这个名词源于战争中我国人之口头禅。今天除官吏外甚至商人等也频频称道经营满洲,但满洲绝非我国属地,它完全是清国领土的一部分。在既非属地的地方就没有我们行使主权的道理,从而也没有我设立拓殖务省一类机关和处理事务的必要。满洲行政的责任必须完全交由清国政府负担之。"②

① 苏崇民主编:《满铁档案资料汇编·日本的大陆政策与满铁》,社会科学文献出版社2011年版,第101—102页。
② 苏崇民主编:《满铁档案资料汇编·日本的大陆政策与满铁》,社会科学文献出版社2011年版,第109页。

伊藤博文在"满洲问题协议会"上这种提醒，主张把日本的"满洲"权益限定在日俄条约范围内。但在随后进行的"满洲经营"中实际情况如何呢？"满洲问题协议会"后按照伊藤博文的建议，日军开始撤销军政署，结束在"满洲"的军政统治，但从下文所述日本军政机构随后开展建立以满铁为中心的"满洲经营"策略来看，满铁的成立是日本突破日俄日清条约范围谋求日本在"满洲"特殊权益的行动。换句话说，正是儿玉源太郎发言中所呈现出的无视"满洲"主权属于中国的准则在真正发挥作用。

三 "满铁"的创立与"满洲"特殊权益构想

"满洲问题协议会"主要解决日军在"满洲"施行军政侵害中国主权以及违反门户开放原则封闭"满洲"市场引发清政府和英美抗议的问题，虽然最后以日本军方同意将总督府改为都督府、撤销军政署以及取消在"满洲"占领地的军政而予以解决，但并不意味着日本军政机构将放弃将南"满洲"变成日本势力范围的扩张构想。这在即便以反对日军军政统治的外务省那里也是如此。

早在小村寿太郎担任外相时期，日本外务省构想中的日本在"满洲"的权益并非各国平等意义上的开放，而是展现出以排他独占方式扩大"满洲"权益的思维特征。这体现在外相小村寿太郎拒绝桂太郎—哈里曼协定，转而主张专门成立满铁上。

虽然伊藤博文从国际协调的立场出发曾支持"满洲"的开放和国际化，比如支持铁路的"国际化"管理。日俄开战后，1904 年 11 月 12 日，伊藤博文向英国驻日本使馆书记官表明："确保永远和平的唯一手段是，将东清铁道国际化……由国际团体管理铁道是对下次俄国侵略维持满洲安全的唯一之路。"[①] 伊藤博文主张铁路的"国际化"管理，与之前一再宣称的日本遵守"满洲"门户开放声明有关，也与日本依靠举债进行战争导致财政困难有关。因此，当设想通过建立铁路将"满洲"、西伯利亚以及欧洲连接起来的美国铁路大王哈里曼 1905 年 8 月 31 日到

---

① 角田顺『満州問題と国防方針——明治後期における国防環境の変動——』、原書房、1967 年、第 239 頁。

达横滨访问日本，9 月 1 日到达东京后，开始向伊藤博文、井上馨等政治实权人物推销其美日共同经营俄国转让给日本的南"满洲"铁路计划，其间美国驻日使馆也帮助哈里曼联络和劝说。结果哈里曼的计划得到伊藤博文、井上馨以及首相桂太郎等阁僚的支持。日本政界对于哈里曼计划的支持是出于日俄战争后日本需要来自美国的资金支持，更是出于继续联合美国防备俄国的考虑。结果，哈里曼与桂太郎首相在美日共同经营铁路上达成协定，内容如下：（1）为了筹措日本收买南"满洲"铁路以及附属财产，改筑、整修、延长以及改善大连的铁路终端所需资金，建立一个辛迪加组织；（2）日美两国当事人对南"满洲"铁道及附属财产拥有共同和平等的所有权；（3）通过特别协议，该辛迪加组织获得铁路附属地的煤矿开采权，其收益及代表权由双方共同且平等地拥有；（4）有关在"满洲"的诸种企业的发展，双方原则上拥有平等利益的权利；（5）南"满洲"铁路及其附属财产，应由两当事者的共同代表按照实价进行购买；（6）该辛迪加组织应在斟酌适应现在情形基础上确定；（7）上条中要求适应日本事情，在日本管理下进行组织，但事情允许的话随时变更，期望最后代表权和管理权平等；（8）该辛迪加组织按照日本法律行事，哈里曼对此表示同意，并表示其公司的董事会也会同意；（9）两当事者的中间人是日本外务省顾问 Henry Willard Denison；（10）在日中或日俄开战情况下，南"满洲"铁路要一直听从日本政府命令运送军队和军需品，日本政府对铁路遭受攻击时负有防护的责任；（11）自今日起由日本兴业银行添田寿一作为两当事者的联络中介；（12）两当事者以外者要加入该辛迪加组织的话，需要经过两当事者的协商和同意。① 这个协定本应在 10 月 12 日正式签订，但因为有人提出应该听取正在启程回国的小村寿太郎外相的意见而延期。10 月 16 日小村外相到达横滨，外务省的山座告之即将与哈里曼签订的协定内容。回到东京，会见桂太郎首相时，小村寿太郎直接表示反对这个协定。其反对的理由是，日俄媾和条约第六条规定俄国向日本转让的南"满洲"铁道要得到清政府的同意，在还未得到清政府同意完全将这些权益掌握的

---

① 日本外務省『小村外交史』、新聞月鑑社、1953 年、第 207—208 頁。

情况下，不适合商议这条铁路以及其他事情。加之已经对日俄媾和大为不满的日本国民，若知道把仅获得的南"满洲"铁路卖给美国辛迪加组织，自己抛弃经营的南"满洲"立脚点，民心会更激昂，难保不会发生大动乱。哈里曼计划不仅抹杀了《朴茨茅斯条约》的真髓，也无视有关讲和条件的政府决定。① 最终小村寿太郎的意见被以桂太郎首相为首的各位政界实权人物接受。10 月 27 日，日本告诉哈里曼日本政府关于终止备忘录的决定，哈里曼的计划失败。

尽管日本外相小村寿太郎是依据日俄媾和条约的规定反对哈里曼计划，但这只是表面上的理由，究其实质，日本外务省在编著的《小村外交史》中认为，如果哈里曼计划成功的话，"从日本来看，在满洲数十万流血牺牲，花费几亿国帑，在朴茨茅斯经百般交涉才获得南满洲经营的大动脉委于他人之手，不用说结果是军事及经济上的利益一朝抛弃"②。从中可以看出，尽管日俄战争前和战争期间，日本一再宣称遵守开放原则，伊藤博文等人就此还主张铁路的"国际化"，但日俄战争后恰恰是日本外相小村寿太郎所领导的日本外务省，在战后经营从俄国获得的"满洲"权益时，放弃向国际开放原则，而是迅速缩回到特殊逻辑，即这些权益是日本"流血牺牲""花费国帑"换来的，这些权益应该是以日本为中心，而且是排他性的。这与战前俄国以俄国为中心界定其在"满洲"的权益，并无二致。

小村寿太郎否定哈里曼计划这一行为表明，日本逐渐与日俄战争前的俄国一样开始排斥其他列强染指"满洲"。俄国在日俄战争前在中东铁路上排挤清政府权力，并一再企图逼迫清政府签订不平等条约。日俄战争后，小村寿太郎领导下的日本外务省同样不想遵守与清政府已经签订的条约，同时为了"合法化"扩张新的"满洲"权益，又不断逼迫中国与日本签订新的条约，以此侵害中国在"满洲"的主权。这可以说是日俄战争前的 1902 年，小村寿太郎和内田公使心腹岛川毅三郎提交《满洲视察报告书》，建议日本的"满洲"经营策的大方针是俄国的"满洲"经营日本取而代之，即将"满洲"置于日本的势力范围和利益

---

① 日本外务省『小村外交史』、新聞月鑑社、1953 年、第 210 頁。
② 日本外务省『小村外交史』、新聞月鑑社、1953 年、第 208 頁。

范围的扩张构想的落实。

小村寿太郎以哈里曼计划不符合日俄《朴次茅斯条约》中规定的关于俄国转让给日本的权益需要取得清政府同意为由拒绝哈里曼计划，但此后恰恰是日本外务省并不愿意以日俄条约以及日本和清政府签订的《中日会议东三省事宜正约》（以下简称《北京条约》）约束日本。在满铁成立前后日本外务省就不断通过曲解条约适用范围的形式逼迫清政府承认给予日本原有条约范围外的权益，包括新奉铁路问题、抚顺烟台煤矿问题、通化怀仁煤矿问题、法库门铁路问题。以中日双方围绕新奉铁路的交涉进行说明。

日俄战争期间，日本擅自修建了新民屯到奉天的新奉铁路，在中日缔结的《北京条约》中，清政府和日本约定新奉铁路由两国政府派委员公平议价卖给清政府，由清政府改造并自营这条铁路，其所需资金一般由日本公司提供。这已经清楚表明，新奉铁路属于中国，其修理权属于中国。但是《北京条约》刚刚签订后不久，日军军政官在 1906 年 1 月就开始将这条铁路由军用窄轨修整成了可以商用的宽轨铁路，这仍是日军企图造成既定事实以扩大日本在"满洲"权益的表现。将铁路由军用改为商用，违反了日军军政仅限于军用军务需要这一限制，这引起了清政府关内外铁路总办胡燏棻的警惕。1906 年 2 月 13 日，铁路总办胡燏棻致信内田公使，就日军军政官改造新奉铁路以及将铁路用于运送乘客和货物提出抗议，指明这是要将新奉铁路进行商业运营。胡燏棻要求按照在北京谈判议事录规定，中止日军对铁路的改造。[①] 此后清政府就新奉铁路问题分别在 2 月 25 日、3 月 14 日、4 月 17 日、5 月 3 日、8 月 21 日和 9 月 2 日提出照会，除了要求日军停止改造以外，还要求立即与日本政府协商收买该铁路事宜。

尽管清政府一再就日军改造新奉铁路提出抗议和照会，并要求立即与日本政府商讨收买新奉铁路事宜，但日本外务省不为所动，基本上采取了支持日本军方的方针。这与加藤高明外相一收到英美关于日军垄断"满洲"市场的抗议，就致信日本陆军大臣要求作出回应的处理态度有

---

① 『日本外交文書』第 39 卷第一冊、第 673 頁、外務省外務史料館、https://www.mofa.go.jp。

着很大的不同。

日本外务省在了解了日本军政官改造这条铁路的实情后，并没有显示出遵守《北京条约》的决心，相反训令内田公使继续以改造仍是为了运送日军军需品的需要为由进行敷衍。但清政府再次提出抗议，要求日军停止改造铁路，并且立即开始谈判收买新奉铁路事宜。日本外务省直接表示日军撤军完毕前不会与清政府协商售卖新奉铁路事宜。①

内田公使离任之际，直隶总督袁世凯会见内田的时候，指出日本应该按照日清协约诚实履行，希望尽快予以解决。② 1906 年 6 月，在伊藤博文召集的"满洲问题协议会"上日本军政核心人物在撤销军政署以及将关东总督府改成平时组织上达成共识后，林权助接替内田担任日本驻华公使。清政府继续就新奉铁路提出抗议，林权助公使倾向于在日本撤兵前利用日军在"满洲"的有利地位与清政府进行谈判。③但日本陆军不准备把新奉铁路转让给清政府，1906 年 12 月 20 日林权助公使向日本外务省建议中日就新奉铁路开展交涉后，日本陆军表示强烈反对，即便开始与清政府谈判之后，也建议林权助公使提出远超出实际价格的 332 万元，以便让清政府无法接受，导致谈判破裂，最终该铁路归日本所有。结果日本外务省接受了日本陆军提出的拖延谈判的对策。

当日军军政署即将撤销，导致直接失去在"满洲"扩张权益这一依托以后，日本军政人物开始探讨决定以何种形式"经营满洲"。1906 年 1 月，日本成立"满洲经营调查委员会"，以儿玉源太郎为委员长，由日本各省的次官和局长组成。关于战后"经营满洲"的基本框架实际上体现在由"满洲经营调查委员会"讨论儿玉源太郎委托后藤新平起草的《满洲经营策梗概》。在《满洲经营策梗概》中提出："战后满洲经营的唯一要诀，表面上以铁道经营伪装，背地里进行各

---

① 『日本外交文書』第 39 卷第一冊、第 675 頁、外務省外務史料館、https://www.mofa.go.jp。

② 『日本外交文書』第 39 卷第一冊、第 686 頁、外務省外務史料館、https://www.mofa.go.jp。

③ 『日本外交文書』第 39 卷第一冊、第 683 頁、外務省外務史料館、https://www.mofa.go.jp。

方面的建设。据此要诀，租借地内之统治机关和获得的铁道之机关全然分开。铁道之经营机关，假装与铁道以外的政治军事毫无关系。租借地之统治机关，目下以讨论中的辽东总督府充任。作为铁道的经营机关，特设满洲铁道厅，作为政府直辖机关，铁道的经营、铁路的守备、矿山开采、奖励移民、地方警察、改良农工业、对俄国和清国的交涉以及整理军事谍报，另兼一部分平时铁道队技术教育。然我获得铁道，为长春至大连干线及数个支线，其一部通过辽东总督管辖地内，很容易就在总督府和铁道厅之间产生意见冲突。为预防之，须由总督兼任铁道厅长官。铁道守备队，应由辽东总督麾下军队派遣，有关守备任务，应受铁道厅长官指挥。"① 总的来说，《满洲经营策梗概》建议日本战后的"满洲经营"设立一个政府直辖机构"满洲铁道厅"，独自掌控经营铁道以及其他广泛的事业以扩大日本在"满洲"的经济权益，同时该机构权力广泛，扩张日本在"满洲"政治和军事势力也是其目的所在。

但同样在 1906 年初，日本外务省也对"满洲经营"提出方案。与儿玉源太郎在《满洲经营策梗概》中成立官营机构建议不同的是，在经营铁路上，日本外务省主张按照中俄原有东省铁路公司的先例，"经营上述铁路可按条约规定，一切根据东省铁路条约及其实例办理。从清国朝野最近趋势来看，假如现在企图加以变更，则清国政府必然趁此机会，提出种种条件，以便削减我国利权。因此，由长春旅顺间的改筑工程起，到完成奉天新民线及长春吉林线的铺设，如全部遵照现有条约实行，则不仅不给清国以不履行条约的借口，而且不给予惹起任何麻烦的机会。若还有以更改条约为适宜的情况，则以将来慢慢地商议为得策。所以，我方也仿照东省铁路公司的先例，组织一个公司，政府以前记财产的实际价格入股，加入公司，其他股票由日清两国人中募集，若清国政府自己希望成为股东，也使它参加，名义上作为日清两国共同事业。以后，对仍然不足的资金发行公司债，纳入外资，数年之后，将能以公司的收入支付上项债权的利息，其不敷支付该利息时，可由

---

① 鶴見祐輔『正伝後藤新平 4 満鉄時代』、藤原書店、1967 年、第 15—16 頁。

同样募集债券的收入中支付，以便在不增加国库负担的情况下，经营本铁路是为上策"①。日本外务省经营铁道的方案强调的是，目前要遵守已有的条约尤其是已经签订的与清政府的条约，为此采取与东省铁路公司一样的民营和中日合办的形式。

　　为此，参与"满洲经营调查委员会"讨论的日本外务省代表山座局长，反对儿玉源太郎提出的设立官营铁道机构，其理由是依据《北京条约》第二款的规定，日本国政府承允按照中俄两国所订借地及造路原约实力遵行，嗣后遇事，随时与中国政府妥商厘定。俄国根据俄华银行和中国政府签订的条约设立并经营了东省铁路公司，其股票仅准许中俄两国人所有。总之，是采取了纯粹民营形式。我帝国政府既然同意遵行《北京条约》第二款的精神，就绝对不该采取官营的形式。② 也正是在日本外务省的反对下，并没有按照儿玉源太郎的设想直接成立政府直辖机构，最终采用公司形式。但在日本外务省上述构想中，在陈述目前为了避免清政府反对而要遵守已经签署的条约，随后提出"若还有以更改条约为适宜的情况，则以将来慢慢地商议为得策"，这显示出对于日本外务省而言，存在着修改有关"满洲"铁道的中俄条约和中日条约构想，实际上这正是后来日本外务省一再扩张在"满洲"权益的行为方式。

　　由于日本外务省等政治力量反对设立官营机构"经营满洲"，儿玉源太郎做出让步同意铁路由会社经营，这样"满洲经营调查委员会"1906 年 3 月 14 日决定了关于设立南满洲铁道株式会社的敕令案以及发给会社设立委员会的命令书，3 月 17 日确定了呈递给政府的报告书，在报告书中强调"满洲经营"要立足于日俄和日清条约归于日本的权益范围内。

　　关于新设立南满洲铁道株式会社的性质，作为大藏省的代表若槻礼次郎在其回忆中介绍了"满洲经营调查委员会"对其的界定。"首要的

---

　　① 苏崇民主编：《满铁档案资料汇编·日本的大陆政策与满铁》，社会科学文献出版社 2011 年版，第 116—117 页。

　　② 苏崇民主编：《满铁档案资料汇编·日本的大陆政策与满铁》，社会科学文献出版社 2011 年版，第 121—122 页。

是防止各方面都要伸手,满洲的经营必须统一始终交一个单位去进行。等候一切都上了轨道,然后可以分为各种专门机构进行营业,而最初无论如何必须统一。大家赞成这个意见。于是以满洲的铁路为基础先成立一个会社,使它成为管理满洲的所有的一切经济利权的机构,这就是满洲经营委员会的决议。……也就是说,满洲的事情既不应由日本政府一手包办,也不应由民间资本家任意竞争。而应由一个会社去经营,会社的组织为半官半民性质,使政府命令得以贯彻执行。最重要的铁路当然要归它经营,但满洲的一切经济利权也必须全部经营起来。"① 也就是说,从经济上来看,南满洲铁道株式会社是"管理满洲的所有的一切经济利权的机构",是一个垄断排他的机构。实际上满铁是日本政府控制下的国策会社,执行日本在"满洲"扩张经济权益以及扩大政治和军事势力的代行机构。

尽管儿玉源太郎的《满洲经营策梗概》中立足于官营铁道这一设想被否定,但其下述设想被"满洲经营调查委员会"代表们所接受。即"战后满洲经营的唯一要诀,表面上以铁道经营伪装,背地里进行各方面的建设。据此要诀,租借地内之统治机关和获得的铁道之机关全然分开。铁道之经营机关,假装与铁道以外的政治军事毫无关系"。也就是说,表面上让铁道的经营机构与政治军事毫无关系,实质上借助铁道经营机关实现扩张日本政治和军事势力的目的。这一点,南满洲铁道株式会社如何实现呢?

1907 年 3 月 24 日,满铁理事、法学博士冈松参太郎以"南满洲铁道株式会社的性质"为题,从法理上阐释该会社的性质。"南满洲铁道株式会社在外观上看来不过是一普通商社,它采取了股份公司的组织;除以敕令另行规定者外,它适用商法及其他附属法令;它在事业方面以铁道运输的营利事业为标榜。然而一句话说穿,这不外是政府为了利用名义掩盖而有意选用的政策而已。人们视南满洲铁道株式会社为一商社非但不足为奇,反而证明了政府的政策得当。如能洞察其中真相,分析其性质,自不难体会其精神所在。(二)南满洲铁道株式会社并非单纯

---

① 苏崇民主编:《满铁档案资料汇编·日本的大陆政策与满铁》,社会科学文献出版社2011 年版,第 124 页。

的商社，欲知其积极的性质，必须探讨下开各点：（a）会社的由来；根据日俄媾和条约及日清条约，获得了关东州的租借权及满洲铁道的所有权及其附属各种权利后，政府即有意以此铁路为骨干经营南满洲。对于关东州租借地，基于租借权立即设立关东总督府（后改为都督府），公布了官治制度；但对租借地以外的南满洲，则考虑道：在清国领土内设外国官厅行使公权，外足以耸动视听，内亦得不偿失。于是不以官治制度，而代之以会社组织经营的策略。由此看来，南满洲铁道株式会社之设立，绝非出之于外国殖民政策中所常见的，诉诸商民的企业心理以建立新殖民地的那种间接目的。其实质是，政府欲假会社之名而行机关之实，欲使南满洲铁道株式会社代替政府经营南满洲。"也就是说，南满洲铁道株式会社是日本政府表面上以会社的名义，实质上依靠其经营日本租借地以外的南"满洲"各项权益的机关。另外，"（b）会社之设立；会社之设立事宜由政府直接担任：（1）明治39年以敕令第142号制定的会社根本法；（2）特地由政府任命了筹备委员；（3）对被委任者颁发命令书；（4）据此，使筹备委员制定章程。可见，南满洲铁道株式会社同一般商社恰恰相反，不是依据私法而设，而是完全以公法上的行为设立的。尤其它的章程是由官选委员制定，不仅同一般商社的章程完全不同，更重要的是，在一般商社，章程即是该会社的根本法，但南满洲铁道株式会社的根本法乃是明治39年敕令第142号，另加各种附属命令。……（c）会社的事业；南满洲铁道株式会社之事业按敕令第142号及政府命令书规定为：（1）其主要事业为铁道运输业，附属事业则为矿业、水运业、电业、仓库业等等。这些事业都是营利事业，看来同商业的事业并不两样。然而，首先，在一般商社，会社经营符合其目的的事业与否是自由的，但在南满洲铁道株式会社，不仅享有经营这些事业的权利，并且负有必须经营其主要营业之铁路运输业的义务。这是大大不同于普通商业的。其次，在商社，其事业不仅是营利的，并且是单纯地为了自己的私利而经营；但在南满洲铁道株式会社，则与此相反，在法律上虽无规定，但会社的性质和政府的监督却强使它除了私利而外还必须经常从事以保持和增进公益为目的的事业，在营利之外，它必须经常注意国运之发展和国权之扩张。（2）南满洲铁道株式会社的事业并不限于营利事业。关于铁路及附属事业用地内之土木、教育、卫生等业它还必须进行必要的设施。而这些事业纯属公共事业，自应属于国家的行政事务范畴。就从这一点来讲，会社在一定范围内受国家行政的委任的。同时属于这个范围的事业不必限于以上例示的种类，并不排除政府运用命令扩大其范围。不论什么行政事务，政府均得委任会社。而会社不论受到什么委任，均必须遵命经营。总之，南满洲铁道株式会社乃是属于中世纪以来行之于外国的特许会社的一种，它具有代表国家行使其一部分主权的任务"①。从上文进一步可知，满铁是日本政府以会社的名义在日本关东州租借地以外通过从事营利和非营利的行政事务，代表日本国家行使主权，以此实现日本在关东州租借地以外的"国运之发展和国权之扩张"。

那么这个代替日本国家行使主权任务的满铁在日本官制中所处地位如何呢？是否仅仅是一个执行命令的机构呢？西园寺等人决定让后藤新平担任满铁第一任总裁，但后藤新平在就任前却想极力改变满铁仅作为一个只能执行命令的机构的设定，相反想将满铁变为一定程度上能够拥有自主行动权的机构。后藤新平在其《满铁总裁就职情由书》中记载，1906 年 7 月 22 日后藤新平拜访西园寺首相，西园寺首相告知后藤新平，满铁的监督权归关东都督，而政府负责对其管理的是外务大臣，后藤新平知晓满铁权限如此之低后，当即表示拒绝担任满铁总裁。② 然而 7 月 23 日儿玉源太郎突然去世促使后藤新平接受满铁总裁这一职位，但其向山县有朋和西园寺直接提出任职的三个条件，即（1）以敕令公布，对于受聘从事"满洲"铁路人员，给予与在职官员受外国政府招聘者一样的待遇；（2）让铁路总裁参与关东州行政长官的实权，为防止铁路会社与都督府之间的不一致，在都督府内设顾问，任用满铁总裁担任其顾问；（3）对于总裁在其就职之前赋予亲任的官职、为将来与清国大臣总督之间的交涉享有重要的待遇。③

① 苏崇民主编：《满铁档案资料汇编·日本的大陆政策与满铁》，社会科学文献出版社2011 年版，第 171—172 页。

② 南满洲铁道株式会社编『南满洲铁道株式会社十年史』、1919 年、第 105—106 頁。

③ 鹤見祐輔『正伝後藤新平 4 満鉄時代』、藤原書店、1967 年、第 680 頁。

西园寺首相最初设想由在"满洲"关东都督府和政府的外务大臣监督满铁的官制，仅仅将满铁作为执行关东都督府和外务大臣命令的机构。但后藤新平提出的任职条件直接表明了后藤新平想要满铁总裁能够参与关东都督府的行政事务并且拥有与清政府官员交涉的权力，使得满铁不再仅仅是个执行命令的机构，相反通过参与行政和外交事务，使得自己拥有很大的独立自主权。最后，除了第三条以外，山县有朋和西园寺答应了后藤新平所提扩大满铁总裁权限的建议。这样满铁不仅作为日本"满洲经营"的中枢机构存在，也是日本开展"满洲"政策的主要参与者。

甚至，在后藤新平看来，在日本"满洲经营"上不论是政策的制定还是涉及行政和军事的施政都应该以满铁为主进行。1906 年 8 月，后藤新平致信关东都督大岛义昌阐述其对满铁的设想，"所谓铁路事业在满洲经营的地位，其名可视若等闲，实则满洲经营为其主责，故军事行政的一切举措也表面上是制约铁路事业，但究其实不可不为铁路事业所制约"①。即主张表面上满铁受都督府和外务大臣的约束管理，但实际在"满洲经营"上要以满铁为主、行政为辅。满铁成立之际，在日本军政系统内就对后藤新平设想的满铁地位予以承认。1914 年，后藤新平在演讲中明确公开"南满经营不应拘泥于在租借地内设置所谓都督府的政府全权代表的分支机构，而其主体必须是南满铁路株式会社"，"满洲经营"的基本方针是后藤新平的"文装武备论"，即"以文事设施防备外来侵略，做好稳固兼顾的措施，以使在突发事变时使之有助于武力行动"。② 总之满铁实质上是日俄战后"满洲经营"的中枢机构，其存在是为了在关东州以外扩张日本的政治、经济和军事。

但日本成立满铁却是在直接无视日俄条约和日清条约、侵害中国权益下进行的。1906 年 6 月 7 日，日本天皇发布成立满铁的敕令以后，中国驻日公使杨枢就将情况汇报清政府。但面对日本政府违反条约规定独自设立满铁，清政府外务部的奕劻和瞿鸿襪在了解日本设立满铁的消息后，却迟迟不敢作出回应，也不愿依据条约据理力争。相反，推动清政

---

①　鹤见祐辅『正伝後藤新平 4 満鉄時代』、藤原書店、1967 年、第 683 頁。
②　藤新平『日本植民政策一斑』、拓植新報社、1921 年、第 44—46 頁。

府外务部依据条约维护中国权益的却是盛京将军赵尔巽和北洋大臣袁世凯。8月24日,当满铁已经开始决定募集股份的时候,日本外务省才询问清政府外务部是否应募满铁的股份:"一如敕令所规定,除帝国政府及臣民外,清国政府及其臣民亦得持有。想清国政府目前或无主动希望持有该股份之意,但因该会社曾以日清两国合办实业相标榜,故希贵官能向清国政府通知该会社成立之意旨,问明其认购与否。……再有,我国募股之前景极为良好,声请额必将超过募集额,因此纵使清国政府声请认购,对其希望之金额分配股票自必困难,此点尚希事先了解。"① 日本外务省丝毫不提及在满铁设立上中国应有的决定权,只是象征性地询问清政府是否应募股份,而且明确提出即便应募也不能如数应允。

9月21日,清政府外务部基本上按照日本外务省设置的募股与否这个议题,致函询问赵尔巽和袁世凯。但袁世凯和赵尔巽在回复清政府外务部的公函中,却直指日本政府设立满铁违反条约规定侵害中国权益这个实质,并要求清政府外务部按照这个逻辑对日本进行交涉。10月12日,北洋大臣袁世凯致函外务部:"详阅此项章程,核与中俄原约不符者,撮其大要约有数端。原约系中国政府建造之路委派华俄道胜银行承办,该公司由日本政府命令设立,与原约不符者一;原约造路资本系由中俄合伙开设之银行所出,盖官路而商办者,且该路所用地亩全不用纳税,所用官地并不给价,系照中国官路办法,该公司将铁路及附属财产悉充为日本政府资本,与原约不符者二;原约总办由中国政府选派,该公司总裁等员由日本政府任命,与原约不符者三。查中日新约,日本政府承允按照中俄铁路原约实力遵行,则此项章程凡与原约不符之处,我政府自难承认。……再四筹思,不独公家帑项支绌,固未能筹款入股,且照比章程劝集商股亦恐不易招徕,惟有先请大部照明日使,将与原约不符之处,先行提议。声明谓我国断难承认此项章程,倘彼能照原约办理,再由我筹商集股以符地主而合办之人,庶于路权稍有裨益。……再南满洲铁路,自长春以下,仅有照中俄原约达至旅顺大连湾海口之路,此外为造路运载暂筑至营口及隙地海口之支路,照原约应在工竣拆去之

① 苏崇民主编:《满铁档案资料汇编·日本的大陆政策与满铁》,社会科学文献出版社2011年版,第194页。

列，开采煤矿仅准在铁路经过一带，并无准其增筑采矿支路明文。其奉
天安东铁路为中日新约所订，应归另案办理。至铁路附带事业，如为铁
路需用开采煤斤及专为路用之电线并公司建造房屋工程等项，均应照原
约由中国政府允准，未便经由日本政府许可。"①

　　10月16日，盛京将军赵尔巽致函外务部，对日本政府侵害中国铁
路合办权进行了更为详细的阐释："巽以此事关系东省路权，至为重要，
特就该条例详加考核，举其背约之甚者，肃函奉告。今接钧示暨抄件，
籍稔日使照会反劝我国入股，而不及其他，似忘我国关于此路之曾有合
办权者。纳绎之余，不胜诧异。查南满洲铁路，即光绪二十二年东省中
俄合办铁路之一部分，日战胜俄，因移转俄之合办权于日手，要惟俄之
一部分所有权移转而已，我国合办之权利与投资本之一部分，固丝毫未
丧失也。上年中日议订条约第二条，载有承允中俄两国所订造路原约实
力遵行，嗣后遇事随时与中国政府妥商厘定之语。要即根据于此。今日
使来文，但云公司已设，除敝国政府及臣民外，贵国政府亦应入股，等
语。是仅遵照中俄原约之一条，而其他约款均置勿论，不啻将我国原有
权利一笔抹杀，而但许我做新股东也。夫合办与入股显有区别者也。合
办之权力大，入股之权力小；合办则一切财产、特权均由二国商定，入
股则唯听命于人而已。今日本政府仅以入股许我，我若承认为之招股，
又明明自背原约而抛弃固有之合办权矣。将来遇有争执，彼反得借为口
实，而漠视原约，且不特此也，中俄新约至今未定，万一俄国援日为
例，哈尔滨以北之铁路亦第与我以入股权，我将如何对付耶？巽窃以为
今日之急务，不在争入股之小利，而在争合办之原约。……苟能逐条提
议，使之一一改订，策之最上。万不得已，亦当重申造路原约实力遵行
之约，于彼已颁条例及定款中，追加南满洲铁路公司一切办法均遵照中
俄合办合同二十字，方无流弊。否则，宁竟拒之，抛此不可必得之小
利，以留遇事妥商之地步。"②

---

　　① 苏崇民主编：《满铁档案资料汇编·日本的大陆政策与满铁》，社会科学文献出版社
2011年版，第196—197页。
　　② 苏崇民主编：《满铁档案资料汇编·日本的大陆政策与满铁》，社会科学文献出版社
2011年版，第197—198页。

接到袁世凯和赵尔巽的回函后，清政府外务部于 11 月 10 日选择以袁世凯和赵尔巽的回函内容为基础，照会日本公使林权助："本部查南满洲铁路即光绪二十三年东省中俄合办铁路之一部分，上年中日会议东三省事宜条约第二条，载明日本国政府承允按照中日两国所订借地及造路原约实力遵行，嗣后遇事随时与中国政府妥商厘定，等语。……以上各节，定款所载与原约相背之条，实不一而足，本部断难承认。相应照复贵大臣查照，转达贵国政府。此项铁路仍按照中俄原约实力遵行以符地主而兼合办之义。再行彼此妥商集股办法可也。"① 随后日本公使林权助就清政府外务部照会抗议致电外相林董，不过林权助已经洞悉清政府外务部的软弱态度，因此即便外务部发出照会抗议，也未感受到应有的压力。其在电文中认为清政府"抗议内容几乎都是不可以常识理解的离奇的空论，一一加以驳斥，无疑类似儿戏。本使此前按照训令面晤外务部当事者，渠等关于帝国政府设立会社的措施或会社章程的内容等事，并未表示任何异议，只是反复表示鉴于目前的财政恐难应募。想此次抗议，最低限度可以说，外务部大臣原无认真支持之意，单是为了对奉天将军表示一下自己的责任而已。因此，本使原拟就地扼杀，不予理睬"②。按照林权助公使的建议，日本外务省并未理睬清政府外务部的照会抗议，满铁的设立过程也没有被清政府外务部的照会所影响，11 月 26 日满铁成立大会照常召开。

满铁成立后，在赵尔巽的继续催促下，外务部再次就日本设立满铁违反条约照会日本公使。但此次日本公使林权助接到外务部的抗议后请示外相林董，"本使认为定系受到官宪督促聊以塞责而后出此，如此置之不理，恐将反复提出同样抗议而无尽无休，因此莫如给予断然回答，迫使对方认识继续争论之徒劳无益"③。所以林权助直接对外务部的交涉以"未违反条约"的日本强辩逻辑予以拒绝："本大臣均阅悉，查来问

① 苏崇民主编：《满铁档案资料汇编·日本的大陆政策与满铁》，社会科学文献出版社 2011 年版，第 198—199 页。

② 苏崇民主编：《满铁档案资料汇编·日本的大陆政策与满铁》，社会科学文献出版社 2011 年版，第 199 页。

③ 苏崇民主编：《满铁档案资料汇编·日本的大陆政策与满铁》，社会科学文献出版社 2011 年版，第 203 页。

所称，颇涉多端，惟其要旨，则似南满洲铁路原系东清铁路之一部，以故其经营诸事，从头至尾应照中俄东清铁路约款办理。殊不知南满洲铁路之地位，本不可以所谓东清铁路之一部律之，并此种主张，系轻视前年日中会议协定此问题之来历者。本大臣不能须臾允认。盖帝国政府关于战争之结果所得之铁路及其一切利权，不在稍受限制或服从条规之地位。"①

尽管此后外务部仍据理力争，在 1907 年 4 月 16 日再次照会抗议指出日本违反条约，但就在前一天即 4 月 15 日清政府外务部大臣竟然与日本公使林权助签署了《新奉吉铁路协约》，规定这两条铁路均需向满铁会社筹借一半的款项，这个协定中赋予满铁以角色，这意味着清政府外务部事实上对满铁的承认，这显然是对先前几次抗议日本设立满铁违反条约照会抗议的自我否定。林权助为此致电外相林董："本月 16 日，外务部再次发来照会，在反驳本使回答内容之同时，反复要求将抗议论点转致帝国政府。查清国外务部之所以如此，不外顾全体面表示一下不同意我方主张，并非具有真心实行抗议内容以阻挠满铁设施的勇气。此事征诸新奉吉长铁路协约中允诺满铁会社借款自可明了。此次抗议照会之发出也似乎推迟在谈判完毕以后。因此，本使认为，我方不必对此加以格外讨论，可不予理睬。"②

日俄战争后日本外务省在获取"满洲"权益上不论是要求俄国转让、拒绝哈里曼的合作经营建议还是逼迫清政府承认日本从俄国获得的"满洲"权益，其对外交涉基本上依据各种条约进行。但此次林权助在处理清政府外务部的照会抗议日本违法设立满铁时，直接无视已有的条约，强调"盖帝国政府关于战争之结果所得之铁路及其一切利权，不在稍受限制或服从条规之地位"，也就是说满铁的设立直接暴露了日本的特殊逻辑，即强调日本在"满洲"权益"不在稍受限制或服从条规"的特殊论，这种特殊论显然与已有各种条约相违，只是日本自我中心化的体现。

---

①　苏崇民主编：《满铁档案资料汇编·日本的大陆政策与满铁》，社会科学文献出版社 2011 年版，第 202 页。

②　苏崇民主编：《满铁档案资料汇编·日本的大陆政策与满铁》，社会科学文献出版社 2011 年版，第 204 页。

清政府外务部无意抗议日本违反条约侵害中国权益设立满铁，这实际上助长了日本无视条约以"未违反条约"强辩逻辑，这为日本继续以强辩逻辑修改条约借此扩大日本权益，然后迫使清政府接受新的不平等协定埋下隐患。但值得敬佩的是，当时《东方杂志》第 3 卷第 12 期，详细刊载赵尔巽回复外务部公函的附文《日本南满洲铁道公司条例及定款驳议》，以此向中国公众传递日本违反条约侵害中国权益的逻辑，以此维护中国交涉立场。①

_____

① 苏崇民主编：《满铁档案资料汇编·日本的大陆政策与满铁》，社会科学文献出版社 2011 年版，第 204—207 页。

第三章

日本外务省的"满铁外交"

尽管日本外务省与日本军方在对华政策尤其是对"满蒙"政策上存在着分歧，学界也往往将之视为二元外交，比如曾从事日本外交文书整理并向学界介绍众多外交资料的日本"满蒙"政策研究者栗原健，就将日俄战争以后日本的外交政策区分为以日本外务省为代表的"文治渐进合理政策"以及以日本陆军为代表的"武断急进政策"。这里的日本陆军包括陆军省、参谋本部以及在"满洲"的日军。日本陆军在扩张日本在"满洲"权益上，从日俄战争期间在日军占领地进行殖民地式的日本军政统治就可以看出，其带有很强的否定中国在"满洲"主权的行为特征。而日本外务省在对华外交和涉及"满洲"外交的时候，尽管与日本军方不同，但并不意味着日本外务省就是日本军方在"满洲"扩张的反对者。尽管在具体的扩张上日本外务省与日本陆军有分歧，也常有反对之举，但从根本上讲，日本外务省并非对以往日清等国际条约的忠实拥护者，相反，其不顾条约规定一再以侵害中国主权的方式扩张日本在"满洲"的权益，这是日本外务省的基本行为特征。因此，日本军方和日本外务省二者在"满洲"政策上存在的分歧并不能因此掩盖日本外务省在"满洲"扩张权益上发挥的主体作用。

满铁作为日本国策会社，尽管日本政府赋予其在"满洲"进行经济、政治和军事扩张这一目的，但满铁成立之时，满铁从日本政府获得的资产只有"一、既成铁路；二、附属于铁路之一切财产，但租借地内之财产经政府指定者除外；三、抚顺及烟台煤矿"。[①] 这种意义上的满铁

---

① 苏崇民主编：《满铁档案资料汇编·日本的大陆政策与满铁》，社会科学文献出版社2011年版，第130页。

在对"满洲"扩张日渐狂热的日本文人和日本各军政机构那里显然是不够的。日俄战后在日本官制中基本上确定了日本外务省为中心的"满洲经营"体制,为此满铁成立后日本外务省从扩张满铁的铁路和矿山权益出发,采取了"悬案交涉"特殊外交的方式。所谓"悬案交涉"特殊外交体现为在不否定清政府在"满洲"主权的基本前提下,一再无视或曲解已有关于日本在"满洲"权益的条约内容,通过逼迫清政府或者造成既定事实,要求清政府承认予以合法化的外交方式。除了通过与清政府交涉扩张满铁的铁路和矿山权益以外,在现有"满洲"门户开放原则以及关于"满洲"国际条约,日本外务省还通过与英国、俄国、美国等列强开展特殊外交,通过与列强的妥协与交换,试图将日本与清政府交涉中日渐扩张的满铁具体权益,战略上总括为日本在"满洲"的特殊地位谋求列强的承认,以此逐步确立其在"满洲"的势力范围。

第一节 日本"满洲经营"的体制

一 日本外务省为中心的"满洲经营"体制

在 1906 年的"满洲问题协议会"上,伊藤博文驳斥以儿玉源太郎为代表的日本军方激进的"经营满洲"做法,伊藤博文主张不能否定中国在"满洲"的主权。伊藤博文的建议推动日本军方撤销日军军政署,中止日军在"满洲"的军政统治改换策略。

1906 年 6 月 7 日,日本政府发布关于成立满铁的敕令,6 月 8 日在西园寺内阁会议上决定新获得领土萨哈林由日本内务省监督管理,而辽东半岛由日本外务省监督管理。关于这种将萨哈林和辽东半岛区别对待的原因,原敬内相在内阁会议上指出,辽东半岛并非日本的领土,因此不能因袭中国台湾之例。[①] 基于"满洲"主权属于中国这一原则,因此"满洲"事务总体上属于外交事务范围,而由日本外务省监督管理。

7 月 10 日,日本政府进一步落实 5 月 22 日"满洲问题协议会"上

---

① 原奎一郎『原敬日記』第二卷、福村出版、1965 年、第 182 頁。

关于将关东总督府改为平时组织的决议，确定了关东总督府改为关东都督府后的官制框架。8 月 1 日，公布关东都督府官制，内容包括关东都督府的权限以及在行政上确定外务大臣、陆军大臣对其监管权限。其中，"第一条　在关东州设关东都督府；第二条　在关东都督府设关东都督，都督管辖关东州及掌管南满洲铁道线路保护和管理事宜，监督南满洲铁道株式会社的业务；第三条　都督为亲任官，由陆军大将或中将担任；第四条　都督统帅所属军队、承外务大臣监督、统理诸般政务；第五条　都督依特别委任掌理与清国地方官宪之交涉事务；第六条　都督关于军政及陆军军人军属的人事、作战及动员计划、军队教育分别承陆军大臣、参谋总长和教育总监管理；第七条　都督……第十二条　都督统督由外务大臣经内阁总理大臣上奏所属奏任文官之升迁，奏任官以下文官之升迁由都督独掌；第十三条　都督由外务大臣经内阁总理大臣上奏所属文官的叙位叙勋；第十四　条都督由外务大臣经内阁总理大臣上奏惩戒所属敕任文官和免职所属奏任文官……第十六条　都督府设民政部及军事部"①。从关东都督府的人事规定中可以看出，在对文官的人事管理上，第十二、第十三、第十四条尽管确定经过外务大臣和内阁总理大臣的程序，但无法与第三、第六条明确规定关东都督府受陆军大臣、参谋总长和教育总监管理同一而论，因此总体上关东都督府属于日本陆军的势力范围。

但在对外交涉权限上，在最初草案中，关东都督希望独自掌管外交交涉事项："一、都督就租借地内涉外事项与清国地方官宪交涉；二、都督就租借地外铁道附属地涉外事项与清国地方官宪交涉；三、视前两项所列事项重要程度请求外务大臣训示。"② 关东都督的提案表明其想拥有更独立的权限，就"满洲"事务展开交涉，但这与上文日本内阁坚持的"满洲"主权属于中国，因此由外务省统管"满洲"事务原则相冲突，因此遭到了外相林董的反对。最终，日本内阁决定的关东都督府官制第五条规定"都督依特别委任掌理与清国地方官宪之交涉事务"，以

① 『官報　第六千九百二十七号』明治三十九年八月一日、アジア歴史資料センター、www.jacar.go.jp。
② 栗原健『対満蒙政策史の一面』、原書房、1966 年、第 252—253 頁。

此缩小关东都督的外交交涉权限，同时明确规定日本外务大臣对其交涉权限具有监督权。

为了强调外务大臣对关东都督的监督权，9 月 1 日外相林董训令关东都督大岛义昌，通过详细规定"特别委任事项"明确对关东都督的外交交涉监督权。"甲第一：有左列事项时立即由都督向外务大臣报告：一、都督府发布命令或设定例规时。二、使用兵力时。三、对外国领事交涉与外人有关之事项。四、其他重要事项。第二：左列事项每三个月由都督向外务大臣报告：一、各项政务施行之成绩。二、管辖区域内之一般情况。三、铁道状况概要。第三：左列事项都督接受外务大臣之指挥：一、涉及条约之解释及执行上有疑义之事项。二、与中国地方官或外国领事官之重要交涉事项。乙一、租借地与中国领土境内有关事项之交涉事务。二、无帝国领事馆或分馆之地区，有关铁道附属地事项且必须急速交涉之事务，惟事后需立即将交涉始末通报外务大臣及该管区领事馆。"①

由此在官制上确立了日本外务省在"满洲经营"上的总负责地位，可以视为受到伊藤博文在"满洲问题协议会"上发表"满洲"并非日本领土而是中国领土这一见解的影响，也如原敬内相日记所记载的，日本内阁也依据"满洲"并非日本领土而是中国领土这一前提进行决策。但这一体制具有不稳定性，体现为军政两体系之间的矛盾，主要体现在外务省与关东都督府间关于管理日本在"满洲"外交交涉的权限冲突。关东都督府官制公布以后，不论是外务省驻"满洲"的领事馆，还是关东都督，都对此颇有怨言，这也成为以后一再进行关东都督府官制改革的原因所在。

1907 年 5 月，关东都督大岛义昌上书《关于关东都督涉外事务所感》，对上述日本外务大臣通过"特别委任事项"规定限制关东都督的外交权限再次表示不满："原初一见外务大臣规定特别委任事项，都督府尚有几分外交权。其后与外交大臣训令仔细研究之，其实外交权只限于租借地及铁路附属地内轻微的警察事务和有关引渡轻微犯罪者与清国

---

① 栗原健『对满蒙政策史の一面』、原书房、1966 年、第 253 頁。

官宪交涉,特别委任所云并无价值,且依外务大臣特向各领事所发训令,有关铁路附属地事项与清国官宪交涉场合,领事依都督意思执行之,而领事其直属于外务大臣,对都督不负有责任,偶有接受都督关于铁路附属地事项的训令,只是作为参考意见而已。结果各领事等待外务大臣训令后才有所行动。……比较都督府与领事官之组织,在机关之规模及组织方面,前者优于后者数倍,不可同日而语。故铁道附近若发生事件,都督府之调查迅速而精密,然而如派遣领事或其官员进行重复调查,则不啻无知之举,而且岂非意味对都督府官宪之不信任,此无异是以损伤帝国政府官宪之威信示之于人,同时暴露帝国官宪之间缺乏统一,徒然予中国官宪可乘之机。"① 关东都督府总体上可视为日本陆军的机构,因此关东都督大岛要求摆脱外务大臣对其外交权限的监督权也得到了陆军大臣等人的支持,开始作为正式议题被日本内阁所讨论。

同样在5月,日本首任驻奉天总领事荻原上书《对关东都督府外务省的监督权》施压关东都督,要求其接受外务省对其的监督权。荻原指出:"今日俄撤兵已毕,关东都督府不宜再专恃战胜余威,且中国政府亦已置东三省总督统治战后的满洲。故此时外务省对都督府之监督权必须完全实行,此点相信外务省具有毋庸置疑的充足把握。然而世人或将监督权误解为纯粹阻止之意义,甚至肤浅地忧虑外务省监督都督府是阻止都督府进步的行动。监督权当然不只具有进步的意义,而且外务省对都督之监督权按照各种情势,必然有长足的进步,只是都督府进步的行动毋庸置疑必须配合大势之所趋。"②

10月,关东都督大岛义昌直接提出关东都督府官制改革建议,即建立由关东都督统管日本在"满洲"各领事的特别领事制度。"一、为图统一南满洲都督与领事职务关系,实施特别领事制度,领事接受都督指挥监督,且领事兼任都督府事务官,但就外交上案件在重大且急要场合,外务大臣直接指挥领事,领事直接接受外务大臣指挥;二、南满洲警察总归都督府统辖,对附属地外居留民的保护必要的话,在都督府配置警察官,接受领事兼事务官的指挥;三、领事裁判依据另外发布的第

---

① 栗原健『对满蒙政策史の一面』、原书房、1966年、第253页。
② 栗原健『对满蒙政策史の一面』、原书房、1966年、第257页。

二号第三号敕令制订;四、另外发布第一号敕令案在关东州以外视都督府令与领事官命令有同一效力。"①

关东都督这一想要独掌在"满洲"外交权的尝试立刻遭到了日本外相林董的反对,外相林董为此专门致信元老伊藤博文陈述反对理由:"都督以一地方长官指挥驻外国领事进行外交,乃非寻常之异例,即使中国亦难予以承认,且中国政府以关东总督或都督名称为意指山海关以东,亦即东三省总督或都督,故迄今仍继续抗议……外交机构为万国普遍之通例,都督提案系特殊制度,终将难以实行。盖都督之提案,其根本立足点在完全不承认满洲为中国领土,而是在我国势力控制下的特别地区"②。外相林董直接指出关东都督大岛义昌所提出的特别领事制度其"根本立足点在完全不承认满洲为中国领土",这无疑是对伊藤博文在"满洲问题协议会"上对日本军方见解批判的无视。这次关东都督大岛义昌所提出的特别领事制度遭到伊藤博文等人的反对而没有成功。

日俄战争期间以及战后,日军在"满洲"进行军事统治,想以此将其占领地变成日本殖民地。这种无视中国在"满洲"主权的做法,在伊藤博文主持的"满洲问题协商会"上被批判,随之军政署撤销,关东总督府也改为平时组织关东都督府。日本陆军否定中国在"满洲"领土主权的思维和行动遭受挫折,但上述思维并不意味着就随着军政署的撤销而在日本陆军中消失。关东都督大岛义昌以及在背后支持的日本陆军一再主张修改外务大臣对其的监督权,借此扩大关东都督在"满洲"事务上的军事、行政和外交主导权,可以视为执着于通过日军军事统治在"满洲"殖民经营的另一种体现。从上述可知,日本陆军和日本外务省就"满洲经营"存在矛盾也使得日俄战后"满洲经营"体制呈现出不稳的一面,但日本外务省在与日本陆军和关东都督府的抗衡中保持住其在"满洲经营"体制的中心地位,随后开展各种外交活动扩张满铁的利益以及要求列强承认日本在"满洲"的特殊地位。

---

① 『大島関東都督提出ノ意見』、アジア歴史資料センター、www.jacar.go.jp。
② 『明治四十年十月十日付林外務大臣ヨリ伊藤公爵宛書状』、アジア歴史資料センター、www.jacar.go.jp。

二　外相林董的"满洲"政策论

上文所述日俄战后"满洲经营"体制建立以后,日本军政核心人物就如何推动该"满洲经营"体制扩张日本在"满洲"的权益进行探讨,其探讨所形成的"满洲"扩张论将决定日本的外交政策。以下以 1907 年韩国统监伊藤博文的《关于对外政策意见书》和外相林董的《对清政略管见》为例进行分析。

伊藤博文的关于日本外交政策的意见书中,关于日本的"满洲"政策实际上只是日本与主要列强外交关系的组成部分而已。

在"满洲"政策上,伊藤博文强调:"关于本问题本官滞京中屡屡得贵意,故兹省却再说,依书信明了,我当局不尊重门户开放、机会均等主义,走上利己主义,则欧美诸国怀疑我诚实,以至不信任我,其结果资本融通被断绝,使我经济社会直接蒙受打击,帝国政府财政遭遇非常困难,更如德国皇帝希望,因此再详细论之,日本于满洲实施利己政策,不用说势必招致清人反抗,也给予第三者煽动机会,最终以至难保作为同种的日清间战争再起,所谓兄弟阋于墙而外御其辱,事若至此,则世界中排日论者拍手欢呼,因此满洲问题的前途要深刻注意。综合以上论述,帝国政府现在地位最值得当局者注意的是不被世界大势所孤立,不用说各国利害相异,故我当局者用意周到,不误未雨绸缪之策,不陷容易孤立之悲境,划策失其当,行动误歧途,则灾厄忽至。"①

在 1906 年 5 月 22 日召开的"满洲问题协议会"上,伊藤博文因为感受到英美对于日军在"满洲"军政统治的抗议而主张日本应该撤销军政统治,实现尊重门户开放和机会均等一样,1907 年伊藤博文的《关于对外政策意见书》中关于日本的"满洲"政策构想,仍首先考虑日本与英国、俄国、美国等强国关系,换言之,在与列强关系中立足守势,在与列强协调下思考日本的"满洲"政策。伊藤博文虽然认识到日本"利己主义"的"满洲"政策必然导致中国的抗议和反对,但伊藤博文却不愿对中国的抗议和反对的根源予以具体分析,更没有以此为契机重新思

① 日本外務省『日本外交年表竝主要文書』、原書房、1965 年、第 283—284 页。

考或者改变日本的"满洲"政策。相反,伊藤博文认为,中国对日本"满洲"政策的抗议和反对及其对日本的损害体现在将会被德国等国利用并加以煽动,因此可能会造成日本陷入国际孤立困境,也就是说最终影响日本与英国、俄国、美国等列强的协调关系。可以说,伊藤博文在思考日本的"满洲"政策时,中国的抗议和反对并没有成为其构思的主要因素,因此伊藤博文对日本"满洲"政策的建议并非对"满洲"的专门构思。这也反映出日本外交思维中长期存在着这样的倾向,即对中国力量的有意忽视,总体以日本的"满洲"政策将引发欧美列强如何反应才是其思考的重点所在。

与上述伊藤博文的日本"满洲"政策意见相反,外相林董在其《对清政略管见》中体现的是日本对"满洲"政策的专门构思。《对清政略管见》是外相林董在回复伊藤博文11月6日的信中所附策论,该信件后来被烧毁,只留有外务省松本忠雄政务次官的抄写件。外相林董的《对清政略管见》除了专门阐释日本应该采取的"满洲"政策,还着重记述和评论当时日本社会流行的对"满洲"政策的构想,因此对于从更广的范围了解当时日本的"满洲"观意义重大。林董指出:"对清国政略,今日我国人注意者渐多,于议院于报纸上于茶谈时论及者颇多。朝野间非难外务省措置,责我外交之声四起,故于今说明外交当局所执之方针辩明其措置,颇有必要。

"世间所称对清政略主要论及我在满洲政略,其主旨可分为两策:怀柔策和进略策。依照怀柔论,我对清方略应采取收揽清人上下欢心、对我心服、甘受我启发指导之方针。如此则缓和清国之利权回收热,不至炽盛。依照进略论,满洲为我十万人流血靡费几十亿之财以树立势力之地,对清国我有将从俄国所获交还之恩,故我所欲得之处清国应让步,我以兵力已得之处必保持之,若应清国要求逐一交还之,则我威信失坠,受彼侮辱之处因此渐多。

"先溯既往以查第一论之当否,考察日清关系,果收揽清国人之欢心否?我果处于清国心服之地位否?由此明白。清国人之于道光咸丰两役为英法所败,一度至于城下之盟。但其倨傲以上国自居视外国为蛮夷之念,因数千年间习惯教育已印染其心。仅以一败不能使之改悛,乱治和成后，依然恢复其尊大之风，与之接触外国人亦自然熟视无怪，暗里渐渐知晓其实力。故明治十年俄国在伊犁勘界中容纳北京政府之主张，明治十七、十八年两年法国在海陆动干戈而终一无所得，缔结天津条约仅得保持颜面。此并非俄国法国不胜清国，因被其外表所欺误判其势力，从来清国持己益高，列国益窥其鼻息，清国对列国关系既如斯，其如何视日本自不难察。我合并琉球时，清国只一次抗议，台湾之役虽承认我义举赔偿我军费，此是上国对小邻示以宽大，如是者并非屈服我威力。明治十五年及十七年朝鲜有事清国藉兵力断然处置，并不顾及我国。明治二十七年之役我军连战连胜清军败如枯折，列国首次知晓误判清国之势力，清国亦自觉其力微。犹其尊大之风不能改之，见之当时清廷奏折及民间文章，往往指我日本为区区岛夷或蕞尔小国等语，足知旧来脑里印染观念难改。于日清战争列国方知晓清国势力之陵夷，结果德国入胶州湾、英国处威海卫、俄国占领满洲，清国遂不能抵抗，唯以条约之文字保有主权之名义，甘于维持其颜面。日俄开战，清国畏惧强国，俄国为我国所败终将辽东半岛之地和南满洲铁道让与我国，因此事完全出清国预想之外，故北京会议处于对我要求多不能拒的地位，故畏惧我猜疑我之念与前日倍蓰，此不难预想。明治七年台湾之举明治十二年琉球合并二十七八年日清战役以至二十八年割让辽东，我行动数回招致清国怨恨厌恶，此间我足以收获彼之欢心的行为一处没有。如此事态小国大国所为蒙受之举者，虽犹不堪卧薪尝胆之恨。然遭此从来被以小国岛夷蔑视之日本的屈辱，彼之心情如何，彼应该畏惧我武威厌恶我，断不会心服我顺从我，故真欲得清人之欢心，我于满洲所获尽还于清国，我经营之事业皆撤去，禁止日本人为营利而移民满洲，干涉满洲之事全然禁绝之，举东三省尽归清人放任，虽或可使其感新恩而忘旧怨，然此非我国人之所希望，以清人之所见，今我于满洲所施措置不过俄国所去由日本所代替，清国人之利害损得绝未轻重增减，加之俄国人占领满洲当时表面装作尊重清国，旅大租借条约不侵清国大皇帝之主权，约定清国犯罪者交最近清国地方官处分，允许清国军舰使用旅顺军港等条款，东清铁道诸条约银行称之为俄华银行，不由俄国公司经营，东清铁道印章由清国政府调整，下设总办由清国政府选任，铁道线路勘定由清国官宪进行，铁路所用人员由清国政府设法和保护，铁路区内犯罪由清国地方官处分等等约定，由外观之此铁路恰如清国所有，铁路的延布处停车场处为注意坟墓村落城市而回避绕越，百事以不伤清国人感情为慎，保其体面收其欢心只管笼络之，俄国人唯挈大纲握大权，然犹不能积清国人对俄国人之心服。继承俄国人事业之日本人果能有依照俄国人所为之胸襟否？以小官之所见，今之日本人性癖锱铢争之分寸竟之，多见目前小利不思永远之得失，着眼于细枝末节，执拗于狭隘之见识，缺乏宽大之气质，然犹行收清国人欢心之怀柔策，不免犹类缘木求鱼。

"第二论即满洲为我十万人流血靡费几十亿之财以树立势力之地，对清国我有将从俄国所获交还之恩，故我所欲得之处清国应让步，我以兵力已得之处必保持之，若应清国要求逐一交还之，则我威信失坠，受彼侮辱之处因此渐多。查究所谓进略论者必如中古暗黑时代公认以战争抢夺劫掠者思维，不能理解战争所获不能唯于和平条约规定之内，此辈忘记在满洲我之敌方为俄国并非清国，战争中我占领之所在虽属清国者当然应归我所有，欲强行保持之，辄不夺不餍之态度，在满洲我行动之针对清国人，未触及他国人视听者也，是亦幸免其他非难，满洲事态发展与我一举一动皆为欧美列国凝睇之所在，俄国占领此地之际，列国见其行为恣肆放纵而非难之，日俄战争中对我多予同情，然我代俄入此地其所为更甚俄国者，招致列国对我厌恶自不待言，当时俄国人对清国所采取方略大概如前所述，甚至其他日常琐事俄国人从本国带来资财散之，俄国来之杂辈几乎不与清国人竞争，利润专归清国人之手，相反日本从军杂辈多数在和平克复后留住此地者，以投机涉利为目的破落户云集此地者，日益增多，多数对清人行贪婪横暴之举旁若无人，故清人见此辈仇恨更甚，如此事态加之，作为我政略有关措置满洲之事件，于我占领地内则激清人之愤怒外则蒙列国之憎妒，各方面千障万碍迭出，如此则不仅我于满洲合法发展受阻止，我既得权利终不能维持。

"括而言之，上述两论各走极端，怀柔说顾我国情和舆论可言难行，只是理论而已，进略论施行则受欧美列国反抗，忽陷自己穷厄之途，故二者皆不足为施政之方针。

"上述两论以外，更有多数论者抱持怀柔论和进略论同时执行之意见，恰如火中投冰火灭冰融，为此论辩疏者云此论绝非极端遂行此二论者，应二者一起或某种程度实行，推问其实行之方法，答曰重大之物保持守护轻少者放任清人之所欲，然何为重大之物何为轻少之物？所谓程度问题人人意见相异，不知适从之所，又假定让一步其物之大小轻重所说一致，我视为重大者清人未必视之重大，故我保持守护重大之物，未必不招致清人对我嫌恶，又假如实行极端实行进取策，依照不法之则行不法，清国和列国人对我憎恶之念不会减少，盖五十步百步之论而已，故云怀柔策进取策并行，只是言语上有别，实际上并非怀柔也并非进取，只不过是避偏两端而取中道。

"我对清政略规矩为临机处事唯徒生迷惑，于事无益，故以小官之所见，我对清政略为日清条约所定之条理为标准、顾虑内外舆论、每事计较利害得失、该取则取该让则让、公平办处百事之方针。如俄清条约诸款，于今日之时势到底不能实行，虽其事恐伤害清人感情，断行之不让，又条约以外之事且不符条理，乘战胜之余威，执拗于强行保护保持之，至于其他具体事项，无益且只增彼对我嫌恶感，应避之，我下级官吏杂辈之不法怠慢行为应制止之，遭致外国人厌恶之举宜慎之，遇清国大臣豪族以礼相待，对彼之平民以体恤之，盖此于人道如是则斯以怀柔之目的，而如彼之利权回收热则可暂置之度外，世间往往以日清外交交涉问题须速速解决，控诉我外交不振，以责当局者无能，盖是不解清国官界实情者之论也，从来清国朝廷以上国自居，官宪以尊大之风为专，汲汲修边幅保体面，以至讲究实际利害多等闲付之，其中仅有几名卓识之人，于其行为清国人视之为有伤体面，忽蒙言语弹劾，受同僚中伤，难保不被革职乃至诛罚，张唐赵之徒虽在官界大有威望，一旦触及忌讳则有忽失其地位甚至身首难保之忧虑，故如恭亲王为咸丰帝之弟立于不能论以臣子之例之地位，故能独断国之大事而不被贬谪，恭亲王逝去以来满朝大臣没有一人为国家担负决定大事之责，如交涉问题不只对战争对列国要求急速解决，事实迫切又不容犹豫只管因循姑息，开始常常屈从要求，故对清廷处事以恐吓逼迫之或先实行再问彼之诺否平然继续，只此二法，说以条理或收其欢心使其从之，同时加以胁迫，以期奏效，要之对清国交涉事件，无需顾忌解决之迟缓，先实行以待妥协之时为上策。"①

比较伊藤博文与林董关于日本"满洲"政策构想的异同可知，总体而言，对伊藤博文而言，他虽然担心日本在"满洲"实行的"利己主义"政策会导致中国反抗，乃至会出现中日刀兵相见的局面，但是更担心日本在"满洲"的"利己主义"会违反日本一再宣称遵守的门户开放原则，由此引发欧美列强的反对，进而在国际上孤立日本危害日本利益，因此倾向于日本在"满洲"政策上采取守势。对于顾忌欧美列强这一点，在林董的日本"满洲"政策构想上也有充分的体现，为此林董明确反对日本陆军依照所谓"满洲为我十万人流血靡费几十亿之财以树立势力之地，对清国我有将从俄国所获交还之恩，故我所欲得之处清国应让步，我以兵力已得之处必保持之"这一日本逻辑的"进略论"，因为"进略论"将"激清人之愤怒外则蒙列国之憎妒，各方面千障万碍迭出，如此则不仅我于满洲合法发展受阻止，我既得权利终不能维持"。

但与伊藤博文担心日本在"满洲"采取"利己主义"政策将引发中国反抗，使得日本在列强那里陷入被动和孤立不同的是，林董十分清楚，正是日本明治维新以来对外的扩张之举才使得日清关系一再恶化，"明治七年台湾之举、明治十二年琉球合并、二十七八年日清战役以至二十八年割让辽东，我行动数回招致清国怨恨厌恶，此间我足以收获彼之欢心的行为一处没有。如此事态小国大国所为蒙受之举者，虽犹不堪卧薪尝胆之恨。然遭此从来被以小国岛夷蔑视之日本的屈辱，彼之心情如何，彼应该畏惧我武威厌恶我，断不会心服我顺从我"，而日本只要继续在"满洲"的进一步扩张，那么日清关系将继续恶化，而日本并不想放弃在"满洲"的扩张政策。"故真欲得清人之欢心，我于满洲所获尽还于清国，我经营之事业皆撤去，禁止日本人为营利而移民满洲，干涉满洲之事全然禁绝之，举东三省尽归清人放任，虽或可使其感新恩而忘旧怨，然此非我国人之所希望。"

---

① 栗原健『林董外务大臣の「对清政略管见」』、『国际政治』、1957年3号。

　　与伊藤博文倾向于采取守势外交不同的是，林董主张采取攻势扩张外交。在日本的"满洲"政策上，林董虽然主张坚持以日本与清政府签订的条约为基准，但也对欧美列强有所顾忌。"故以小官之所见，我对清政略为日清条约所定之条理为标准、顾虑内外舆论、每事计较利害得失、该取则取该让则让、公平办处百事之方针。"但实际上所谓以日本和清政府签订条约为基准以及顾忌西方列强并非对日本的限制。相反，为了实现日本在"满洲"的扩张，上述基准和顾忌仍需让步于日本在"满洲"扩张的目的。"如俄清条约诸款，于今日之时势到底不能实行，虽其事恐伤害清人感情，断行之不让，又条约以外之事且不符条理，乘战胜之余威，执拗于强行保护保持之，至于其他具体事项，无益且只增彼对我嫌恶感，应避之。"

　　最终林董确定日本在"满洲"扩张的策略，即"恐吓逼迫"或先造成既定事实然后逼迫清政府接受日本的扩张要求。"故对清廷处事以恐吓逼迫之或先实行再问彼之诺否平然继续，只此二法，说以条理或收其欢心使其从之，同时加以胁迫，以期奏效，要之对清国交涉事件，无需顾忌解决之迟缓，先实行以待妥协之时为上策。"先造成既定事实然后逼迫清政府妥协接受这种在"满洲"扩张日本权益的策略，早在日俄战争期间日军在"满洲"占领地的军政署就一再使用，以此侵害清政府在"满洲"的主权。虽然在"满洲问题协议会"后军政署被撤除，但军政署扩张日本"满洲"权益的方式竟然被林董外相所继承和延续。日俄战争后日本军政各机构在"满洲经营"上有所争论和分歧，但从上文可知日本外务省和日本陆军在采用造成既定事实然后逼迫清政府承认这一扩张策略上竟然有着惊人的一致性。在林董的"满洲"策构想中，尽管提出以日清条约作为基准以及顾忌中外舆论，但其攻势扩张外交政策必然会造成无视已有条约。

　　不可否认，当时在日本政界存在个别坚持日清协调的论调。比如，井上馨关于满铁经营的见解是，应该严格依据已有条约规定经营满铁业务。1906年6月8日，井上馨在其《对南满洲铁道会社设立命令书案的意见书》中强调，"满洲经营"应该"以善意示遵守该铁道有关条件之态度，以避招致清政府之疑惑"，关于"铁道有关的条件"重要的就是有关清政府和俄国以及日本与清政府签订的条约，尤其是要考虑到依照条约规定 1935 年要把铁道返还给中国。为此，井上馨主张满铁应以盈利为主，成为主要经营铁道和几个煤矿的会社，不该涉足其他事业，反对把满铁建设成为进行殖民地经营的机构。① 井上馨依据旅大租借地租借期满应该归还给中国，所以主张满铁应该着眼于尽快盈利。1907 年 10 月 10 日，林董外相就关东都督大岛义昌提出要将在"满洲"的日本领事归关东都督监督管理致信伊藤博文时，提及其咨询井上馨对于设置拓殖务省管理台湾和"满洲"事务意见。井上馨坚持认为，"满洲"是租借地，不能与台湾等同视之。②

但这种外交构想并没有成为日本军政机构着眼于"满洲"政策的主流，在当时日本军政机构各个核心人物的"满洲"经营构想，日俄战争后日本依据各种条约获得的"满洲"权益，并不想因为条约规定期限一到就将上述权益交还给中国，反而如林董所述，日本不会放弃在"满洲"的扩张，这才是日本军政机构各个核心人物"满洲经营"的不言且自明的轴心所在。

在林董致信伊藤博文中已经明确无惧日本"满洲"政策将引发中国的抗议，同时还确定先造成既定事实然后要求清政府承认这一日本扩张节奏，随后日本外相林董领导日本外务省依据上述策略不断与清政府就扩张满铁的铁路和矿山权益进行交涉。

第二节　日本外务省扩张满铁的路矿权益

一　日本外务省的"悬案交涉"与扩张路矿权益

伊藤博文主张日本在"满洲"的扩张不可以触犯列强的利益，使得日本陷入国际孤立，在"满洲问题协议会"上也提出日本不能否定清政府在"满洲"的领土主权，但没有明确是否严格按照中日签订的《北京

① 伊藤博文関係文書研究会『伊藤博文関係文書』第四巻、塙書房、第 437—439 頁。

② 『明治四十年十月十日付林外務大臣ヨリ伊藤公爵宛書状』、アジア歴史資料センタ一、www.jacar.go.jp。

条约》规定日本的对华外交。而日本外相林董在《对清政略管见》中表明不会像俄国那样遵守与清政府签订的关于"满洲"的条约，这实际上已经否定了日俄战后中日双方在北京会议谈判以及签订《北京条约》的基本承诺，即清政府承认俄国将其"满洲"权益转让给日本，但日本需要遵守俄清之间关于租借地及敷设铁路的原条约。外相林董确定日本在"满洲"扩张的节奏是，以逼迫手段要求清政府妥协或者先造成既定事实然后逼迫清政府妥协。上述交涉策略并不是外相林董的一己之见，早在西园寺内阁时期外相林董提出《对清政略管见》之前，日本外务省就已经采用这种策略与清政府进行"悬案交涉"。

所谓"悬案交涉"是指日本为了继续扩张其在"满洲"的路矿权益，而有意利用《北京条约》的模糊之处，曲解甚至无视已有条约的规定，逼迫清政府签订新条约，以此将日本的新扩张要求合法化。尽管与日俄的《朴茨茅斯条约》相比，日俄战争后中日签订《北京条约》，日本从中获得更多的权益，但围绕《北京条约》的一些规定，中日对条约适用范围存在争议，比如在抚顺、烟台煤矿问题上。另外条约规定日本获得的一些权益仅仅是一种宽泛的原则性表述，比如渔业、邮电等问题，因此还需要中日双方做进一步的具体交涉。这些围绕《北京条约》权益的交涉日本将之称为"悬案交涉"，但日本外务省对清进行"悬案交涉"实质上是日本外务省无意遵守俄清已有各项条约规定，相反，为了扩张日本在"满洲"的权益，采取以逼迫清政府或者先造成既定事实再逼迫清政府妥协签订新条约将日本侵害清政府主权的扩张要求合法化。

最初日本对清政府开展的"悬案外交"是围绕着抚顺烟台煤矿展开的，需要指出的是，早在1906年8月1日制定的《日本政府三大臣关于设立满铁的命令书》中就规定满铁的经营范围包括抚顺及烟台煤矿，因此日本外务省要求清政府承认日本获得抚顺和烟台煤矿的外交交涉，实际是为满铁扩张权益。

在抚顺地区以杨柏堡河为界，存在着华商王承尧的华兴利公司经营的河西千山台煤矿，以及俄国经营的河东抚顺公司。日俄开战以后，日军占领了俄国人经营的煤矿，同时也以"战胜者之权利"占据了王承尧的煤矿。^① 1905 年农历十二月初八王承尧就致信清政府农工商部陈述日本侵占事实，农工商部将王承尧陈述咨呈外务部："至职商创办华兴利集华股银十万两，后经附入华俄道胜银行股六万两，仅收三万七千五百两，其余未交。管理矿物一切事宜均归华商主政，向不准该银行干预，及日俄构衅后，俄人率先在矿骚扰，业经禀将军在案。旋于今春二月初旬日军入境，商矿仍旧工作，因有华俄道胜之股，即禀请将军照会日军，以免诘居，蒙批示交涉局存案，犹恐未逮，复于十八日在日军政署详细声明，迄今竟未示复，由三月七日起不准华兴公司工作。日人小山田淑助、加藤喜助卫门、大巴木等先后占据矿场，又召集流氓任其包做，致将煤矿洞燃烧数处，屡次分析不容理论。伏思日本堂堂大国慨兴义师，何故为此。商民之矿产岂能任为己有，想必一时权宜之计，合约后仍然交出，况日本以卫商为重，焉能忍病商累重也。"^② 但中日签订条约以后，日本并未将煤矿还给王承尧，相反将王承尧的煤矿作为抚顺煤矿交给满铁经营。

1906 年农历十二月初八王承尧再次向农工商部陈情并希望外务部出面交涉。"窃职商因奉天千山台华兴利煤矿公司被日人侵占各情，迭经禀请大部设法保护收回利权，屡奉批示，并八月初四蒙批据情咨呈外务部酌核办理各在案。仰见大部维持商务，保守主权，莫终领感。惟近阅各报章有日本将千台山煤矿裹入抚顺案内充作南满洲铁路资本等情，闻之殊堪诧异。查中日协约第四条载明日本政府允因军务上所必需，曾经在满洲地方占用之中国公私各产业，在撤兵时悉还中国官民接受等语。夫华兴利现属私产则撤兵时即归民人接收无疑，条约皇之断无自言自食之理。"^③ 1906 年 4 月 25 日，清政府外务部为此照会要求日本驻华公使内田康哉，要求日本归还王承尧的煤矿："查职商王承尧所办华兴利煤矿公司，既在河西千山台等处，并无俄人经理，自系中国人民产业，日军入境

---

① 『日本外交文書』第 39 卷第一册、第 625 頁、外務省外務史料館、https://www.mofa.go.jp。

② 苏崇民主编：《满铁档案资料汇编·日本的大陆政策与满铁》，社会科学文献出版社 2011 年版，第 85 页。

③ 苏崇民主编：《满铁档案资料汇编·日本的大陆政策与满铁》，社会科学文献出版社 2011 年版，第 87 页。

本不应强为占据，兹准前因相应照会，贵大臣转饬该处日人迅将此项煤矿交还该公司接收，以昭示公道。"① 日本外务省对清政府外务部的照会未予回复，随后6月16日清政府外务部就华兴利煤矿再次照会日本外务省。

此时日本外务省关注点却集中于烟台煤矿上。烟台煤矿共有8个矿区，5个被东清铁路公司控制，日俄开战以后被日本所占据。剩下的3个矿区——卢家屯、尾明山、张家沟为中国王姓和赵姓商人所有，但这两位商人先前与美国商人订立开采合同，1905年又与日本商社有马组订立租借土地开采煤矿的合同，清政府调查后认为违反矿业条规，决定收归清政府经营。正在奉天的日本外务省政务局长山座圆次郎知晓后，1906年6月21日致电日本外务省要求关东总督府迅速派出守备兵占据这3个矿区，将来交由日本的铁道会社经营。② 值得注意的是，为了获得煤矿权益，政务局长山座圆次郎不问是否符合中日已经签署的《中日会议东三省事宜条约》的规定，却直接提出派兵占领，造成既定事实然后企图逼迫清政府承认。6月23日外相林董就政务局长山座圆次郎的派兵占领矿区建议致信陆军大臣寺内正毅。6月27日陆军大臣寺内正毅回信指出，通过陆军中央下令使用兵力有不妥之处，建议使用其他手段达成目的。③ 外相林董无奈致电奉天总领事获原，告知其山座圆次郎关于陆军派兵占领的建议没有被陆军大臣接受，训令总领事获原尽快去奉天会见盛京将军，以该煤矿对满铁至关重要，要求依照东清铁路条约第四条将该煤矿视为铁路所属事业，不许清政府采挖。④ 7月2日，政务局长山座圆次郎从奉天总领事知道自己提出的派兵占领煤矿建议没有被采纳以后，在奉天向外相林董发电再次强调派兵占领煤矿的必要性，他指出只通过照会要求获得煤矿的开采许可，盛京将军会以种种口实拒绝，恐有反被清政府着手之虞。因为盛京将军认为抚顺煤矿属于私人，已一再

---

① 『日本外交文書』第39卷第一冊、第606頁、外務省外務史料館、https://www.mofa.go.jp。

② 『日本外交文書』第39卷第一冊、第610頁、外務省外務史料館、https://www.mofa.go.jp。

③ 『日本外交文書』第39卷第一冊、第612—613頁、外務省外務史料館、https://www.mofa.go.jp。

④ 『日本外交文書』第39卷第一冊、第613頁、外務省外務史料館、https://www.mofa.go.jp。

照会总督府归还，因此上次提出的派兵占领煤矿并非小题大做。目前从铁路守备队向三个矿区派遣哨兵，只不过是预防清政府对此着手。7月3日，政务局长山座圆次郎不等外相林董的回复，在辽阳再次致电外相林董，与其6月21日致电外相林董，承认剩下3个矿区属于中国商人所有的事实相比，此次致电政务局长山座圆次郎强调日本占有抚顺和烟台煤矿的"合理性"。其指出依照烟台铁路停车场守备队长的报告，作为东清铁路附属的烟台煤矿除了一处有日本守备兵驻守以外，其他煤矿没有驻守，导致中国人不仅对卢家屯矿区，甚至对东清铁路附属的煤矿通过其他矿洞穿过来开采，对于清国官营或者民间随意开采不需详述也可想象得到。为此政务局长山座圆次郎不仅再次要求对抚顺和烟台煤矿采取大举措，为了确保日本利益，有必要就此要求关东总督府派兵占领抚顺和烟台煤矿，总之因为这些煤矿在日俄开战时被日军占领，所以在撤兵前也不允许其他人插手，禁止中国人开采，布置哨兵对这些煤矿予以监视。① 由于政务局长山座圆次郎一再强烈要求派兵占领煤矿，最终7月6日，外相林董致电政务局长山座圆次郎告知其交涉结果，外相在与陆军方面协商后仍决定派兵占领不妥，但决定向煤矿派遣宪兵，在东京的关东总督大岛义昌为此下达命令。② 同时外相林董致电奉天总领事荻原告知关东总督决定派遣宪兵占领烟台煤矿，并要求荻原，在宪兵占领烟台煤矿的情况下，逼迫盛京将军赵尔巽给予日本开采该煤矿的许可。日本宪兵占领上述3个矿区阻止清政府开采以后，盛京将军赵尔巽7月22日访问奉天总领事荻原，要求对日本宪兵占领煤矿阻止开采予以说明，荻原狡辩道，对于日本军方的行动，荻原无法评论，但烟台煤矿依据东清铁路公司有关条约第四条归属于满铁开采，但清国官宪单独或不规律地对烟台煤矿进行开采，这是对满铁权利的侵害，故日本政府不能容忍。③ 7月23日，盛京将军赵尔巽仍据理力争正式就日本宪兵占领煤

① 『日本外交文書』第39卷第一册、第613—614頁、外務省外務史料館、https://www.mofa.go.jp。

② 『日本外交文書』第39卷第一册、第616頁、外務省外務史料館、https://www.mofa.go.jp。

③ 『日本外交文書』第39卷第一册、第617頁、外務省外務史料館、https://www.mofa.go.jp。

矿一事照会奉天总领事荻原要求其作出解释。7月27日，奉天总领事荻原再次向盛京将军赵尔巽进行说明，在会谈中荻原声明依据东清铁路公司续约第四条烟台煤矿权利归属满铁，但因为在日俄战争期间日军军政官曾允许尾明山和张家沟矿区由中国人开采，所以目前仍有中国人开采。但满铁开始经营后，中国必须停止开采这两处煤矿。[①] 值得注意的是，最初烟台煤矿被政务局长山座圆次郎关注的时候，是承认这3处煤矿属于中国商人所有的，但此时日本外务省上下已经统一口径坚称这3处煤矿权利属于满铁。

随后日本军方对清政府外务部两次照会提出归还商人王承尧华兴利公司的抚顺千山台煤矿的态度也变得强硬起来。1906年8月23日，日本陆军大臣致信外务大臣林董，就清政府外务部照会要求日本归还千山台煤矿一事，强调千山台煤矿在1905年俄军败退前已经由俄国人经营了两年之久，以此证明王承尧"事实上放弃了该煤矿的权利"，"既然该煤矿系由俄国人经营被俄军所用，我军依据战胜者之权利接受之，尤其该煤矿自日军占有以来不仅投资颇多，且该煤矿是抚顺煤矿中最优者，对帝国将来的经营最紧要之一也，到底不能返还也"。[②] 遗憾的是，日本外交文书中没有记载日本外相林董对陆军大臣寺内正毅如何回复，但8月30日日本外相林董致电日本驻清公使林权助就回复清政府外务部在4月30日和6月22日要求归还中国商人千山台煤矿的照会作出训示，其对千山台煤矿的看法与陆军大臣寺内正毅的上述论调如出一辙，指出千山台煤矿实权掌握在俄国人手里，在1904年前完全归属俄国人经营，依据日俄《朴茨茅斯条约》第六条规定，俄国为了铁路需要而经营的煤矿归日本帝国政府所有，因此要求林权助按照上面的论调与清政府外务部进行交涉。[③] 此时日本陆军发表的强硬意见无疑是对政务局长山座圆次郎要求派兵占领煤矿进行强硬外交的跟进和加强。

---

① 『日本外交文書』第39卷第一冊、第617頁、外務省外務史料館、https://www.mofa.go.jp。

② 『日本外交文書』第39卷第一冊、第625頁、外務省外務史料館、https://www.mofa.go.jp。

③ 『日本外交文書』第39卷第一冊、第628頁、外務省外務史料館、https://www.mofa.go.jp。

无独有偶，随着关东总督府派遣宪兵占领烟台煤矿禁止中国人开采，这种强硬方法被效仿，此后占领辽阳以及凤凰城的煤矿，要求中国人停止开采这些煤矿。对此盛京将军赵尔巽要求清政府外务部向日本提出照会抗议，8月16日清政府外务部正式对日本驻华公使林权助提出照会："盛京将军电称日本人昨于辽阳大榆沟、张家沟、茨儿山、缸窑村、樊神堡等处煤矿，勒令一律腾出，并将煤堆限二十日搬尽，又凤凰城北山煤矿前有日本人私挖业已禁止，现又强行开采，累与该领事等磋商，据称系奉政府之命，军用所需，并引东清铁路俄约第四条称该铁路公司有开矿之权，其实该条内系准公司开采煤矿，并非不准他人采煤，且辽阳各矿在烟台铁路三十里以外，今日人强行占据显失情理之平，亦与约章未和，应请照会日本驻京大臣转饬禁阻等因，查中日条约会议节录第十节内载，附属铁路之矿产，无论已开未开均应安订公允详细章程，以便彼此遵守等语，今详章尚未妥订，竟于辽阳大榆沟等处将华人所开煤矿勒令一律腾出，并将煤堆限日搬尽，更于凤凰城北山将业已禁止之私挖煤矿强行开采，似此恃强霸占显与条约不符，又东清铁路俄约第四条内载，准公司在枝路经过一带地方开采铁路需用之煤，计斤纳价，由总监工或其代办与地方官公同酌定，不得过别人在该处采煤所纳之税数等语，既有别人在该地采煤可见此条并非专准该公司在该地开采，况辽阳各矿本在铁路三十里以外，日本人民何得强行占领，相应照会。"[1] 此次清政府外务部的照会重要之处在于，驳斥以往获原等日本外交官在交涉中坚称烟台煤矿开采权专属于满铁的论调，指明铁路附近开采权并非专属于铁路公司，其他人也可以开采，而且，日本人占领铁路三十里以外的辽阳煤矿是完全没有理由的。

对于清政府外务部的照会，尤其是在照会中明确驳斥日本在烟台煤矿没有独占开采权，直到9月14日才由首相兼任外相的西园寺对日本驻清公使林权助作出训示，表明日本政府在抚顺、烟台煤矿上的最终立场，即"关于抚顺及烟台两处煤矿，日方的权利欠缺明确之处不少，但这两处煤矿事实上已作为我方之物经营，等待机会采取手段以明确我方

---

[1] 『日本外交文書』第 39 卷第一册、第 626—627 頁、外務省外務史料館、https://www.mofa.go.jp。

的权利"①。从中可以看出,在西园寺内阁时期,日本就抚顺、烟台煤矿悬案与清政府交涉中,首先政务局长山座圆次郎无视条约的规定,主张直接派兵占领,这一点与日本军政官在日军占领地进行军政统治方法并无二致,在派兵占领烟台煤矿后,随后日本外交官试图通过曲解条约规定营造日本占有煤矿的"合理性",陆军大臣寺内正毅也致信外相林董,为一直拖延的千山台中国商人煤矿归属问题,指出该煤矿事实上已经归俄国人经营,日本占有拥有"合理性"。但当这种"合理性"遭到清政府外务部依据条约予以驳斥以后,日本政府直接表明其进行"悬案交涉"的底线,那就如西园寺内阁所承认的,即便从条约上来讲日本欠缺占有抚顺、烟台煤矿的权利,但事实上已经被日本占有,接下来日本要采用"必要的手段"将这种强占予以合法化。

西园寺内阁时期,在日本外交通过派兵强占进而曲解条约规定强调日本占有抚顺、烟台煤矿"合理"情况下,清政府外务部以及盛京将军赵尔巽尽管据理力争一再提出抗议,但并不能阻止日本外务省的这种扩张。清政府希望通过妥协的方式尽量维护自己的利益,放弃要求归还中国商人王承尧的煤矿,1907 年东三省总督徐世昌建议改为中日合资经营,但日本外交在谈判中坚持独占权利毫不让步。两年之后新任总督锡良进一步退让,仅仅主张要求对煤矿课税的权利,也未成功。最终于桂太郎内阁时期在日本外相小村寿太郎主导的"满洲五悬案"交涉中,抚顺、烟台煤矿的最终归属如西园寺上述电文中"等待机会采取手段以明确我方的权利"所料,清政府被迫签订条约承认抚顺烟台煤矿权利归满铁所有。

西园寺内阁时期外相林董已经就抚顺、烟台煤矿开始的"悬案交涉",到了桂太郎内阁时期在更大范围内进行。8 月 27 日小村寿太郎再次担任外相,从而全面开启了"悬案交涉"。1908 年 9 月 25 日,桂太郎内阁会议上确定了由小村寿太郎制定的对外政策方针,其中在确定日本对各国的态度上,对于"清国将来的命运,固然不可预测,但帝国对该

---

① 『日本外交文書』第 39 卷第一冊、第 629 頁、外務省外務史料館、https://www.mofa.go.jp。

国的关系，无论在政治上或经济上都是极为密切的。所以，帝国必须具有不论在任何情况下，对于该国经常占有优越地位的决心，加之，帝国现在于满洲的地位并不是可以轻易放弃的，因而现在就不可不讲求将目前的状态长期地延续到将来的策略。然而，在清国对帝国的反感像今天这样的时期，不仅上述的目的无由实现，而且不免有被其他国家离间中伤的危险。所以，帝国需要讲究策略，对于清国采取努力融合其感情，务使其信赖于我的方针。一方面，做好准备，以便万一遭遇事变时，在不得已的情况下加以威压；同时，在平时，务须避免诸如引起该国官民恶感的措施，依舍名求实的方法，扶植我国在该国的势力，万一在该国遭遇不测的变故，仍能经常确保我们的优势地位，同时，也能实现将满洲的现状永远继续到将来的目的"①。同时，还主张："帝国关于各国共同事项，要和各国共同商量，采取统一步调，以利于达到上述目的。至于我在满洲的特殊地位，要采取逐步使各国承认的手段。"② 不论是日俄《朴茨茅斯条约》，还是中日签订的《北京条约》，其规定的日本在"满洲"的权益体现为关东州租借地以及满铁，按照条约规定都需要到期归还清政府。但是桂太郎内阁确定的对外方针，通过一再强调"帝国现在于满洲的地位并不是可以轻易放弃的""实现将满洲的现状永远继续到将来的目的"，以此表明想将其条约上暂时的"满洲"权益长期化甚至永久归属日本的决心。桂太郎内阁成立后小村寿太郎再次担任外相，小村寿太郎明确想通过"悬案交涉"进一步扩大满铁的铁路和矿山权益。

同样在1908年9月25日，桂太郎内阁也决定了《关于与清国之间有关满洲各种问题解决方法的决议》（以下简称《决议》），"此次当确立帝国对清政策之际，首先谋求妥善解决与满洲有关的对清各种问题。当前应将其中最重要的问题，即间岛问题、法库门问题、大石桥营口铁路的拆除、新奉线路的延长、抚顺及烟台煤矿以及安奉线及其他铁路沿线矿山等问题的6个议案，总括起来与清政府进行协商"。③

---

① 苏崇民主编：《满铁档案资料汇编·日本的大陆政策与满铁》，社会科学文献出版社2011年版，第214—215页。
② 日本外务省『日本外交年表竝主要文書』、原書房、1965年、第306頁。
③ 苏崇民主编：《满铁档案资料汇编·日本的大陆政策与满铁》，社会科学文献出版社2011年版，第216页。

除了间岛问题以外，桂太郎内阁提出将与清政府交涉的 5 个议案都可视为扩张满铁的权益。第一个议案为法库门问题，即有关清政府要修建新民屯至法库门铁路。桂太郎内阁在 9 月 25 日的《决议》中认为："新民屯至法库门铁路正相当于日清会议录中所载的南满铁路平行线，自不待言。在商定该款时，帝国全权委员所以同清国委员约定该款，正是考虑到该铁路的敷设。当时帝国全权委员虽尚不知修筑该铁路对南满铁路有所影响，但确是考虑到因此使南满铁路遭受危害的可能，而特意规定该款。因此，不容置疑，清国方面不经我方同意即擅自修筑法库门铁路，乃是违背日清会议录本文及其精神的不法行为。然而，本案现在一方面是对清国的问题，同时又是对英国的问题。从而，本案不能单纯作为对清国的利权来考虑，还必须从对同盟国的策略问题方面仔细探讨。……当然，如果法库门铁路将给南满铁路带来重大损害并将其致于死命时，则完全可以抛弃这种策略观点而作为利权问题坚持拒绝其修筑；但如南满铁路所受损失不大，并且其损失可以通过其他方法得到补偿，则暂时缓和我方权利要求，以力求同盟国的同情，亦为一策……因此，帝国政府认为，现在采取指出清国政府违约之责，使之保证不再重复此类非法行为，并使其弥补南满铁路将受到的损害的方针，在下列条件下允许其修筑法库门铁路是适宜的。一、应使清国请求我方同意其修筑法库门铁路；二、应使彼约定，非经帝国政府同意，不能将新民屯至法库门铁路再向法库门以北或以东延伸；三、作为南满铁路遭受损失的补偿，使彼按与吉长铁路相同的条件，修筑自南满铁路某一车站（例如四平街）至郑家屯的支线。"

第二个议案为大石桥至营口铁路的拆除问题，按照条约规定大石桥至营口铁路必须拆除，但桂太郎内阁决定保留作为满铁的出海口线路。在桂太郎内阁的《决议》中指出："大石桥至营口铁路的修筑权，本来是俄国以输送筑路材料的名义获取的，条约所规定的拆除期限已过。但是，只要满洲南部有南满铁路干线存在，该干线就自然有必要接通海口；而该海口亦非常明显，除营口外别无他处。因而事到如今再想撤除实难做到。尤其是归还满洲条约第四条规定，日后计划在营口架设桥梁时，必须事先经俄清两国协议中决定，此乃预示营口大石桥铁路将永远延续下去。因此，帝国政府根据上述事实根本不可能撤除营口线，而且要求清国政府承认上述支线的延续。"

第三个议案为清政府拟将京奉铁路延长的问题。在桂太郎内阁的《决议》中指出："清国政府拟将京奉铁路横过南满铁路延长到奉天城小西边门，现在京奉铁路奉天火车站距奉天城约 2 英里，对旅客、货物的运输诸多不便，因此清国政府希望延长该线路不无道理，而且我方亦无格外不应允许的理由。从而，可允许京奉铁路将现在的线路从奉天车站延长到小西边门，于小西边门附近设置火车站，使享有接近奉天城的利益。与此同时，使南满铁路得使用同线路及火车站为相宜。"

第四个议案为抚顺、烟台煤矿问题。在桂太郎内阁的《决议》中指出："曩日当日俄媾和之际，帝国政府以获得南满之铁路、矿山及森林三大利益为目的，而其中所谓矿山利益，实以抚顺及烟台煤矿为主。因此，帝国政府签订《朴茨茅斯条约》时，明文规定不仅限于铁路附属煤矿，凡是为铁路的利益而经营的煤矿亦必须转让。从而，签订《北京条约》时，曾以明文规定使清国承认此项转让。查抚顺、烟台煤矿最低限度是为铁路利益而经营的，此乃不可否认的事实。因此，我方对该煤矿的权利，不仅对于俄国，同时对于清国也是已经确定而不可动摇的。然而，该煤矿位于清国版图之内，我国如果采取承认清国的主权将煤矿的利益分给清国的方法，以取得清国官民的好感，则在今后事业运营上，必定得到各种方便。"

第五个议案为安奉线及其他铁路沿线矿山问题。在桂太郎内阁的《决议》中指出："关于安奉铁路沿线矿山的开采，从前曾制定由日清人合办事业的方案，使奉天总领事与督抚进行交涉，双方已议有成案，但清国主张将南满铁路干线沿途的矿山也加在上述协商以内，因而上述协定未能签署而拖延至今。然而，关于奉天省内铁路附属矿山，勿论已开采或未开采均应规定公平而详细的章程。不仅如此，如果抚顺、烟台两煤矿的问题，能按照前项办法得到解决时，可根据上述议定方案商定安奉及南满干线通用的一般的矿山章程，亦属无妨。"①

---

① 苏崇民主编：《满铁档案资料汇编·日本的大陆政策与满铁》，社会科学文献出版社2011 年版，第 217—219 页。

1908 年 10 月 2 日，小村寿太郎训令日本驻华公使伊集院彦吉开始对清政府提出的上述"满洲五悬案"进行交涉。但清政府外务部对此依据已有条约据理力争，10 月 6 日外务部侍郎梁敦彦与日本驻华公使伊集院彦吉会面并指出日本"满洲五悬案"的交涉不符合条约规定。但也有意要求在日本承认延吉为中国领土基础上，清政府再对日本要求妥协。"宣统元年正月二十日与伊集院会晤回答：告以日前送来节略，我们都已阅过，惟仍主前说，毫无退让，总须开诚商议，乃有了结之望。即如新法铁路，我们当初派税务司实地调查，云与南满铁路利益不相妨害，因法库门一带物产不过辽河单至新民屯故也。贵大臣反复申辩，无亦过听南满路局一面之词？伊云：该路经我们专门工师多人调查，皆云有害南满线路，若贵国必欲照原议办理，万难商议。答以此事各执一词，实难早了，不如先将延吉问题先行商结。以我个人意见，请问如中国将抚顺煤矿极力和平商办，贵国能将延吉认为中国领土，一如十年前惯例尽归中国官治否？伊云：若贵国允将抚顺煤矿让步，我国亦自必将延吉问题尽力退让。该处之究为中国领土，抑为韩国领土，虽系根本问题；然日本尚需考求，一时不能即决。"①

其后清政府政局变动，光绪皇帝和慈禧太后先后去世，新帝溥仪登基，导致关于上述谈判一再拖延，1908 年 12 月 28 日虽然再次开启谈判交涉，但清政府参与谈判的主要人物袁世凯在 1909 年 1 月被解职，随后东三省总督徐世昌和奉天巡抚唐绍仪也被解职，谈判无法进行。梁敦彦就任外务部尚书以后，由其负责对日交涉，谈判得以继续，但对日本提出的"满洲五悬案"要求极力抵制，1909 年 2 月 27 日曹汝霖以此回复日本驻清公使伊集院："一、新法铁路之事查中国拟自新民屯展造铁路至法库门者，盖本光绪三十一年中日会议全权声明之宗旨，欲启发蒙古，以助东三省之发达，与南满铁路有相助之益，而无相害之理，因新法线与南满线中隔辽河，必不至竞争……乃贵国强持与南满路平行之说，以与中国反对，是不啻阻遏中国自行发达东省地方之方针，限制中国京奉铁路之展造，并垄断各国均等利益之宗旨。而日本政府所据之理

---

① 王芸生编著：《六十年来中国与日本：由一八七一年同治订约至一九三一年九一八事变》第五卷，生活·读书·新知三联书店 2005 年版，第 186—187 页。

由，多与事实不符，中国政府推诚相告，甚非为贵国所取也……二、大石桥铁道支路之事查大石桥至营口支路，按照中俄铁路合同第三款，自勘定路线拨给地段日起，一过八年，必定拆去。中日会议录内声明，此路通海，必须自造，但年限未到，随后再议亦可等语。是该路既不议拆，亦必须由中国自造，与原议相符。日本政府拟以支路存续于南满洲铁路条件之下，归该公司管理，中国政府实难允认。三、京奉铁路展修至奉天城根之事查中国京奉铁路车站拟移至奉天城根，实因该车站距奉天城根有两英里之遥，中外商民咸称不便，故中国亟须将该车站移展，以利交通。至穿过南满洲路线之处，或建天桥，或穿地洞，期于彼此无碍……四、抚顺烟台煤矿之事查抚顺煤矿系华商王承尧私产，烟台煤矿亦无让给于俄明文。故中日会议录特行声明，关于让给俄国中矿产，中国可允认给日本，其无让给于俄明文者，一概不在其内。且有已开未开各矿再订详细章程之条，是该两矿既非中国让给于俄，自无允给日本自办之理。日本政府置会议节录明白条文于不顾，反借口于日俄合约隐晦之词句，欲以该两矿直属于铁路产业之内，中国岂能允认。查日俄和约，日本所得于俄之利益，以俄国得之于中国之利益为限。中日协约所承认日本承收之利益，亦以中国已让给于俄之利益为限。该两矿未由中国让给于俄，俄何有权让给于日本……五、安奉铁路沿线矿务事查安奉铁路沿线矿务，由中日两国人合办，前准东三省总督来电，已与驻奉日本领事商订办法五条。其未经画押之故，系南满洲沿线之矿无论已开未开，故须彼此会商后，即同时签字……至南满洲铁路并无支路，东督所拟定办法，专指干路沿线而言，自不得牵涉……六、延吉之事查延吉中韩界务，中国业将中韩委员会勘印并历史上延吉确为中国之领土种种凭证再次声明，贵大臣业已允认该地之领土权属于中国，惟欲将韩民裁判权属于日本。查延吉一带越垦之民，按照中国法令，升科纳税，与我民受同等之利益，自当作为华民，由中国官吏管辖裁判。"① 中国依据已有条约规定，据理力争态度明确，日本外交交涉不能让中国外交让步，因此谈判实际上进入中止状态。

---

① 王芸生编著：《六十年来中国与日本：由一八七一年同治订约至一九三一年九一八事变》第五卷，生活·读书·新知三联书店 2005 年版，第 197—199 页。

二　日本外务省改筑安奉线的强硬交涉

最终逼迫清政府在"满洲五悬案"上妥协屈服的，是日本外务省和日本陆军在改筑安奉线上的强硬态度。与由俄国修建后转让给日本由满铁经营的铁路不同的是，安奉铁路是日俄战争期间日军于1904年6月临时修建的轻便军用铁路，用于军事运输，日俄战争结束后应该拆除，或者像新民屯奉天铁路一样估价卖给中国。但由于该条铁路能连接朝鲜与中国，所以日本军方一直强烈坚持保留。最终在《中日会议东三省事宜条约》中规定，中国允许日本将安奉铁路由军用改为商用，改良期限为日军撤离后两年内，改良方法应由中日双方商议决定，通车十五年后，准许中国赎回该铁路。此后满铁虽然派人勘测新路线，但并没有按照三年的约定将其从军用铁路改为民用铁路。

随着日军军政署的撤废，以及日军从"满洲"撤兵的完成，日军已经不能再以军事和军务需要为名借助军事统治来扩张日本的势力范围。1907年1月17日，关东都督大岛义昌致电外相林董，要求清政府承认日本在安奉铁路及新奉铁路上的利权。致电中承认安奉铁路和新奉铁路都是日俄战争期间因军事需要修建的，铁路修建用地也是无偿征用的土地，因此中国官民一直要求返还被征用的土地，但一直以来日军都以军事需要名义予以拒绝。1907年4月撤兵结束后，此类交涉会变得麻烦。还指出日俄战争期间日本军政署以军事需要的名义扩张利权招徕日本商人，日本商人到来之后在铁路沿线以及各地从事各种营业，日本商人或者在中国土地上修建房屋或者租借中国人房屋居住，但只是个人间订立的契约，日军撤兵完成后，日本商人将处于不利地位。要求日本外务省筹划要求清政府默认修建铁路征用土地以及日本商人占用和租用土地的"合法性"。① 安奉铁路和新奉铁路都是日本在日俄战争期间修建，与俄国修建并转让给日本的中东铁路并无关系，因此在《北京条约》中规定日本也不享有在中东铁路上一样的驻兵权等。日本外交文书中没有收录外相林董如何回复关东都督大岛义昌的来电，不过随后关东都督大岛义

---

① 『日本外交文書』第40卷第二册、第317—318頁、外務省外務史料館、https://www.mofa.go.jp。

昌却命令在铁路停车场以外的本溪湖市区内设置警察派出所，实现其上述"保护铁路沿线日本人的权利"目的。因为按照条约规定日军只有在满铁上拥有驻兵权，日本此时派驻铁路守备队显然是将安奉铁路视为满铁的组成部分。这引起了盛京将军赵尔巽的抗议，1907 年 4 月 4 日，奉天交涉局照会奉天总领事荻原，指出："本溪县设治委员禀有日军第四大队第一中队由日本开来驻扎县街第处，一百五十人占有民房为警察官吏出张所，其所长为大津警部等情，据此查警察派出所之设置于行政上有碍，又非条约上所许，前次累经本军督照会日总领事撤废，现在各处军队照约撤退，所有居留日本即系通商之人自应归我国切实保护，如有不法照约送交领事官惩办，是已设者尚不能继续，何得籍词复设，况正值撤兵之时，所有占用官有私有产业且应一律交还，又何得于该县租用之民房以设官为名占为厅舍，似此干预地方吏治显于条约有悖，饬局迅即照会阻止等。"①

1907 年 4 月 12 日，奉天总领事馆代理吉田就此事汇报外相林董，吉田已经将奉天交涉局的抗议照会内容转交给关东都督大岛义昌，关东都督的回复是日军铁道守备队在本溪湖市区内驻扎，是因为铁路停车场附近无适当的房屋，一时不得已在本溪湖市区内驻扎。但吉田指出此事并没有通知他，也没有经过与清政府的交涉，就随意将日军铁道守备队驻扎在市区，有欠妥当，吉田认为这是日军撤兵后特别值得注意之处，要求外相对关东都督对此作出训示。从这则电文可知，尽管 1 月 17 日关东都督大岛义昌致电外相林董，但外相林董对于随后关东都督大岛义昌派兵在本溪湖市区设立警察派出所应该并不知情。② 关于为何在铁路附属地以外设置警察派出所，关东都督府林参谋与石塚民政长官对奉天总领事代理吉田的解释是，对总领事馆没有派遣警察官保护日本居留民的地方，关东总督府为此曾经和总领事荻原商议过可以由关东总督府视情况派遣警察官，在本溪湖设置警察官派出所就是出于此意。

---

① 『日本外交文書』第 40 卷第二冊、第 321 頁、外務省外務史料館、https://www.mofa.go.jp。

② 『日本外交文書』第 40 卷第二冊、第 319—320 頁、外務省外務史料館、https://www.mofa.go.jp。

　　但奉天领事馆代理吉田并没有将日本驻奉天总领事馆与关东都督府间的行政争议作为理由以此回复奉天交涉局，事实上尽管吉田也对关东都督随意派兵驻扎到本溪湖市区有所不满，但在4月25日回复奉天交涉局的照会中仍然采取袒护的策略，为日军铁道守备队的驻扎寻找"合理性"，那就是扩大《中日会议东三省事宜条约》的解释范围。奉天领事馆强调，日本与清政府有改筑安奉铁路协定，改筑完成后才能确定铁路附属地，现在不能确定铁路附属地，为了保护日本所属的铁路，不得已在铁道外设置日军铁路守备队，因为列车内频繁出现盗窃现象，危害不少，为了保护乘客，关东都督府有责任保护，不得不在铁路沿线各地设置警察官，在本溪湖设置警察官就是出于此目的。为在本溪湖设置警察派出所而借用民房，并非占用民房，只是铁路附属地未确定前不得已之举，也不是对中国民众行使警察权。① 奉天领事馆代理吉田在回复奉天交涉局中提到了依据日本与清政府有改筑安奉线的协定，然后才能确定铁路附属地的范围。这实际上是对《中日会议东三省事宜条约》的扩大解释。在《中日会议东三省事宜条约》第六款中，规定中国允许日本将安奉铁路由军用改为商用，时间定为三年，改良方法应由中日双方详商，通车后十五年，准由中国赎回。② 这进一步引起了盛京将军赵尔巽和奉天巡抚唐绍仪的警觉。

　　奉天巡抚唐绍仪开始向日本驻奉天总领事表达对于安奉铁路的立场，1907年5月6日奉天交涉局再次照会日本驻奉天总领事馆代理吉田，声明"军督部堂奏批安奉铁路性质全与东清铁道不同，日军撤退以后该铁道当全归我国保护，此次日军擅设守备队于铁道外又派警官于车内均属违约，仰先照会日领事官速将该守备队及警官撤废等，因奉此查此等举动本非条约所有，故于前次照会已将中日会议东三省条约第三款声明请照迅速赐撤废在案，贵馆覆文于根本问题尚未了解辄将安东铁道认与有条约之东清铁道相等，实于根本上先有错误，奉批前因合再备文照会贵代理总领事请烦查照前文事理，迅将守备兵及警察官派出所一律

　　① 『日本外交文書』第40巻第二冊、第321—322頁、外務省外務史料館、https://www.mofa.go.jp。

　　② 外務省編『日本外交年表竝主要文書』、原書房、1965年、第255頁。

撤废以符约章"。实际上，尽管关东都督府的行动已经酿成中日外交风波，但为了落实 1 月 17 日关东都督大岛义昌所谓要求清政府承认安奉新奉铁路沿线"日本人的权利"，继续其造成既定事实的策略，关东都督府不但没有撤出本溪湖警官派出所，反而无视盛京将军以及奉天交涉局的一再抗议，竟然在安东县铁路附属地以外设置日军铁道守备队。5 月 16 日，奉天交涉局再次向日本驻奉天总领事馆照会抗议："安东县呈称查日军所驻铁道守备队一百五十三名均在附属地外屯驻，究于何日撤尽该管官不能定期等情，饬局将该处兵队驻屯附属地外暨该处附属地究以何种根据定界，照询日总领事，请即明白具覆等，奉此查中日议定东三省赴约第二款载明护路兵队系专指南满洲铁路而言并无安奉铁路驻兵守护之语。"①

5 月 18 日外相林董训令总领事代理吉田，要其强调安奉铁路在性质上为长春旅顺间的铁路支线，为了防备马贼而设置日军铁路守备队，这件事不仅与南"满洲"铁路干线毫无差异，而且安东县地处偏僻更有必要设置铁路守备队。因此，一方面要求清政府承认日军铁路守备队的驻兵权，另一方面使其认识到如果不承认，那么从理论上和实际上来看都是极其不当的。派遣警察官也是出于实际的必要，也与满铁毫无区别，日军守备队在必要的情况下，不得已临时使用铁路附属地外的民房。尤其是安东铁路的铁路附属地边界不确定之处很多，经过铁路改筑之后才能确定铁路附属地境界。② 至此外相林董使用将日俄战争期间临时修建的安奉铁路视为满铁支线的交涉策略，进而要求清政府承认日军守备队在安奉铁路沿线的驻兵权。这是日本外务省通过曲解条约内容对关东都督大岛义昌 1907 年初提出的保护新奉安奉铁路沿线"日本人权利"的目标的重要支持，也可以说关东都督大岛义昌设置的扩张目标已经成了日本政府的外交扩张目标。

随后总领事代理吉田依照训示回复奉天交涉局，但 5 月 26 日盛京将军赵尔巽亲自致信总领事代理吉田，强调"贵代理总领事请将违约擅设

① 『日本外交文书』第 40 卷第二册、第 326 頁、外務省外務史料館、https://www.mofa.go.jp。
② 『日本外交文书』第 40 卷第二册、第 326—327 頁、外務省外務史料館、https://www.mofa.go.jp。

之守备队与警官派出所立即一并撤废，并询问贵处所称附属地究以何种根据定界，本军督查该局各号公文皆极正当，毋庸贵代理总领事再行申说，惟有赶饬撤废彼此各守条约范围，以全睦谊，兹准来文所称各节对于擅设守备队籍词边陬地方为预防马贼之用，对于擅设警察官籍词客货危险预备保护地步，而皆谓当与南满线路一律看待，是实误认安奉线为长春旅顺间之支路所致在"①。但即便盛京将军赵尔巽已经清楚指出日本外务省将临时修建铁路误认为长春旅顺间支路的错误所在，为此亲自致信反驳，但也改变不了日本外务省和关东都督借此逼迫清政府承认日本在安奉线驻兵权以此扩张权益的目标。总领事代理吉田继续以安奉线性质上是满铁支线这一无人否认的"事实"回应盛京将军赵尔巽。此后关于安奉线的交涉逐渐移交给北京的清政府外务部和日本驻华公使交涉。此后驻奉天总领事荻原和关东都督大岛义昌商量，即便在知晓清政府和盛京地方政府极力反对的情况下，决定将日军铁路守备队在安东县草河口和本溪湖的临时营房修建为正式兵营，进一步造成既定事实，以便攫取在安奉线的驻兵权。

后来唐绍仪又与小池张造达成《安奉铁路沿线矿山合办条约》的协议，其中"不得另设别线"字样附注于第一条之末。② 但日本外务省认为该条约内容最终会阻止其在安奉铁路上的行动权，推翻协议坚持安奉铁路为满铁的支线，日本拥有派驻铁路守备队以及改筑该铁路的权利。③ 随后日本外务省进一步将安奉线的交涉议题延伸到与清政府商议改筑该铁路以及安奉线沿线矿务开发问题上，这时满铁作为参与者更多参与到安奉铁路交涉中。

桂太郎内阁取代西园寺内阁，小村寿太郎再次担任外相后，对安奉线改筑比西园寺内阁外相林董时期更为重视，在与清政府交涉中也呈现出更加强硬的态度。外相小村寿太郎认为，改筑安奉铁路不仅是条约赋

---

① 『日本外交文書』第 40 卷第二册、第 329 頁、外務省外務史料館、https://www.mofa.go.jp。

② 王芸生编著：《六十年来中国与日本：由一八七一年同治订约至一九三一年九一八事变》第五卷，生活·读书·新知三联书店 2005 年版，第 171—172 页。

③ 『日本外交文書』第 40 卷第二册、第 331—335 頁、外務省外務史料館、https://www.mofa.go.jp。

予日本的"权利",在军事上和经济上,改筑安奉铁路也一日不可暂缓。尤其是通过安奉铁路能够连接朝鲜的京釜京义与满铁,改筑完成后借此打开欧亚通道,以供日本活动。[①] 为此,1909年1月日本驻奉天总领事小池张造与满铁副总裁国泽新兵卫,要求东三省地方政府配合满铁勘测安奉线,担任东三省总督的徐世昌予以拒绝。随后1月31日,日本驻清公使伊集院就安奉线改筑照会清政府外务部,提出"照会事:照得安奉铁道,按照中日《北京条约》附属协定,因种种不得已事情,遂至拖延未办,今定令南满铁道会社承筑该工,希由贵国政府速派委员与日员会同商议,畀以种种之便利。又该铁道期限,原定自该协约签字之日起算,以十八年为限,该铁道改良工事虽有迟延,与所定期限绝无关涉。合并声明,以免误会,即希查照可也"[②]。在日本驻清公使伊集院的催促下,外务部倾向于同意派员勘测路线,并致电东三省总督徐世昌说明理由,即"日使声明仍照原定收回年限,似不能阻止勘估。惟须声明此系中国政府格外通融之意,日本政府当谅悉此意,于他项交涉亦当通融商办"[③]。外务部想在安奉线上妥协示好,是想以此换得日本在"满洲五悬案"和间岛问题交涉上减少压力和逼迫。由于外务部同意,邮传部就派出工程师黄国璋与东三省工程局总办沈琪,满铁派出岛升二郎,一起赴当地勘测。随后黄国璋发现,在勘测路线中,满铁的岛升二郎擅自更改原来线路自行确定线路,在陈相屯路线上,脱离原线,改为经过苏家屯,岛升二郎的这些改动根本不征询黄国璋和沈琪的意见,由此黄国璋确定此次日方意图并不是依照条约改良安奉线而是要重新改筑该铁路。

东三省地方政府徐世昌等人,不仅对日本重新改筑铁路的意图予以批判,还试图将以往的日军军警驻扎铁路沿线问题予以解决。由于总督徐世昌等人的据理力争,日本外务省无法使清政府接受其要求。在小村寿太郎的主导下,日本政府开始确定强硬交涉策略政策。桂太

---

① 日本外务省『小村外交史』、新闻月鑑社、1953年、第330页。
② 王芸生编著:《六十年来中国与日本:由一八七一年同治订约至一九三一年九一八事变》第五卷,生活·读书·新知三联书店2005年版,第172—173页。
③ 沈云龙主编:《清宣统朝中日交涉史料》,台北:文海出版社1963年版,第8页。

郎内阁决定了要求满铁尽快实施改筑安奉线造成既定事实的方针，在清政府同意将铁路沿线驻扎日军守备队和警察与安奉线改筑问题分别交涉的情况下，满铁要尽快着手与清政府商议购买铁路用地，如果清政府在安东县不同意提供铁路用地，满铁要就地利用现有铁路停车场实施改筑工程，清政府如果不同意陈相屯和奉天间的线路变更，就等待时机，先从事其他部分的改筑工事。在清政府不同意将日军守备队和警察铁路沿线驻兵权与安奉线改筑问题分别交涉的情况下，满铁就不与清政府交涉，直接开展安东陈相屯间的改筑工事，但满铁要防止在私买铁路用地上激起当地官民的反抗。①日本政府决定在不等清政府同意的情况下，要求满铁独自开展改筑工事，强硬地造成既定事实。4月20日，外相小村寿太郎将日本政府这一决定告知日本驻清公使伊集院。此后中国交涉人员有所变动，徐世昌转任邮传部尚书，新任东三省总督锡良和奉天巡抚程德全负责继续与日本交涉。5月18日奉天总领事小池张造致电外相小村寿太郎，其判断新任东三省总督锡良不会同意改筑新奉铁路，建议日本政府应该下定决心采取4月20日所定方针的第二部分，不与清政府交涉直接开展改筑工程，小池张造还建议在安奉铁路沿线增加警力和兵力，驱使劳力并防止清政府官员的干涉。②奉天总领事小池张造的建议在桂太郎内阁4月20日决议基础上，主张增加军力和警力威吓清政府，以此保证满铁强行施工，与外相林董时期相比，外相小村寿太郎在清政府交涉上尤其是在安奉线改筑交涉上采用极为强硬的威吓策略。

新任总督锡良6月8日将中日工程师勘测的实际情况以及应对之策致电外务部："据会勘安奉线委员黄丞国璋称，安奉铁路改良办法，现按日本工程司新定线路，与旧道相距远者数里，近者亦四五丈至十数丈不等……查日人改良安奉路线厥有两端，于彼皆有大利，而于我皆有大不利。一思与京义线相接联也。近闻日人之新闻杂志中叫嚣狂言者为满

①　『日本外交文書』第42卷第一冊、第371頁、外務省外務史料館、https://www.mofa.go.jp。

②　『日本外交文書』第42卷第二冊、第607—608頁、外務省外務史料館、https://www.mofa.go.jp。

韩联络政策。欲此政策见诸施行，非将安奉线改为广轨式，与京义线之轨式相吻合不可。轨式既同，鸭绿架桥之交涉即随之而起。国界混淆，国防坐失，其后患实在不堪偻指。一思与南满洲线接联也。该路与南满洲铁路性质本大相悬殊。南满洲线系俄让与日之路，安奉间线系日得于我之路。故当会议时，两国全权大臣均区别办理声明在案。近闻该路久为南满洲铁道公司所管理且此次一切改良之方法皆为该公司所计划，其处心积虑，必欲将安奉线作为南满洲线之枝路……今拟对待之法八条：（一）抱定约内改良二字之义以与之争，不得另勘路线与改易广轨也。查北京条约第六款只有改良字样，改良与改造有别……（一）该路应声明系单独之路，与南满洲铁路绝无关涉也。查北京条约第六款及会议录中两国全权大臣皆曾声明安奉铁路不得援照东清铁路办理……（一）沿路兵队应令其一律撤退也。查北京条约许日本之得以暂驻护路兵者，系指由长春至旅顺之铁路而言，安奉铁路本不在此例……（一）沿路警察应令其一律撤退也……（一）除铁路必须需用地亩外不得多购余地也……（一）车站宜会同地方官妥商协定也……（一）宜于未开工以前先定特派人员也……（一）索回南满公司所占安东县六道沟之地也。"①6月12日，外相小村寿太郎致电驻清公使伊集院，要求其告知清政府，日本内阁作出决议：日本政府将采取认为必要的方法断然实行改筑安奉铁路。②6月22日，告知其日本内阁就安奉铁路改筑问题再次作出决议："安奉铁路的改筑不仅属于我条约上的权利，军事上和经济上也有速速实行之必要，尤其该铁道连接韩国铁道和南满东清两铁道……当下着手开展改筑工程"，当天外相小村寿太郎还致电驻清公使伊集院，告知其"帝国政府定最后之决心，依据外交手段妥结本案……目前本案是对清悬案中占有最重要的地位"③。但清政府并未屈服，6月24日奉天总领事小池张造致电外相小村寿太郎，告知外务部就安奉铁路问题训示东

① 王芸生编著：《六十年来中国与日本：由一八七一年同治订约至一九三一年九一八事变》第五卷，生活·读书·新知三联书店 2005 年版，第 173—175 页。

② 『日本外交文書』第 42 卷第一册、第 373 頁、外務省外務史料館、https://www.mofa.go.jp。

③ 『日本外交文書』第 42 卷第一册、第 374 頁、外務省外務史料館、https://www.mofa.go.jp。

三省新任总督锡良内容："一、安奉铁路由中日北京条约而成立，应认明系独立之铁路并非他路之枝路；二、安奉铁路工程应按照中日北京条约专就原路改良不得改造，尤须根据日本全权大臣之声明酌要改良不得改动全路以省周折；三、安奉铁路应设之各车站须彼此派员会勘商定设于地方铁路两相便利之处；四、安奉沿路以及各车站用地亩除铁路必须建造物所用之地外，不得购买余地；五、安奉铁路在安东六道沟所占之地中国政府现有要需应即收回，如该铁路承办人员付过价值者，由地方官查明照数发还……九、安奉铁路沿路地方按照中日北京条约应由中国政府按自治全权办理，所有日本派遣之警察应即一律撤去，由中国政府特派巡警妥行保护。清政府有自治全权，故日本警察一律撤去，由清政府另派兵保护。"①

8月2日，桂太郎内阁再次通过决议，决定将断然实行改筑安奉线铁路。当天外相小村寿太郎将日本政府决议电告驻清公使伊集院，要求其在8月6日将日本政府上述决议通告给清政府。此外，外相小村寿太郎还电告各个驻外大使，尤其是致电驻英大使加藤高明，要求其向英国解释日本断然实行改筑安奉线的"合理性"。8月4日，外相小村寿太郎致电驻清公使伊集院，告知陆军大臣寺内正毅已经在8月3日就安奉线改筑事宜训示关东都督大岛义昌，要求大岛义昌告知其下属团队长避免滋生事端，掩护改筑工程的开展，顺利地达成目的。② 8月5日，外相小村寿太郎直接致电关东都督大岛义昌，要求其监督避免出现过激事情，并与奉天总领事小池张造保持同样的步调。③ 使用武力已经成为日本军方和日本外务省一致认可的交涉手段。8月6日，驻清公使伊集院正式将日本政府的通牒交给清政府外务部，同一天日本驻俄大使、日本驻美大使和日本驻法大使分别向俄国、美国和法国解释日本对清政府的通牒。8月7日，外务部对日本的通牒作出回应，屈服于日本改筑安奉线

---

① 『日本外交文書』第42卷第二冊、第611—612頁、外務省外務史料館、https：//www.mofa.go.jp。

② 『日本外交文書』第42卷第一冊、第393頁、外務省外務史料館、https：//www.mofa.go.jp。

③ 『日本外交文書』第42卷第一冊、第396頁、外務省外務史料館、https：//www.mofa.go.jp。

的要求："本照以安奉铁路改筑问题接奉政府训电，东三省总督拟定办法，如撤退守备兵及铁路警察等事与改筑线路毫无关系，意任蒙晦成约，帝国政府顾世界交通之便利，据条约之权利，决定不俟协力自行改筑线路等因，查安奉铁路改良一事载在中日会议附约其约内声明该路改良办法，应由日本承办人员与中国特派人员妥实商议，所有办理该路事务，中国援照东省铁路合同派员查察经理等语，推原立约本意此项铁路十五年期满估价售与中国是与中国极有关系，故改良之办法，必由中国派员妥商，以期彼此有益，本部迭电东省督抚日本领事商议即是遵照条约办理……贵国既视改宽轨道为至要，中国政府亦不愿拂此意，惟改宽轨须与京奉铁路相同以归一律，至更正路线一节，果为工程所必要者，自可照约由中日特派人员妥实商议，断不容籍词任意更改路线，致背彼此立约本意，以上两端既明定大旨，其余细目自易妥商。贵国政府亦当满意，除由本部电达东省督抚与贵国领事接续妥商外，相应照复贵大臣转达，贵国政府转饬驻奉领事按照中日条约并此次声明大旨与该省督抚迅速议定以期早日开工……贵国政府顾全睦谊之意，再守备兵及铁路警察等事，亦系应行提议之事，不得谓毫无关系，守备兵只能指旅长一路而言，他路不能援照，约内亦并无明文，铁道警察将来自当由中国派遣。"[1] 外务部对日本政府通牒的回复，非但不敢指责日本的无理之处，反而以"贵国政府亦当满意……与该省督抚迅速议定以期早日开工"的口吻屈服于日本改筑安奉线的要求，至于答复中仍然坚持希望日本撤除安奉铁路沿线的日军守备队和警察，由清政府派兵驻守，只不过是清政府的一厢情愿而已，根本不会成为与日本外务省交涉的议题。

在清政府屈服于日本关于改筑安奉线的要求以后，9月4日清政府与日本签署条约基本上同意了日本提出的上述5个悬案的要求。

日本与清政府达成《东三省交涉五案条款》，内容如下："第一款 中国政府如筑造新民屯至法库门铁路时，允与日本国政府先行商议。第二款 中国政府认将大石桥至营口支路为南满洲铁路支路，俟南满洲铁

---

① 『日本外交文书』第42卷第一册、第403—404頁、外務省外務史料館、https://www.mofa.go.jp。

路期满，一律交还中国，并允将该支路末端展至营口。第三款　抚顺、烟台煤矿，现经中、日两国政府商定如下：甲、中国政府认日本国政府开采上开两处煤矿之权。乙、日本政府尊重中国一切主权，并承允上开两处煤矿开采煤斤向中国政府应纳各项，唯该税率按中国他处煤税最惠之例另行协定。丙、中国政府承允上开两处煤矿煤斤出口外运时，其税率应按他处煤斤最惠之例征收。丁、所有矿界及一切详细章程另行派员协定。第四款　安奉铁路沿线及南满洲铁路干线沿线矿务，除旅顺、烟台外，即应按照光绪三十三年即明治四十年东省督抚与日本国总领事议定大纲，由中日两国人合办，所有细则届时由督抚与日本国总领事商定。第五款　京奉铁路展造至奉天城根一节，日本国政府无异议；其应如何办法，可由该处两国官宪及专门技师妥为商定。"① 值得对比的是，在外相小村寿太郎主持的对清政府"满洲五悬案"交涉以及安奉铁路改筑交涉中，尤其是在安奉铁路改筑交涉中，与外相林董时期关于安奉铁路的驻兵权和派驻警察权交涉类似的是，都采用了造成既定事实然后曲解或者根本无视以往条约规定进而要求清政府接受日本要求的交涉手段。但不同的是，外相小村寿太郎在逼迫清政府承认上更为强硬，是典型的帝国主义外交方式，这体现在外相小村寿太郎的推动下日本政府作出决议以下通牒的形式逼迫清政府，同时借用内阁成员陆相代表的日本陆军的力量命令关东都督大岛义昌以武力的方式确保满铁开展改筑安奉铁路事宜。

　　"满洲五悬案"交涉后，日本继续吉长会宁等铁路的交涉。日本外务省在继续扩张满铁铁路和矿山权益上并没有止步，其继续使用逼迫威吓以及造成既定事实要求清政府予以承认的强权外交方式也没有改变，清政府虽然一再依据条约规定据理力争但无奈屈服的局面也没有改变，但中国政治中开始出现新的力量，那就是在报纸杂志等舆论的呼吁下，民众对国家主权以及与主权相关的各种利权的自觉和辨识能力越来越强，为此抵制帝国主义的行动意愿越来越强。

---

① 苏崇民主编：《满铁档案资料汇编·日本的大陆政策与满铁》，社会科学文献出版社2011年版，第227—228页。

第三节　日本外务省与列强的结盟外交

日本在对清政府交涉中一再无视条约规定，通过逼迫或造成既定事实的强权外交方式逼迫清政府承认日本的"满洲"扩张要求，扩大满铁的经营范围。从林董任外相到小村寿太郎任外相，日本之所以在对清交涉上如此强硬，除了已经窥知清政府实力以及清政府抵抗意志不坚定以外，日本在对清交涉的同时，一直在谋求与主要的列强国家，尤其是与"满洲"有关的英国、俄国和美国的交涉，通过利益交换的方式要求这些列强承认日本在"满洲"的特殊地位，以此为日本一再扩张满铁权益做保障。其中最重要的就是，日本与英国、俄国和美国交涉，以利益交换的方式，要求这些国家承认日本在"满洲"的权益，与俄国更是直接划分了"南满洲"和"北满洲"的势力范围，这些条约的签订使得日本外务省继续推行扩张外交，得到了国际列强的默认和谅解。这导致伊藤博文在《关于对外政策意见书》中最为担心的日本因在"满洲"扩张，而被列强孤立、处于不利地位的局面并没有出现，所以伊藤博文所代表的守势外交并没有成为日本主流的外交政策，相反，不论是在外相林董时期，还是外相小村寿太郎时期，日本外务省都不断向清政府进行攻势交涉，极力扩张满铁的权益。因而日本与列强英国、俄国和美国的交涉，无疑是日俄战后日本"满洲"扩张战略的基本组成部分。

一　日英同盟的军事化

1902 年日英结成同盟，明显是针对俄国在"满洲"的扩张。日俄战争爆发后，英国在政治和外交上给予日本很大支持，尤其是英国与美国作为日本战争外债的主要债权国，得以支撑日本将战争进行下去，可以说日英同盟是日本战胜俄国的重要因素之一。日俄战争后，日本一直担心俄国可能发动的复仇战，而英国也担心俄国恢复国力以后仍与英国在亚洲尤其是印度等地竞争。所以日俄战争后日本和英国仍存在继续

维持日英同盟关系的需要。尽管 1902 年的日英同盟约定到期时间为
1907 年，但在日俄战争尚未结束时，1905 年 2 月外相小村寿太郎在日
英同盟三周年纪念会上发表演说，指出日英同盟不论平时还是战时，
均具有极大的价值，日本当初订立同盟的信念十分正确，为了日本、
英国以及全世界利益着想，盼此同盟能够继续并强化。① 所谓强化日
英同盟，就是要增加原来日英同盟没有涉及的内容，1902 年缔结的日
英同盟条约中没有给予日本在"满洲"攫取各种利权和扩张势力范围
的许可，日英同盟条款中也没有日英进行军事协商和协作的内容。日
本主张继续并强化日英同盟的意图迅速得到了英国的回应，3 月 24 日
英国在内阁会议上对继续和强化日英同盟进行探讨，主张扩大军事协
商合作的内容，在"满洲"英国负责协助日本对抗俄国，在印度要求
日本协助英国对抗俄国。英国内阁讨论内容传达给驻英大使林董，林
董随后将英国内阁希望在日英同盟中增加军事协商的合作意图致电外
相小村寿太郎。

　　5 月 24 日，桂太郎内阁对日英同盟进行讨论，外相小村寿太郎支持
将原有的防守性质的日英同盟升级为带有军事协商和合作的攻守同盟，
其主要理由是为了防备日俄战争后俄国对日本可能发动的复仇战。"惟
我若与英国缔结攻守同盟，且针对俄国在远东的军备扩张，我亦必须扩
张相当程度之军备，使俄国虽欲复仇而无门，因而和平之维持亦必然更
加巩固"，另外，外相小村寿太郎还坚持与英国结盟能避免遭致列强对
日本的猜疑和孤立，"此次战争我邦之实力已为列强所认识并博得赞赏，
但同时其中亦含有畏惧猜疑之念，此畏惧猜疑可能随我战后国力之发展
而增长，因而不能不担忧我邦陷于孤立之地位。然而若与英国订立攻守
同盟，则可以无此顾虑并避免他国排挤"②。

　　第二次日英同盟的缔结，直接推动了日本在"满洲"的扩张外交，
不仅使得俄国对日本在"满洲"扩张有所顾忌，最终选择放弃与日本在
"满洲"直接竞争，选择与日本妥协划分在"满洲"的势力范围。而且

---

① 『日本外交文書』第 38 卷第一冊、第 2 頁、外務省外務史料館、https://www.mofa.go.jp。
② 『日本外交文書』第 38 卷第一冊、第 15—17 頁、外務省外務史料館、https://www.mofa.go.jp。

正是因为日英同盟的存在才使得英国本应作为制衡平衡日本在"满洲"扩张外交的利益相关者，反倒表现为对其在"满洲"的扩张妥协和默认。其中，日本外务省在新法铁路、安奉线改筑和锦瑷铁路上维护和扩张满铁权益时英国选择退让尤为明显。

新法铁路是新民至法库门一段长约 55 英里的铁路，早在盛京将军赵尔巽执政时期就开始筹划修建该铁路，希望先修建新民至法库门铁路，然后经过辽源到达齐齐哈尔，以便打破日本控制的满铁和俄国控制的中东铁路的垄断局面，作为巩固中国在"满洲"地方利权的重要举措。徐世昌就任东三省总督、唐绍仪就任奉天巡抚以后，开始落实修建该铁路。该铁路的修建得到了美国驻奉天总领事司戴德的支持，徐世昌和唐绍仪与司戴德几次接触以后，开始着手具体落实。司戴德想将该铁路交由觊觎已久的美国铁路大王哈里曼完成修建，但当时正值美国金融危机，哈里曼没有意愿完成该铁路。无奈之下，唐绍仪找到英国保龄公司法伦许爵士以及修筑京奉铁路的中英公司代表濮兰德，由英国公司完成修建该铁路，1907 年农历十一月初八双方草签了合同。但日本闻讯后，以修建该铁路会侵害满铁利益为由，1907 年 8 月 12 日立即提出照会抗议："为照会事，闻贵国有拟将关外铁路由新民屯敷设新线往北延长之说。其办法如何，并由何时着手，尚未得知；又闻东三省总督有借外债之说，其外债是否为造路之用，更不能无疑。查前年日清议约之际，贵国全权曾声明清国政府持保护南满洲铁路利益之目的，于该路未收回以前，不能于该路附近另设并行线及侵害该路利益之支线。该声明载于会议录第十一号以内，可据以为凭。现既有延长关外铁路之说，帝国政府不能不为留意。初九日，本代理使曾到贵部质问其说确否，吕大臣、王侍郎接见，均答以尚未闻有此说。本代理使曾请详细查明，并声明敷设与南满洲铁路并行之干路或侵害该铁路利益之支路，帝国政府断难承认等语在案。"[1] 9 月 10 日，清政府外务部在征询徐世昌、唐绍仪等人意见后，回复日本照会称修建新奉铁路"惟延长关外线路为我国内交通便利起见，与南满洲铁路毫不相涉。既非于该路附近另设并行之干

---

① 王芸生编著：《六十年来中国与日本：由一八七一年同治订约至一九三一年九一八事变》第五卷，生活·读书·新知三联书店 2005 年版，第 75 页。

线，亦非侵害该路利益之支线"①。9月16日，对于日本坚持的新法铁路为满铁铁路平行线的说辞，清政府邮传部回复外务部："谓若接展路线，均照京奉铁路合同办理，敷设新线时，于南满路之距离，总不减于欧美各国现有铁路两线间距离之数之通行惯例。""查京奉铁路，本部现拟由新民屯往北展筑四百余里，经法库门至郑家屯，以冀挽回南满洲铁路所失之利权。现在规划路线，计与南满洲干路最近之处为法库门站以南，约三十二英里，实与欧美各国并线距离之通例无背。"② 可见关于新敷设铁路是否会与原有铁路存在竞争关系，邮传部有惯例可循。事实上，清政府邮传部已经依照惯例避免新法铁路成为原有铁路的竞争铁路，日本后来也查明新法铁路并不会给满铁带来巨大损失，即便带来损失也可以通过其他方式弥补，"如自南满铁路的某一车站向郑家屯修筑支线，将这些货物吸引至南满铁路，相信能弥补损失"。但10月12日，日本代理公使阿部再次照会提出抗议，为了阻止新法铁路的修建，仍坚持其为满铁的平行线路。但清政府和东三省当局继续推进新法铁路的建设，甚至11月6日英国保龄公司按照新奉铁路的修建标准向东三省当局提交了造价单，双方所草拟的合同只待邮传部和奉旨批准后订立正式合同。1908年1月22日，日本进行第四次抗议，前几次抗议多强调日本"断不能承认"，此次抗议变得强硬，声明："万一贵国政府置成约于不顾，有侵害南满洲铁路利益之举动，则日本政府必当随即执行自认适当之手段，以谋拥护该路之利益也。"③

新法铁路由英国公司修建，自然也是英国利益的体现，在日英强化同盟情况下，如何处理呢？最初日本对英国利益参与修建新法铁路极为谨慎，如果英国极力反对，日本会借此妥协。小村寿太郎担任外相后，在内阁决议采取的外交政策方针时，对于新法铁路认为："本案现在一方面是对清国的问题，同时又是对英国的问题。从而，本案不能单纯作为对清国的利权来考虑，还必须从对同盟国的策略问题方面仔细探讨。

---

① 王芸生编著：《六十年来中国与日本：由一八七一年同治订约至一九三一年九一八事变》第五卷，生活·读书·新知三联书店2005年版，第76页。

② 王芸生编著：《六十年来中国与日本：由一八七一年同治订约至一九三一年九一八事变》第五卷，生活·读书·新知三联书店2005年版，第76页。

③ 王芸生编著：《六十年来中国与日本：由一八七一年同治订约至一九三一年九一八事变》第五卷，生活·读书·新知三联书店2005年版，第87页。

特别是帝国政府今后在进行国内外的经营上，获得外资愈益必要，因此在此种外资的供应方面事实上不能忽视英国必将占居首位。当然，如果法库门铁路将给南满铁路带来重大损害并将其至于死命时，则完全可以抛弃这种策略观点而作为利权问题坚持拒绝其修筑；但如果南满铁路所受损失不大，并且其损失可通过其他方法得到补偿，则暂时缓和我方权利要求，以力求同盟国的同情，亦为一策。"①

由日本内阁上述决议内容可知，只要英国正式为英国公司利益出面交涉，支持清政府修建新法铁路，那么日本会妥协，从新法铁路开始的日本依照所谓并行线路损害满铁的外交交涉策略也将失效，日本也可能就不会再曲解和无视已有条约以此扩张满铁权益。尽管清政府、英国保龄公司和中英公司为此求助过英国政府，1909 年 1 月 26 日，伦敦《泰晤士报》刊载英国记者的评论，呼吁英国政府支持英国公司的利益："法库门问题者，直接为英人之利害问题。不仅如此，中国于自己领土内之满蒙建设自己的铁路，而日本拒之，此诚重大事件。满蒙之广袤，较挪威尤大，其地位与加拿大最良之处匹敌，较巨于凯贝克之都市，到处有之。英国一商家，以一九零七年十一月八日，缔结法库门铁路工程契约，而日本以为有害满铁利益，遂持异议。英国政府起初误信日本之主张，后乃派商务官郝希氏至该地，调查日本主张之当否。然日本于该氏之报告不同意于公开，世人乃信氏之报告，不复声援日本。并据满洲税吏英人之报告，谓法库门铁路害及南满铁道利益，完全谬误。则日本要求之不当，甚为明了。报告之一节，谓日本在朴茨茅斯会议时，声称中国在满洲以发展商工业之故，任取任何办法，日本保证决无异议。今日本于法库门铁路发为异议，盖直违反此神圣之保证也。"② 但显然英国政府更为看重日英同盟，英国首相格雷以英国在欧洲面临德国威胁，需要在远东稳住俄国维持日英同盟，决定不支持中国和英国公司的请求。英国公司不得不放弃修筑新法铁路。由此可知，日英同盟的强化成为日本在"满洲"开展扩张外交的

① 苏崇民主编：《满铁档案资料汇编·日本的大陆政策与满铁》，社会科学文献出版社2011 年版，第 217—218 页。
② 《满铁外交论》，汤尔和译，商务印书馆 1930 年版，第 39 页。

· 164 ·

重要保障。

二 日俄协约与日本“满洲”特殊地位确立

实际上，日俄战争后俄国与日本也就战争导致的“悬案”进行交涉。1909 年 9 月 13 日刚刚使用强硬手段逼迫清政府的外相小村寿太郎致信首相桂太郎，对日俄战争引发的日俄“悬案”交涉提出意见。外相小村寿太郎认为，俄国政府对日俄战争以及日俄战争后日本官员对俄国国家以及俄国臣民造成的损害向日本政府提出交涉要求，时至今日两国政府间的“悬案”不在少数，对俄国提出的要求如果将其作为法律问题进行论争，“悬案”交涉会持久且不易解决，还会累及对俄政策大局，为此有必要速速“互让交绥”，除去造成两国纷争的根源。小村寿太郎在此思路下决定对俄国臣民或企业提出的要求，完全作为恩惠问题，由日本政府提供总额十万日元给俄国政府，由俄国政府分发给受害者。①从中可以看出，外相小村寿太郎对于日俄“悬案”交涉丝毫没有强硬的表现，与对清政府的强硬交涉对比鲜明，外相小村寿太郎为了维持“对俄政策大局”以“互让交绥”的方式了结日俄“悬案”交涉。尽管日俄展开大战，战胜后日本军政要员极为担心俄国对日复仇之战，但此时可以与俄国“互让交绥”，而日本尽管在各种外交文书和外交交涉的场合大谈日清协调和友谊，实际上却一再逼迫威吓清政府，造成日本上述行为的鲜明反差就在于日俄战争后日本上下形成了向“满洲”扩张的思想共识，为此可以与俄国谈判划分在“满洲”的势力范围，为此也可以曲解和无视条约规定逼迫或者以武力方式要求清政府屈服同意日本的扩张要求。

日俄战争后国际局势有所变化，欧洲再次成为列强竞争和交涉的重心所在，英国为了同德国竞争，有着希望与俄国在印度和巴尔干地区缓和关系的倾向，俄国也开始将重心向欧洲转移。1907 年 1 月 19 日，日本驻俄大使本野致电外相林董，向其介绍俄国新任外务大臣对日本的态度，本野指出在其前往巴黎时，俄国外务大臣向本野表达如果将来俄国

---

① 『日本外交文書』第 42 卷第一册、第 143 頁、外務省外務史料館、https://www.mofa.go.jp。

日本间确保和平，俄国不在意做出多些让步。① 收到俄国有缓和关系意图的电报后，外相林董于 2 月 2 日迅速回电训示驻俄大使本野，要其向俄国政府表达日本帝国对俄国没有任何侵略的意图，为了保证东洋恒久和平，希望同俄国增进亲交，为达此目的，很高兴俄国提出任何提议。② 2 月 4 日，驻俄大使与俄国外务大臣会面，俄国外务大臣表示，俄国长久之计是一方面与日本巩固友好关系，另一方面是与英国达成圆满的妥协，以便俄国修养国力，将其外交政策的中心向欧洲转移。③ 俄国外务大臣再次保证将与日本缓和关系，使得驻俄大使本野和外相林董都相信与俄国缓和关系有利于日本巩固日俄战争后所获得的权益。但具体日本将与俄国妥协中如何受益，担任日本驻英大使的小村寿太郎于 2 月 15 日致电外相林董，小村寿太郎判断俄国今后无力延续其数十年在远东的扩张，放弃从来的侵略政策，只能选择与日本维持友好关系，同时俄国外交重心转向东欧，不希望在远东有后顾之忧。因此，日本与俄国此时妥协，日本将来在北"满洲"及黑龙江扩张利权，将不会受到俄国的猜忌。④ 驻英大使小村寿太郎想借助日俄此次妥协为日本实现南"满洲"扩张利权扩展至北"满洲"及黑龙江地方，可以说是借此实现向全"满洲"的扩张。日本驻英大使小村寿太郎的意见对外相林董等人如何在日俄妥协中谈判获益指明了方向。

2 月 17 日外相林董催促驻俄大使本野要求俄国提出交涉的议案，2 月 20 日俄国外务大臣将经过沙皇许可的议案交给日本驻俄大使本野，在俄国外务大臣提出的英文版的日俄协约案中只有两条，第一条要求日俄两国相互保障领土完整，相互尊重各自与中国签订的条约、协定和合同；第二条要求除了尊重第一条涉及的情况以外，还要用和平的

---

① 『日本外交文書』第 40 卷第一冊、第 97 頁、外務省外務史料館、https://www.mofa.go.jp。
② 『日本外交文書』第 40 卷第一冊、第 98 頁、外務省外務史料館、https://www.mofa.go.jp。
③ 『日本外交文書』第 40 卷第一冊、第 99 頁、外務省外務史料館、https://www.mofa.go.jp。
④ 『日本外交文書』第 40 卷第一冊、第 102—103 頁、外務省外務史料館、https://www.mofa.go.jp。

手段相互帮助维持上述权利。但实际上驻俄大使与俄国外务大臣在会面中，同意双方在秘密议定书或秘密条约中交换意见，进行试探。俄国意见有三条。第一条，俄国认为为了远东永远的和平，只是日俄双方保障领土完整是不够的，俄国保证没有危害中国领土完整尤其是侵略蒙古方面的意图。第二条，日本希望俄国对日本吞并韩国予以承认。第三条，《朴茨茅斯条约》中关于"满洲"问题规定不明确之处，日俄两国要以交换意见的形式明确，维持日俄两国友好局面，在"满洲"不要采取让另一方猜疑的行动，两国政府间避免纷争。本野认为这是承认在"满洲"门户开放原则以及名义上尊重中国主权的同时，日俄两国划定各自的势力范围，在各自的势力范围内有行动的自由。若日本以门户开放及机会均等主义的名义进入北"满洲"对抗俄国的势力，即是永远造成两国纷争的原因，那么俄国对南"满洲"的行动，也是同样的结果。①

　　2月28日，驻英大使小村致电外相林董，对驻俄大使本野在与俄国交涉时仅停留在韩国问题而没有谈及日俄在"满洲"划分势力范围的行为予以批评。3月3日召开元老会议决定日本的协约内容。第一条与英文版俄国协约案内容一致，第二条日本提出"两缔约国承认中国之独立与主权完整及各国在华商工业之机会均等主义，并相约各用其所有之和平手段，拥护支持该现状及上述主义"。第三条日本提出"日本国在满洲集中于政治上及经济上的利益和活动，乃自然之趋势且竞争的结果，为避免纷争，约定日本国或日本臣民……不直接或间接妨碍对北满洲铁道和电信相关的权利让与或者此地域内俄国政府寻求让与的请求，俄国基于同一和平意向，俄国或俄国臣民……约定不直接或间接妨碍对南满洲铁道和电信相关权利的让与或者此地域内日本国政府寻求让与的请求"。第四条日本提出"约定俄国承认日本与韩国间基于1904年及1905年的日韩条约及协约的政事上利害共通关系，对该关系今后的发展不妨碍或干涉，约定日本对在韩国的俄国领事官民商业工业及航海业，尤其是有关条约缔结一切事项，给予最惠

① 『日本外交文書』第40卷第一冊、第105—106頁、外務省外務史料館、https://www.mofa.go.jp。

国待遇"①。

对于元老会议确定的协约案，3 月 11 日，驻俄大使本野会见俄国外务大臣征求俄国的意见，俄国外务大臣建议在秘密协约书中加入俄国在蒙古没有侵略的企图，如没有异议，希望日本也声明不干预蒙古地方的问题。俄国方面对日俄在"满洲"划分的势力范围没有异议，但对韩国问题条款中"将来发展"等文字有所质疑。本野回答在 2 月 18 日与俄国外务大臣的会谈中已经说明，是吞并韩国之意，俄国要求作为报偿希望日本在蒙古问题上让步。② 3 月 25 日，外相林董训示驻俄大使本野，提出划出日俄在"满洲"势力范围的分界线，共提出两种建议，第一种是从第二松花江铁道桥向东沿着松花江至秀水站，从秀水站到必尔湖的北段向珲春一直到俄国韩国边境的西北端画直线，以西为松花江嫩江及托罗河。③ 3 月 30 日，韩国统监伊藤博文致电外相林董强调，此次日俄交涉中韩国问题即吞并韩国为最紧要的问题，因为最近韩国煽动排日气焰高涨，频频"窥欧美人鼻息"。4 月 3 日俄国正式对日本提出的协约案予以回复，接受日本提出的第一条和第二条，但要求将日本提出的第三条、第四条作为秘密条约的第一条、第二条，另外加入第三条，即日本承认俄国在蒙古及除"满洲"以外的中国边境地区的优越地位。④ 4 月 8 日，驻英大使小村寿太郎致电外相林董对于俄国提出的要求，指出如果承认俄国在蒙古的优越利益，那么除了要求俄国承认日本在全"满洲"的优越利益以外，没有适当的交换利益，为此建议要求拒绝俄国的要求。⑤ 可知即便作为外务省官员，小村寿太郎也是急进的"满洲"扩张主义者。但伊藤博文等人坚持认为此次日俄交涉妥协应该解决要俄国承

---

① 『日本外交文書』第 40 卷第一册、第 109 頁、外務省外務史料館、https://www.mofa.go.jp。

② 『日本外交文書』第 40 卷第一册、第 116 頁、外務省外務史料館、https://www.mofa.go.jp。

③ 『日本外交文書』第 40 卷第一册、第 117 頁、外務省外務史料館、https://www.mofa.go.jp。

④ 『日本外交文書』第 40 卷第一册、第 120 頁、外務省外務史料館、https://www.mofa.go.jp。

⑤ 『日本外交文書』第 40 卷第一册、第 122 頁、外務省外務史料館、https://www.mofa.go.jp。

认日本吞并朝鲜问题。6月14日，日本召开元老会议，决定关于俄国提出的蒙古问题，日本只承认俄国在外蒙古的优越地位。最终日俄交涉在7月3日双方达成基本协议，7月30日日俄双方签订了日俄协约。除了公开的两条所谓彼此尊重领土完整以及两国与中国签订的条约、协定和合同权利，两国声明承认中国之独立与领土完整还有各国在华工商业之机会均等主义，最重要的是日俄通过秘密协约划分了日俄在"满洲"的势力范围，第一条划定日俄在南"满洲"和北"满洲"各自享有的铁路和邮电权利，第二条俄国承认日本和韩国间政事上的共同利害关系，不妨碍和不干涉这种关系的发展，第三条日本承认俄国在外蒙古的优越利益，日本不干涉这种利益。可以说，日俄协约是日俄以韩国、"满洲"和外蒙古为对象相互划分势力范围，允许各自在势力范围内自由行动即进行扩张的协定。对日本而言，1907年日俄协约是对日本在"满洲"扩张的重要保证，日俄战争以后日本一直恐惧俄国对其进行复仇，俄国也是日本在"满洲"扩张的事实上的竞争者和制衡者，但日俄勾结划分各自的势力范围以后，俄国默认日本在南"满洲"相当的自由权，削弱清政府所能利用的国际力量以抗衡日本外务省的扩张外交。

但1907年的日俄协定还未明确日本在"满洲"的特殊地位，日俄也没有明确协助保证秘密协约内容。为此，1910年3月，日本内阁决定进行第二次日俄协约，与第一次日俄协约由俄国提出议案而日本讨论不同的是，这一次日本主动提出日俄协约的议案内容，明确要求俄国承认日本在"满洲"的特殊地位。"日俄战争的结果，帝国在实际上掌握了朝鲜的主权，并于满洲南部保有特殊的关系。现在帝国在朝鲜的地位，虽然已经确立，但是对满洲的地位，仍不免薄弱。日俄两国在南满北满有特殊的利益，虽然是不容争辩的事实，但是因为两国间还没有明确划定势力范围，所以两国的利害将来难免不发生某种冲突。至于其他各国对于我国在满洲的特殊地位，也还没有充分的认识，往往无视我国在该地区的现状，不无引起同我利益不相容的事实。加之，中国政权的中心并没有确立，该国政府的方针经常是朝三暮四。该政府将来关于满洲问题对我所应采取的态度，不仅不容易预测，而且它的政策大体是以收回该地区的利权为目的，这一点已属无疑。综合这些原因，今天的情况是：如果不使满洲的局势确定下来，则帝国将来在该地区的地位就有受到削弱的危险。永久维持满洲的现状，奠定帝国将来发展的基础，乃是帝国政府既定的方针。为了实现这个方针，当前最紧急的任务是：一方面推进当地的经营，以加强我们的基础；另一方面是研究办法使各国承认我国的特殊地位。而当使各国承认上述事实之际，最好的办法是首先同在满洲有最重大的利害关系的俄国进行协商，日俄相互确认在该地区的特殊地位，以防止两国间发生利害冲突与未然，同时只限于由这两国来决定满洲的局势。如果达成协议，英国由于是我国的盟国，法国由于是俄国的盟国，必然承认由该协议所产生的新局面。这样不仅使帝国在满洲的地位更加巩固，而且使各国在满洲问题上的联合成为不可能，同时还可以达到使各国逐渐承认我国特殊地位的目的。中国也将根据这种新的事实，认识满洲的局势是势所必然的。我们考虑到，这种策略对于实现我们既定的方针，可能产生非常良好的结果。回顾俄国的政策，该国在战败以后，只集中其国力于西方，没有再对远东采取冒险行动的意向，而且最近东欧的偶发事件更使它感到必然把自己的力量集中在那里。美国关于满洲铁道的提议以及锦瑷铁路敷设计划，使俄国更加深刻的了解加强同帝国的友谊以保护共同利益的好处。目前，该国政府有同帝国政府协商有关满洲问题并将历来的关系向前推进一步的意思，并且已经把这种意思向我方透露。帝国政府在对满政策上，有同俄国政府进行协商的必要，已如前述，而俄国政府也有上述的意向，既然如此，帝国政府认为大致按照以下方针，同该国政府进行协商的决定是恰当的……秘密条款纲领 一、日俄两国同意确认日俄协约秘密条款的规定，承认以附属约款所规定的南北满洲分界线划定两国在满洲的特殊利益地区。二、日俄两国互相承认尊重前记特殊利益，并承认各自为保护、防卫该利益所采取一切必要措施的权利。三、日俄两国不妨碍其他一方将来在南北满洲增进和确保各自的特殊利益。四、日俄两国在其他一方的特殊利益地区，不为各国或其臣民等利益要求具有垄断性质的任何许可或特权。而且其他一方在该地区内不反对为自国或其臣民等利益所支持的垄断性质的许可或特权。五、日俄两国应就对各自在南北满洲的特殊利益有共同关系的一切事项，进行坦率的商议。六、日俄两国当前特殊利益遇到危害时，对于为保护、防卫其被侵犯的利益而采取最适当的措施，应坦率地交换意见，如认为有必要时，经两国协议之后，可以采取共同措施或互相给予必要的援助。"①

3月19日，外相小村寿太郎致电日本驻俄大使本野，告知内阁决议，请本野就要求俄国承认日本在"满洲"的特殊权益与俄国进行交涉。本野于4月5日会见俄国外务大臣，4月7日会见俄国财政大臣，4月10日会见俄国首相，就日俄再次缔结协约交换意见。② 4月19日，外相小村寿太郎致电日本驻英大使加藤高明，让他告知英国政府日本内阁进行日俄协约的决议，并向英国政府转达日本政府把日俄协约作为日英同盟的"辅翼"，日英同盟是日本外交的"骨髓"，日俄协商丝毫没有变更日英同盟之意。③ 同样，外相小村寿太郎与俄国驻日本大使会面商谈日俄协约内容。随后，俄国驻日本大使就与外相小村寿太郎会面情况，提交一份备忘录给小村寿太郎，要求其确认内容。在俄国驻日本大使提交的备忘录中，强调这次日俄新协约是对1907年日俄协约的补充，日俄两国政府约定，为了维持并巩固"满洲"现状，完全划定两国在"满洲"的特殊利益范围，以及为了防止他国不当干涉，相互防卫该利益而缔结协约。具体需要日俄协定的内容包括：维持"满洲"铁路现状、铁道范围内涉及其他国家关系的共同举措、为了完全防卫两国在领土上的权利以及在"满洲"的势力范围而互相支持、中东铁路和南满洲铁路间业务的扩大。俄国方面对这些具体协商事项的认识是：维持现状是指两国共同反对将损害在"满洲"的俄国或日本铁路利益的一切铁路的敷设，而且两国相互有义务勠力维护在商业上的权利。所谓在铁道范围内的共同举措是指，协定一个暂定的措施，两国对中国以及有利害关系的其他国家相互支持。所谓领土上的权利以及防卫势力范围是指，两国有义务拥护俄国日本领土的完整以及两国通过与清政府签订协约获得的权利。所谓中东铁路与南"满洲"铁路间业务的扩大，目前俄国正在研究

① 苏崇民主编：《满铁档案资料汇编·日本的大陆政策与满铁》，社会科学文献出版社2011年版，第227—228页。

② 『日本外交文書』第43卷、第110頁、外務省外務史料館、https://www.mofa.go.jp。

③ 『日本外交文書』第43卷、第114頁、外務省外務史料館、https://www.mofa.go.jp。

中，日本专家委员也赴当地讨论。①

但外相小村寿太郎不同意俄国驻日本大使提交的备忘录内容并专门予以更正。第一，所谓维持现状，并非只是保护日俄两国的铁路意义，是指《朴次茅斯条约》确立的日俄协约以及清政府与日俄两国间条约所确立"满洲事态"，使这种"满洲事态"永远持续。第二，铁路内两国共同的举措，并非外相小村寿太郎特别提出来的，既然日俄两国在南北"满洲"关于铁路常常有一样的利害关系，就铁路事项两国可以随时协商，没有为了他国制定暂时章程谋求共同举措之意。第三，所谓防卫领土权及势力范围，关于两国领土完整已经在原有日俄协约中有明确保证，此次协约有必要加入防卫势力范围。第四，中东铁路和南"满洲"铁路间业务的扩大，按外相小村寿太郎的看法是指，长春哈尔滨间铁路的利用方法，并非指如日本俄国车船连接的专门事项。为此专门致电日本驻俄大使本野。②

5月18日，俄国提出日俄协约的草案，其中关于秘密条款的提出，（1）俄国和日本承认1907年日俄协定秘密条款分界线划定的两国在"满洲"的特殊利益范围。（2）两国尊重上述势力范围内的特殊利益，也承认各自为保护、防卫该特殊利益，在各自势力范围内采取一切行动。（3）两国承诺不阻碍另一国在上述势力范围内以任何方式巩固和发展其特殊利益。（4）俄国声明不会为其国家或其臣民在"满洲"日本利益范围内谋求特权或任何排他性质的特许权，总体上看，俄国在日本的"满洲"利益范围内放弃政治或经济活动。俄国承诺不反对日本在其利益范围内谋求特权，俄国不直接或间接阻止日本为其本国或为其臣民在其利益范围内依照特权或特许权采取的行动。日本声明不会为其国家或其臣民在"满洲"俄国利益范围内谋求特权或任何排他性质的特许权，总体上，日本在俄国的"满洲"利益范围内放弃政治或经济活动。日本承诺不反对俄国在其利益范围内谋求特权，日本不直接或间接阻止俄国为其本国或为其臣民在其利益范围内依照特权或特许权采取的行动。

---

① 『日本外交文書』第43卷、第115—116頁、外務省外務史料館、https://www.mofa.go.jp。

② 『日本外交文書』第43卷、第115頁、外務省外務史料館、https://www.mofa.go.jp。

(5) 日俄两国应就对各自在南北"满洲"的特殊利益有共同关系的一切事项进行坦率的商议。一旦上述特殊利益受到危害，俄日两国应协商采取措施，可以采取共同措施或互相给予必要的援助保护、防卫上述特殊利益。[①] 这与日本内阁决议确定的日俄相互承认各自在"满洲"特殊利益并且协商防卫在"满洲"特殊利益上的内容几乎一致，即便之前小村寿太郎与俄国驻日本大使在日俄协约正文条款上意见有所分歧，但日俄最为关心的"满洲"特殊利益已经从 1907 年划定的各自在南北"满洲"势力范围，升级为日俄为了在"满洲"的特殊利益相互协商相互支持相互援助"保护、防卫上述特殊利益"。

可以说，1910 年日俄第二次协定已经意味着日俄在"满洲"问题上完成结盟，对日本在"满洲"的扩张更为有利。因为日本在"满洲"的扩张除了遭到清政府的据理力争以及中国民众的抗议以外，英国可以从日英同盟角度让步或者部分放弃其在"满洲"的利益，不与日本竞争、不制止日本在"满洲"的扩张。而通过 1907 年和 1910 年的两次日俄协约，日俄两国划定势力范围约定互相支持"保护、防卫上述特殊利益"，自然俄国不会阻止日本在"满洲"的扩张。剩下的与"满洲"利益相关的列强就剩下美国。日本在"满洲"的扩张除了直接通过曲解或者扩大已有日俄《朴次茅斯条约》以及中日《中日会议东三省事宜条约》内容，通过"悬案"交涉逼迫清政府同意日本扩张权益的要求以外，日本还反对美国和清政府在"满洲"事务上的合作，一方面排斥美国介入"满洲"事务；另一方面也像对待英国、俄国一样通过利益交换的方式，换取美国对日本在"满洲"特殊权益的承认。这直接与一直坚持机会均等主义、门户开放原则的美国外交原则相冲突。

三 日美协定

美国也是东亚国际政治舞台的重要列强，只不过与英国、俄国和日本主张在中国某地区建立以自己为中心的势力范围以扩张各种权益相比，美国则主张门户开放原则，反对某个列强在中国建立排他性的势力

---

① 『日本外交文書』第 43 卷、第 121—122 頁、外務省外務史料館、https://www.mofa.go.jp。

范围以及谋求排他性的特殊利益。日俄战争后，日本通过利益交换和相互承认方式与英国、俄国建立同盟关系，使得日本在"满洲"扩张上得到了英国和俄国的默认，英国和俄国不再作为日本的竞争者制衡或对抗日本在"满洲"的扩张。日俄战争后只有美国因为坚持其门户开放原则，在"满洲"事务上与日本在"满洲"扩张构成冲突和对抗关系，但美国对日本在"满洲"扩张以及建立排他性的特殊权益的反对，并没有达到制止日本扩张的效果，相反却促成了日俄第二次协约，即日俄两国更明确承认对方在"满洲"的特殊权益，并且为了保护在"满洲"的特殊权益，日俄约定相互协商相互支持。

义和团运动爆发后，美国向各个列强宣告应该尊重领土完整以及保护平等贸易，但随后俄国占领"满洲"并且拒不撤兵，导致英国和美国都支持日本对俄开战。日俄战争期间，日本政府一再宣告对俄开战的目的是实现在"满洲"的门户开放原则，在美国总统罗斯福主持下日俄签署的《朴茨茅斯条约》也很大程度上体现了美国的最初设想。在《朴茨茅斯条约》中，日俄两国约定从"满洲"撤兵后行政上将"满洲"置于清政府管理之下，主张在"满洲"实行机会均等主义和门户开放原则，尤其是约定将日本和俄国控制下的铁路用于工商业目的而不是军事目的。

但日俄战争结束以后，日本不再满足于在上述所谓机会均等主义和门户开放原则下自己所获得的"满洲"权益，日本军政各界乃至民间一再声称的"满洲经营"实则就是进一步扩张在"满洲"的权益。为此，尽管日俄战争已经结束，但在"满洲"的日军军政署继续利用占领南"满洲"各地的优势，招徕日本移民，扶植日本在"满洲"的工商业，并尽可能地阻止欧美商人进入"满洲"市场，这与美国一直坚持的门户开放原则相冲突。需要指出的是，美国坚持的门户开放原则虽然具有制衡日本在"满洲"扩张的性质，但美国的门户开放原则仍是以一种为美国资本扩张而采取的外交策略。最初美国想通过承认日本在朝鲜具有宗主权的地位，来换取日本声明不侵犯美国殖民地菲律宾，但在"满洲"问题上，美国坚持其门户开放原则，这与日本在"满洲"扩张谋求在"满洲"的特殊利益特殊地位产生冲突。

1906 年"满洲问题协议会"后日本撤除军政署，开放"满洲"市场给英美商人，但随后日本外相林董和小村寿太郎一再凭借日本已经与英国、俄国建立同盟关系的事实，逼迫清政府承认日本提出的"满洲"扩张要求，此外还阻止美国资本进入"满洲"与日本竞争。这在新法铁路、满洲银行以及锦瑗铁路上体现得最为充分。1906 年司戴德就任美国驻奉天总领事以后，依据其一贯的门户开放原则，想要加强对"满洲"的资本输出，这也与清政府想要借助美国资本抵御日本扩张的意图相符。清政府正好想要借助修建新民至法库门铁路，巩固在"满洲"主权。司戴德答应联络美国铁路大王哈里曼出资建造，另外还与奉天巡抚唐绍仪商议建立"满洲"银行，由美国贷款两千万美元，由该银行做财政保障，东三省地方当局在"满洲"负责修建铁路、开发矿山以及发展农工实业等。但这时遭到了日本的反对而被搁置，日本认为这危害到了满铁的利益。

此后东三省总督徐世昌和唐绍仪仍与司戴德商议借助美国资本成立"满洲"开发银行，集资修建锦州到瑗珲的铁路，并修建葫芦岛港，以抵制日本在"满洲"的垄断地位。[①] 为此，1908 年 9 月唐绍仪以特使身份赴美国游说。"绍仪此行，有两大目的：一在缔结中美德三国同盟，一即接洽借款。十一月中旬，绍仪行抵火奴鲁鲁。司戴德即电告绍仪借款计划成功。在司氏之意，以为各种困难俱已不成问题，但事实上距离成功尚远。唐绍仪之游美，名义上虽为道谢退还庚款，实际则别有活动，但其事之能否成功，殊难逆料。"[②]

但此时刚刚担任日本外相的小村寿太郎致电日本驻美大使高平告知其新内阁的对美外交政策，即不仅在政事上日本有必要与美国维持亲善关系，鉴于美国在商业上是日本金主的事实，更有必要与美国增进亲交。现在美国政府及其多数国民对日本并没有嫌恶感，但美国内少数人怀疑日本的意图在于煽动民心也是事实，或者强国使用计策离间日美两国关系这一事实不容否认，若无视这种状态将会对日美两国的亲善关系

---

① 徐世昌：《退耕堂政书》卷二十八，成文出版社 1968 年版，第 23—24 页。
② 王芸生编著：《六十年来中国与日本：由一八七一年同治订约至一九三一年九一八事变》第五卷，生活·读书·新知三联书店 2005 年版，第 87 页。

制造障碍，授排日论者以柄。为缓和此形势，在适当时机就太平洋问题与美国协商，以此打消一般美国人对日本的不安念头，让排日论者没有煽动或离间的余地，永远维持日美亲善关系。① 在最初的致电中，日本外相小村寿太郎强调就太平洋问题与美国进行交涉，并没有特别提到"满洲"问题。1908 年 10 月 22 日驻美大使高平在会见美国国务卿路特时，建议日美协商消除日美间的误解。国务卿路特询问驻美大使高平日美协商的内容时，在 10 月 25 日，日本外相小村寿太郎致电日本驻美大使高平对与美国国务院交涉进行具体训示，指出关于日美交涉的时期，日本政府经过深思熟虑认为，美国舰队访问日本，受到日本上下的热烈欢迎，美国总统及其政府对日本的诚意表示感谢，这个时候开始日美交涉是适当的。此次日本政府提出的日美交涉案，主要议题是太平洋问题，也加入中国问题。日本政府希望通过日美协商，达成如下目标：（1）使太平洋上的通商贸易自由发展；（2）太平洋上的所属岛屿日美互不侵犯；（3）保持在中国的机会均等主义。②

所以唐绍仪抵达美国的时候，美国国务卿路特已经与日本驻美大使高平签订协定。在此情况下，唐绍仪已经无法再获得美国政府的支持，其与司戴德商议的修建锦瑷铁路以及成立"满洲"开发银行，以此打破日本垄断"满洲"权益的设想再度失败。

但路特高平协定与上述日英同盟和日俄协约性质上并不相同，路特高平协定并不是一个通过利益交换的方式建立日美同盟的关系，而只是两国政府关于政策的声明。1909 年 3 月新上台的美国总统塔夫脱提倡"金元外交"，并不想被路特高平协定所束缚，而是想将美国资本引入"满洲"。在此情况下，司戴德和哈里曼再度联合起来特别成立美国银行团，由于新任国务卿诺克斯的支持，更多的美国银行和财团加入美国银行团，10 月司戴德等与新任东三省总督锡良签订锦瑷铁路借款草约。随后美国国务卿诺克斯就锦瑷铁路计划出面与英国交涉，表示希望在门户开放和机会均等原则下，更多列强出资购买"满洲"现有的铁路，将"满洲"铁路的经营公司化，或者列强出资修建锦瑷铁路以及将来的铁

① 『日本外交文書』第 41 卷、第 75 頁、外務省外務史料館、https://www.mofa.go.jp。
② 『日本外交文書』第 41 卷、第 79 頁、外務省外務史料館、https://www.mofa.go.jp。

路，贷款给中国赎买"满洲"现有铁路，施行"满洲铁路中立化计划"。所谓"满洲铁路中立化计划"是为了打破在"满洲"由日本和俄国通过控制铁路从而在各项权益上处于优势乃至建立排他性势力范围的局面，通过铁路的公司化经营，实现美国一直坚持的门户开放原则和机会均等主义，有利于美国资本自由进入"满洲"。但对美国国务卿诺克斯所提出的上述计划，英国出于坚持英日同盟的角度考虑对这一计划并不积极，以建议要求日本和俄国加入这一计划予以婉拒，法国也是如此。而俄国直接表示拒绝这一铁路中立化计划。

　　日本对于美国国务卿提出的"满洲铁路中立化计划"反应最为激烈。日本驻美大使内田康哉认为，这是美国对日俄在"满洲"特殊地位的无视，主张予以拒绝。① 1910 年 1 月 18 日，内阁通过了对美国的正式答复。鉴于日本无法从美国那里获得对其在"满洲"特殊地位的承认，为了进一步确保日本在"满洲"的特殊地位，日本外相小村寿太郎谋求与俄国进行交涉，共同行动，以维护日俄在"满洲"的特殊利益和特殊地位。

---

① 『日本外交文書』第 43 卷、第 393 頁、外務省外務史料館、https：//www.mofa.go.jp。

第四章

满铁会社的"满洲经营"论

满铁第一任总裁后藤新平一直主张以满铁为中心推行殖民政策，为此要满铁会社具有独立自主权力，这是为贯彻《满洲经营策梗概》所做的构想。为了实现其构想，后藤新平谋求与军政高官进行交涉。经过努力，后藤新平的建议与已经颁布的官制不符，但以"特例"方式使得军政高官同意并将其制度化，满铁会社由此事实上成了日本"满洲经营"的重要机构之一。

第一节　后藤新平与满铁权限的扩大

一　后藤新平的"满铁中心主义"

在日俄战争尚未结束之际，后藤新平就与儿玉源太郎商议将来主要以铁路的方式经营和扩张日本在"满洲"的权益，为此，后藤新平起草《满洲经营策梗概》，并得到了儿玉源太郎的欣赏。在《满洲经营策梗概》中提出："战后满洲经营的唯一要诀，表面上以铁道经营伪装，背地里进行各方面的建设。据此要诀，租借地内之统治机关和获得的铁道之机关全然分开。铁道之经营机关，假装与铁道以外的政治军事毫无关系。租借地之统治机关，目下以讨论中的辽东总督府充任。作为铁道的经营机关，特设满洲铁道厅，作为政府直辖机关，铁道的经营、铁路的守备、矿山开采、奖励移民、地方警察、改良农工业、对俄国和清国的交涉以及整理军事谍报，另兼一部分平时铁道队技术教育。然我获得铁道，为长春至大连干线及数个支线，其一部通过辽东总督管辖地内，很容易就在总督府和铁道厅之间产生意见冲突。为预防之，须由总督兼任铁道厅长官。铁道守备队，应由辽东总督麾下军队派遣，有关守备任务，应受铁道厅长官指挥。"① 从中可知，后藤新平的"满洲经营"的中心是铁路，而不是日本在"满洲"的统治机关，为此需要在官制上专门设立满洲铁道厅，并且由政府直辖，使其在行政等级上拥有较高的地位，保证在"满洲"不受干扰自由行动。除此之外，满洲铁道厅的权力范围也不限于铁路矿上等经济经营活动，而是要将广义上与"满洲经营"相关的移民、警察乃至对外交涉都纳入其权力范围之内，并通过指挥铁道守备队而具有一定的军事权限。概括来说，后藤新平的"满洲经营"构想就是一个在"满洲"拥有相对独立的行政、经济、外交和军事功能的"满铁中心主义"。

此后儿玉源太郎担任 1906 年 1 月设立的满洲经营调查委员会的委员长，试图按照后藤新平提供的《满洲经营策梗概》去制定日本战后的"满洲经营"政策，虽然儿玉源太郎主张设立政府机构式的满铁，但由于遭致各方反对，只能表面上以会社形式设立满铁。尽管实际上满铁就是日本政府执行"满洲经营"的殖民国策机构，但在日本政府公开的官制中，满铁并不是以政府机构面目出现的。另外，日本政府设立满铁的各种敕令中，实际上是将满铁限定为运营机构，而不是能够制定或者负责日本"满洲经营"政策的机构。作为日俄战争后"满洲经营"的体制，概括来说就是以中央的日本外相为中心，借助日本外务省在"满洲"的领事馆监管在"满洲"的关东都督府，这一点在上文所述的关东都督府官制中有所体现。可以说，首相西园寺等人确定的这个"满洲经营"体制，并没有将满铁提升到能与在"满洲"的各领事馆、关东都督府一样的地位，后来学者一直所说的在"满洲经营"由领事馆、关东都督府和满铁组成的"三头政治"施行，并非对官制而言，只是对满铁会社在实际"满洲经营"地位上的承认。但日本政府筹建满铁会社中，满铁首任总裁后藤新平利用筹建满铁会社契机，极力推动实现其在《满洲

---

① 鶴見祐輔『正伝後藤新平 4 満鉄時代』、藤原書店、1967 年、第 15—16 頁。

经营策梗概》中的构想，即"满铁中心主义"。

1906 年 6 月 7 日，日本政府发布设立满铁的敕令以后，关于满铁第一任总裁的人选，各方比较认可担任中国台湾民政长官的后藤新平。后藤新平在 11 月 24 日正式就任满铁会社总裁前，在东京通过与西园寺、儿玉源太郎和山县有朋等各个军政高官会面的机会，力图实现其"满铁中心主义"的"满洲经营"构想。7 月 22 日，受到内相原敬邀请，后藤新平抵达东京，当天就与原敬、西园寺、儿玉源太郎和山县有朋等人会面，这些军政高官都力劝后藤新平担任第一任满铁总裁，但被后藤新平所拒绝。因为此时各方决定的满铁只是日本"满洲经营"的运营机构而已，与最开始后藤新平向儿玉源太郎建议的满洲铁道厅式机构相去甚远。

后藤新平在与首相西园寺会面时，询问西园寺"满洲"铁道全局归何人监督，其统理的中心在何处。西园寺回答，"满洲"铁道经营由关东都督府监督，在中央政府的责任者是外务大臣。听到西园寺的回答后，后藤新平提出"满洲经营"是国之大事，政策上应该先定根本，明确专责，而后再谈经营，[①] 以此拒绝担任满铁总裁，后藤新平仍想担任直属政府的满洲铁道厅长官。但 7 月 24 日与后藤新平一直坚持"铁路中心主义"的儿玉源太郎去世，震惊之余的后藤新平决定出任满铁总裁。

7 月 29 日，后藤新平拜访内相原敬，关于满铁总裁这一职位提出建议，要按照儿玉源太郎担任中国台湾总督、后藤新平担任民政长官模式，由山县有朋出任总裁，后藤新平甘愿辅佐。实际上，在满铁总裁以及副总裁这一职位安排上，后藤新平有三个设想：第一个设想是后藤新平担任副总裁兼任顾问，从当时日本政界最有影响力的桂太郎、井上馨、松方正义、野村靖、芳川显正中挑选总裁人选；第二个设想是作为关东都督府顾问给予亲任待遇；第三个设想是总裁兼任关东都督府顾问。[②] 其中要挑选当时日本政界最有影响力的人担任满铁总裁，无疑是想提高满铁在日本行政中的地位。但第一个设想因为各方最初就不想让

---

① 鶴見祐輔『正伝後藤新平 4 満鉄時代』、藤原書店、1967 年、第 664 頁。
② 鶴見祐輔『正伝後藤新平 4 満鉄時代』、藤原書店、1967 年、第 720—721 頁。

满铁由政界有影响力之人担任，之所以希望后藤新平担任满铁总裁，是看中其在中国台湾成功地实行了殖民政策。随后 7 月 31 日、8 月 1 日后藤新平向山县有朋和西园寺正式提出就职条件，"为求破除部分障碍，统一经营大陆，终于提出使满铁总裁兼任关东都督府顾问这样一个权宜的办法。根据现有的伯爵亲笔的备忘录，他在就任满铁总裁时所提出的条件如下：一、请按 33 年敕令对在官者受聘外国政府时所作之规定，颁布可给予受聘满洲铁道者以同一待遇的敕令。二、为使铁道总裁干预关东州行政官的实权，以防止铁路会社与都督府之间缺少一致行动，请颁布单行敕令，规定于都督府内设顾问，关于行政应都督咨询，并授予开陈意见之职权，请任用总裁为顾问。三、请在就职前给予总裁亲任官职，以便将来同清国大臣及总督交际时享有重要待遇。并请尽可能在总裁就任后仍使享有亲任待遇。已故儿玉大将所倡议之'叙勋'此刻亦请一并实行"①。

后藤新平要求给予满铁总裁以亲任官员待遇，按照日本官制规定，只有首相等大臣以及陆海军大将才享有获得亲任官待遇的资格，因此一旦满铁总裁获得亲任官待遇，那将与在"满洲"的关东都督地位相等，也与内阁中的各位大臣地位相等，从这个意义上说显然极大地提高了满铁总裁的政治地位。

后藤新平企图在日本中央提高满铁总裁政治地位的建议遭到拒绝以后，其仍未放弃提高满铁总裁的政治地位的意图，具体来说就是建议满铁总裁兼任关东都督府的顾问，以此确定满铁总裁在"满洲"行政上的影响力，但这也与已经确定的关东都督府官制相冲突。首相西园寺设计的有关满铁官制，在中央由外务大臣监管、在"满洲"地方由关东都督监管。如果按照后藤新平提出的任职条件，执掌满铁的总裁拥有关东都督府顾问身份，即拥有了对关东都督府行政事务的发言权，满铁会社因此具有与关东都督在政策层面上进行交涉和博弈的能力。

后藤新平提出满铁总裁兼任关东都督府顾问的任职条件，也是实现其在《满洲经营策梗概》中，在"满洲经营"上，要以铁路经营机关为

---

① 苏崇民主编：《满铁档案资料汇编·日本的大陆政策与满铁》，社会科学文献出版社 2011 年版，第 303 页。

主，在"满洲"的日本统治机关协助铁道经营机关的设想。后藤新平建议满铁总裁兼任关东都督府顾问，介入关东都督府的事务，无疑也是对日本陆军势力的介入。这一建议虽然看似冒险，但竟然得到西园寺以及日本陆军代表人物山县有朋、陆相寺内正毅和关东都督大岛义昌的同意。对此内相原敬8月12日在日记中记载："昨天后藤新平为即将去台湾而来访，就其承诺任满铁总裁一事说，他已在山县元帅的宅邸会见满洲都督大岛，并就满洲经营主张总裁应作为顾问参与都督的政策，其要点是以满洲铁路经营为主，以都督行政为辅，结果得到了山县有朋和大岛的同意。据此，他向寺内陆相和大岛提出了书面报告，对西园寺首相也由大岛秘密传达得以作出如下决定，即充分行使职权从事经营而不许文武官员插嘴。这正如前几天和我磋商时我赞成的那样决定下来。这在满洲当地是必要的，由于满洲经营除了铁路不可能获得成功，以山县有朋为首的武人政治因而受到了挫折。"①

随后1906年8月，后藤新平正式致信关东都督大岛义昌，更为明确地强调其"满洲经营"要以铁路经营机关为主，日本在"满洲"统治机关为辅的构想。"为经营满洲而经营铁道事业乎？抑或为经营铁路事业而经营满洲乎？实则现今经营满洲不外以铁道事业为主旨，此乃举国所公认。而任解决此问题者，可谓分担国家当前之重要责务也……若言，凡事不可逆睹，今后之计，必须共同努力，则余当有一议。一议者非他，所谓铁路事业对于经营满洲，名虽视若等闲，实则为其主责，故军事行政上一切之措施，表面上制约铁路事业，但究其实，不可不为铁路事业所制约。依余之所见，身为满铁总裁，倘非实际与闻都督阁下之一切重要事宜，并认承其有论述可否之能力，恐将不能责以大成。阁下果能谅此，能否赐以垂问一切行政机宜之约束耶？用兵之术，原非余之所知，至于行政之得失，苟凡有关经营满洲之主题者，则余当尽言不讳。阁下果能谅察余衷，可否以阁下之名，采行余所进之言耶？倘视满洲铁路为单纯营利事业，则其经营方针想必不难树立，从而总裁之权能，恐亦无须特为重视。然今国家对此事业，假以全力经营，求其成功之意义

---

① ［日］铃木隆史：《日本帝国主义对中国东北的侵略》，吉林省伪皇宫陈列馆译，吉林教育出版社1996年版，第124—125页。

所在，并非专为营利，诚其经营之主旨，为紧迫之国家问题，必将超出
营利之范畴也。当此际也，阁下所属文武官员，左右扰攘，牵制铁路，
各持主张，急于功名。若此，则铁路之经营，殆难矣哉！至于军民两
政、文武，互相轧轹，官民各怀异志，阻隔不通，乃殖民地之易有观
象，流弊为害，向不胜举。阁下果能谅此，可否假余以一定威信，使余
免文武官员之掣肘耶？此外尚有一未决之问题，不能不于此附言者，即
政府将不日发令置顾问一席于都督阁下幕府之中，当以满铁总裁充任以
参行政，使都督府与满铁会社在其设施之间互无扞格。此种措施，由一
般行政体系而言，乃适应形势所迫，可谓一权宜办法不得不采用者也。
盖特以余之所见，向对以外国人充任统治殖民地之顾问一策，曾为余极
力所反拨者。谅都督置否顾问之问题，应视为属于阁下之权内事宜，亦
未为不可。然今政府特以敕令规定此事，盖不得不谓为别有用心之处
也。未知阁下是否以此顾问制度为无益而有害，一如余对外国顾问之往
见，此亦满洲对策中应向阁下请示之一也。"① 后藤新平的上述构想后来
在陆相寺内正毅宅邸得到关东都督大岛义昌的书面承认。

虽然日本陆军同意后藤新平建议满铁总裁兼任关东都督府顾问，从
而在行政事务上拥有发言权，但外相林董对后藤新平这一建议表示反
对。按照已经公布的关东都督府官制，最终对关东都督府负有监管权的
是外务大臣，而后藤新平的建议会对这一监管体制有所动摇，因此外相
林董予以反对，甚至以辞去外相职位表示反对后藤新平的这一建议。对
此，后藤新平1906年8月写成长篇大论《满铁总裁就任情由书》予以
辩解："满铁总裁位于关东都督之下，同时复充任都督府顾问，在外务
大臣监督下参与都督府一切政务。余不才忝辱此职，踏此权宜之局，营
此大业之际，瞻望将来，自须慎重考虑。曩者，曾上疏其梗概以求大岛
关东都督之裁夺。盖使满铁总裁兼任都督府顾问，假以参与一切行政之
权能，以期完成经营满洲之大业。此乃事出无奈，迫不得已，其大体情
由已为当局诸公所洞察。然而，此在殖民地政务之体统上，属于破例非
凡之措施，将招惹公众物议，亦属意料中事。凡属一切临机应变权宜之

① 苏崇民主编：《满铁档案资料汇编·日本的大陆政策与满铁》，社会科学文献出版社
2011年版，第303—304页。

处理，对事必须首尾相顾，利害相济，始终无扞格之处可望其成功。若苟且牵和，阳奉阴违，以偶发之争执，毁全局于将成，与其所谓权宜，莫如自始不介入此事，洁身自爱为妙。余突有感及此，本拟另修专函，请外相阁下鉴诺，但退而思之，非将实情相关之处综合详陈，恐有举一端而求全诺之嫌。今乃不厌其烦，详述原委，祈列为诸公惠鉴，并希外相阁下鉴查……凡事关对外政策者，名实表里大抵碍难一致，率多于法理大义之中隐藏诡谲隐秘之策，然其权谋利害尚未有逾于经营满洲铁路实况中所见者。昔时英国为推行殖民政策所设之东印度公司，其与国家间之关系虽极复杂，但东印度公司仍握有完全独立自主之权力。今我满洲铁路总裁以经营商业会社名义，处于都督之监督下，负有推行殖民政策之重大责任，较之东印度公司，其难易岂可同日而语哉！倘官僚政治流弊渗入期间，推行殖民政策上毫无经验之辈，又不理解权宜措施之为何物，漫然引用法律官制等具文，拘泥无关宏旨之理论，空言喋喋，贻误实行，此实为经营满洲之大患。余固熟知今日之姑息政策，殆由于势逼处此，未能使东印度公司之故态重演于满洲。因此深望当局体谅此种不得已情况，宽宏识度，隐忍持重，俾获有终之美。余以不肖之才，遽膺此铁路总裁之重任，断非出于好事轻率，尚乞斟酌上述余与诸公反复谈论之要旨，善体言外之意，是所至幸！今余对诸公之期待，感激奋发，已决意献身于满洲之经营。敬祈当局诸公多方支援。以匡救己力之所不逮。倘事有所成，自当主要归功于列位之鼎力援助，余只临机行事耳。倘事无成，余失败固不足惜，窃为邦家前途忧，想诸公亦不能等闲视之也……今余遽欲主持经营满洲之中心，无如智能学力社会声望，为诸公所知，均不足步故总督之后尘。猥以菲才，辱承诸公谬加推举，责余将台湾之既往类推于满洲之新局，是无异使无总督官职之余，肩负总督之实责也。纵观现代各国高居国务大臣职位者，执行殖民政策，犹难忘其成功，况余德薄才鲜，竟欲以无总督官职之身而肩负总督之重责，识者见之，恐不难免不自量力之讥。然余所以甘受此讥诮而不辞者，正所以思报诸公之知遇。诸公幸勿徒急于推荐而疏于援助。况满韩经营对清国关系，利害攸关，极为重大，是以所望于外务大臣及驻清公使者尤深。务乞为余策划提供方便，余亦当披肝沥胆，受其指导，以便完成此重大任务。倘殖民政策仅系纸上空谈，则余欲无言，苟为国家重大实际问题，即不应为空理空论所拘束，处处掣肘，贻误大局。此种现象有如外交界之宿弊，理应避免。总之，各地领事与总裁之关系应如福建领事与台湾总督之关系，意见疏通表里相济，则庶不至于失败。此余今日深望外相阁下谅察者。但外务省实系满洲政务之主宰者，而为中央政府对满洲方面之最高监督机关。究竟外相能够轻易将满洲之实际大权委之于铁路总裁，尚难预卜。果然如此，余愿于此际与外相开诚布公，论究其是非得失，以便决定何去何从。倘蒙准许直言无隐，余认为外务省执行殖民政策，久已空泛披靡。今倘能得一干才，为外务省主持殖民政策，挽回颓势，固足为邦国庆，无奈得一执行政策之干才，非如官制草案所能成事于一朝一夕。余非吹毛求疵，专以挑剔外务省之缺点为能事，唯鉴于目前形势，对此问题不能不聊进一言耳。如外务省能证明余言失当，余当谢罪，撤回前言。万一徒责余刍荛之言，不肯观其实效，则帝国殖民政策之前途岂胜言哉？语云，言者无罪，闻者足戒，如以余言尚有足资倾听之处，则经营满洲应委何人为主持殖民政策之中心，唯有待于外相之聪明睿智，仅承可否之一言，即足矣。更有言者，以余观之满洲铁路总裁固属处于关东都督直接监督与外相最高监督之下，但此次选任事宜纯系首相之命，尚未对外相及关东都督有所证明。余曾具函请大岛都督裁夺，原因即在于此。如外相阁下及其属僚不察余就任铁道总裁乃权宜之计，纯系处于迫不得已。倘异日彼此各和，相互掣肘，则满洲之经营将难免视同总裁之讥，以贻羞辱。是以余今日不揣冒昧，敢陈所见及就职原委，以供外相查阅，是否有当，尚乞均裁，决其赞否。"①

后藤新平在其《满铁总裁就任情由书》中，长篇大论地将满铁总裁兼任关东都督府顾问影响关东都督府行政权这一"特例"合理化，其合理化的理由无非其以往"满洲经营"以铁路经营为中心构想。在进行殖民地经营上，其认为应该按照东印度公司的例子，给予东印度公司"完全独立自主之权力"，为此还希望外务省"为余策划提供方便，余亦当披肝沥胆，受其指导"，同时批评"外务省执行殖民政策，久已空泛披

---

① 苏崇民主编：《满铁档案资料汇编·日本的大陆政策与满铁》，社会科学文献出版社2011年版，第305、310—311页。

靡",要求由满铁总裁实际执行殖民政策。但后藤新平的长篇大论并没有说服外相林董,最终首相西园寺选择支持后藤新平,接受林董辞去外相职务。

二 满铁在"满洲"权限的扩大

除了后藤新平要求满铁总裁获得亲任官待遇被拒绝以外,后藤新平提出的其他任职条件均得到了首相西园寺、内相原敬、元帅山县有朋、陆相寺内正毅和关东都督大岛义昌的同意。1906年9月3日,日本政府公布关于满铁总裁兼任关东都督府顾问的敕令,后藤新平赋予满铁会社相当自由自主权的设想有所实现,但后藤新平并不满足于此。除了实现满铁总裁兼任关东都督府顾问对行政事务拥有发言权以外,后藤新平进一步推动实现了日本中央各军政机构同意满铁副总裁兼任关东都督府民政长官,从而形成在"满洲"的行政事务上由满铁总裁和副总裁长官执掌的局面,满铁会社由此在"满洲经营"上获得了举足轻重的地位。

最初日本政府在"满洲经营"上,由关东都督府负责旅顺大连租借地,由满铁负责铁路附属地进行殖民经营。但后藤新平担任满铁总裁以后,提出《上陈关东都督府事务之要》意见书,进一步将满铁的殖民经营扩展至旅顺大连租借地,以实现满铁事实上负责全部"满洲经营"局面。这也是后藤新平通过"特例"式官制调整实现的,后藤新平建议关东都督直接担任满铁总裁,这样如大连港务等事宜就会托付给满铁,甚至大连市政也会交给满铁,然后以满铁副总裁主要负责进行这些经营。大连市水道电灯电车等诸多经营,以至道路桥梁之事业,自会落入满铁会社。此等经费并非满铁会社所能承担,现在关东都督府的预算移交给满铁会社,同时将大连市行政经营一切委托给满铁会社负责,这是经济上最良之策。① 最终后藤新平建议由关东都督直接担任满铁总裁建议没有实现,但1907年4月25日,日本政府任命中村是公为关东都督府民政长官,从而使得后藤新平关于满铁副总裁管理大连市行政的建议得以

---

① 《オンライン版 後藤新平文書》,http://maruzen.co.jp。

实现。对于旅顺而言，这里原本是日本的军港，但后藤新平认为，旅顺作为军港而言，对于日本的军事价值来说并不大，因此没有必要因袭俄国把旅顺作为军港建设，从经济价值来看，旅顺也不足以成为日本在"满洲"殖民事业的重地，因此应将旅顺作为都市建设。① 自不待言，旅顺作为都市建设也该由满铁会社负责。

除此之外，1907 年 4 月 25 日，"日本政府任命中村是公为关东都督府民政长官，解除其副总裁职务，但仍委嘱其继续实际掌管副总裁的事务。在此之前，对民政长官可否兼任副总裁职务，曾经有过讨论。结论是，由于本会社性质不同于一般商事会社，因此'官吏服务规律'不可能加以绝对限制；同时关东都督府，实乃为经营南满洲而活动，南满洲之经营自必以铁路为中心，从而都督府同会社之关系密切不可分离；是以无论从政策上或权宜上，认为兼职是妥当的。关于使令关东都督府民政长官中村是公署理会社副总裁事务，当时外务省大臣发来通牒，告以内阁总理大臣、外务大臣、递信大臣、陆军大臣决议如下：一、政府议定南满洲经营特别重大，选拔南满洲铁道株式会社副总裁中村是公为关东都督府民政长官；二、民政长官中村是公经关东都督允诺并根据南满洲铁道株式会社总裁请求，应署理会社副总裁事务；三、中村是公署办南满洲铁道株式会社副总裁事务仅限于会社内部，对外副总裁职位应行虚悬；四、中村是公为署办南满洲铁道株式会社副总裁事务，一年应由该会社领取不少于金元不多于金元之报酬"②。

上述在会社内部虚悬副总裁职务导致种种不便，最终在 1908 年 5 月 16 日，日本政府不再遮掩，直接任命中村是公为满铁副总裁。另外，1907 年 8 月 17 日，满铁理事久保田政周被委以关东都督府民政部事务，担任署理警务课长。此后后藤新平仍继续通过修改官制来提高满铁的政治地位，与以往直接要求满铁总裁、副总裁介入关东都督府行政事务上不同的是，这时后藤新平采取的是间接策略，即通过强化关东都督府的权限来提高满铁的政治地位，减少来自日本中央权力机构的监管。比如希望

① 《オンライン版　後藤新平文書》，http://maruzen.co.jp。
② 苏崇民主编：《满铁档案资料汇编·日本的大陆政策与满铁》，社会科学文献出版社2011 年版，第 313—314 页。

满铁总裁由关东都督充任，使得“府务社业一致”，另外建议在“满洲”实行特别领事制度，日本领事受关东都督指挥监督，领事兼任关东都督府的事务官，还有在南“满洲”警察由关东都督府管理，从而将日本领事馆的警察业务也收归关东都督府管理。① 后藤新平这些建议并没有完全实现，不过其一再要求调整关东都督府和日本外务省在“满洲”领事馆的权力范围，成为后来日本中央谋求在“满洲”行政统一的原因所在。

值得注意的是，后藤新平从他建议满铁总裁兼任关东都督府顾问开始，到建议满铁副总裁担任关东都督府民政长官，这些建议都实现了。从这些建议中似乎可以确定，后藤新平对如何实现“满铁中心主义”有着这样一种倾向，即在日本的官制框架下满铁无论如何也无法成为其最初《满洲经营策梗概》中作为政府直辖结构的满洲铁道厅以后，后藤新平尽可能地利用满铁总裁和副总裁已经参与关东都督府的政治决策地位，企图进一步加强关东都督府的权力，以此间接地提高满铁的地位。后藤新平担任满铁总裁期间，力主实现将日本在“满洲”的警察权和司法权归属关东都督府管辖，就可视为上述意图的体现。

后藤新平后来在其提交的《满洲经营两大纲》中，强调在“满洲”日本的警察权分散于关东都督府、日本领事馆、宪兵那里，欠缺统一，相冲突之处被清政府所利用，建议先不改变宪兵的警察权，将日本领事馆的警察权归属关东都督府管理。进而建议在关东都督府内设置警视总长，管理警察一切事务，以统一振兴警察作为“满洲经营”的基础。并将现在关东都督府民政署改组，以警视作为民政署长，以警察为本位开展工作。② 西园寺内阁确定的日本政府“满洲经营”体制以日本外务大臣为中心，监管日本在“满洲”领事馆和关东都督府。因此，后藤新平这一建议，同其以往的建议一样都是针对日本外务省以及日本在“满洲”领事馆和“满洲经营”上的地位，企图借助统一日本在“满洲”的警察权，削弱日本“满洲”领事馆借此强化关东都督府的权力。后藤新平以此动摇日本外务大臣和日本在“满洲”领事馆的这一尝试，部分取得了成功。西园寺内阁在官制上做出调整，1908 年 1 月 11 日公布敕

① 鶴見祐輔『正伝後藤新平 4 満鉄時代』、藤原書店、1967 年、第 747—751 頁。
② 『オンライン版 後藤新平文書』、http://maruzen.co.jp。

令，通过设置警察总长这一职位管理警察权，原本管理领事馆警察权的日本领事，以兼任关东都督府事务官的形式行使警察权。

后藤新平在其提交的《满洲经营两大纲》中，还提及统一在"满洲"的司法制度。日本在"满洲"的司法权由关东都督府的法院以及日本在"满洲"领事馆的裁判官分别掌握。后藤新平以日本在"满洲"司法制度不统一，"有伤国家体面"为由，提议统一司法制度，比如在南"满洲"的州内州外，对日本臣民适用领事裁判制度；关东都督府令即便在南"满洲"外也与日本领事馆令具有同样效力；发布敕令作为法律的替代，适用于对居住在南"满洲"的日本臣民；判决为领事及关东都督府行政官所司之事；由领事和关东都督府行政官的初审判决，减少现在的法院，在关东州设置一个法院，负责州内和州外一切上诉的终审事务；一般判决以外，对轻微的事件刑事上采用即决法，民事上采用调停法。① 这种意义上的司法制度的统一，显然是以领事馆执掌的司法权向关东都督府转移，削弱日本在"满洲"领事馆的司法权力，来加强关东都督府的司法权限。而加强关东都督的权力也就意味着加强满铁的权力，因为后藤新平一直主张在行政上满铁总裁和副总裁执掌关东都督府的行政。后藤新平的上述统一司法制度建议由于遭到了日本外务省的极力反对而没有实现。

不过，后藤新平担任第一任满铁总裁不久，就从满铁总裁职位上离开，回到日本中央权力中枢。1908 年桂太郎再次担任首相后，小村寿太郎担任外相，这时为了统一殖民地经营机构，准备成立拓殖省，由后藤新平担任拓殖相。在拓殖省成立之前，由后藤新平担任递信相，监管满铁业务，开展殖民地经营活动。

第二节 后藤新平的"满洲经营"构想

一 "高等殖民政策"

如上文所述，后藤新平努力在日本官制框架内提高满铁的政治地

---

① 『オンライン版 後藤新平文書』、http://maruzen.co.jp。

位，改变其只作为运营机构的设定，企图实现其一直坚持"满铁中心主义"的构想，使得满铁能够主导各项决策，但实际上其对日本官制改变有限，其努力的结果只是使得满铁能够在"满洲"地方层面上在关东都督府那里具有相当的行政影响力。除了努力改变日本官制以外，后藤新平还企图向日本中央各军政机构就具体的"满洲经营"施加影响。后藤新平在其《满铁总裁就职情由书》中，谈及如何经营"满洲"的具体措施，以便防备与俄国战争："欲此目的所应采取之措施，一、为经营铁路；二、为开采煤矿；三、为移民；四、为进行牧畜等业设施，其中尤其以移民为要务。今日表面观察韩国宗主权问题的人，徒谓宗主权之获得，系战胜与外交之结果，然究其实，其成功总绝非如是简单而迅速。盖我国在韩之宗主权纯系由于我国人民优于列国移入韩地，造成事实，使其他国家无从以口舌争之，始克取得。此种理论亦可用以解释满洲问题。制度细规之制订可俟诸他日，如能于十年内，依铁路之经营，向满洲移民五十万，则俄国虽强，亦不敢与我轻启战端，击败我国，我犹不失卷土重来之基础……倘我于满洲拥有五十万移民与数百万牲畜。而战机对我有利，即可进而准备侵略敌国，如于我不利，即可安然不动，主和以待机会之到来。经营满韩的主张大致不外如此。"① 抱持同样想法的还有小村寿太郎，他主张日本移民集中于"满洲"和朝鲜。②

1908年初，后藤新平向日本政府提出《关于大陆政策的根本备忘录》，在该备忘录中询问日本政府关于在"满洲经营"的大陆政策底线等问题，同时后藤新平也借此继续表达满铁在大陆政策中应扮演的角色和作用。首先，后藤新平继续强调其以铁路为主的殖民经营政策，并且要求日本的军方和外交当局要给予支持和协助，推行"高等殖民政策"；"第一，首先论述的是高等殖民政策的根本意义，也可以说是备忘录的总论。一、一国在外国持有铁路，不仅止于在经济上的目的，既然大半都是企图发展殖民政策，那么在其执行上，则必须有陆海军的后援和外交上的帮助。并且必须了解，现在列国为了达到目的和企图，都在进行

① 苏崇民主编：《满铁档案资料汇编·日本的大陆政策与满铁》，社会科学文献出版社2011年版，第307—308页。
② 鹤见祐辅『正伝後藤新平4 満鉄時代』、藤原書店、1967年、第669—670頁。

竞争。所以不论该铁路为官营抑或民营，不但不可忽视军事、外交等方面的援助，更要寻求发展生产的办法以期扶植于万全。"① "第二，是在对清交涉之际，询问应以何人作为对方之中心人物的，伯爵暗自主张向北京派遣大使。一、经营本社事业，需要和清国中央政府及地方官宪进行交涉，在进行上如果在最初阶段下错了手，则将来不堪其害，这是我日夜所忧心的……第三，是关于满铁对清国官民的威信问题，叙述如下：一、在南满洲铁道会社的经营上，当然需要得到清国官民的欢迎，但另一方面站在帝国文武官宪立场以外的会社，是否应当持有足够的威信和使他们有所惧服得力量呢？第四，是关于满洲移民的问题，向满洲移民50万到100万，如果不靠人的力量则绝不能对抗俄、中两国，这是伯爵从早期以来的持论。……第五，是质询政府对租借及其逾期以后的决心的。一、在租借及其年限平稳地逾期以后，政府有意按约把南满洲归还给清国吗？或者事前对此已决有对策呢？或正在谋求逐渐实现其政策呢？……进一步在第六项中，伯爵就此问题质问政府在列强提出劝告时的决心如何一、不难设想某一强国利用某种机会将提出：'日本把南满洲早还清国一天，不仅对于清国的好意，实属于有利于东亚的和平。'那么，政府对此将采取何等对策，有否考虑？第七和第八，是关于清国排外主义活动的。前者是关于预防的消极手段，后者是必须乘此采取的积极手段……其次，伯爵的备忘录转移到殖民政策中央机构的问题，这是由于明治41年1月7日任命递信省铁道局长山之内一次为满铁监理官所引起的……伯爵的备忘录，于是在第十二项就外务省的监督权，第十三项和递信省监督权的关系论述如下：（一）当初南满洲管辖于外务省时，我相信南满洲有重要外交关系，同时暂时把帝国殖民政策的中心点放在该省。然而依照以后的经过情况，外务大臣好像没有行使关于这方面的主动的职权。并且在我政府里，反倒把殖民政策的中心点丢弃得一干二净。把它分归各省，是不是几乎没有统一可言的呢？（二）政府于本社置监理官是理所当然的，也是绝对必要的，但是为了监管带有军事、外交性质的会社，不可把大的权力赋予具有专门职责的机构。例如

---

① 苏崇民主编：《满铁档案资料汇编·日本的大陆政策与满铁》，社会科学文献出版社2011年版，第316页。

任命递信省铁道局长为南满洲铁道株式会社的铁道监理官虽属妥当，但任命为会社全盘事务的监理官，并且以递信省的名义，颁发任命本社理事的委任状（按现有制度可由外务省法令，或者由内阁法令更为妥当），这是否不符合政府当初对会社事业的观点呢？伯爵在进一步论述满铁的特殊性时，主张必须为此建立特殊的体制。备忘录第十四项、第十五两项正是这点。（一）政府当初设立南满洲铁道株式会社，刚一起用我为总裁，就未把会社作为一个营利的铁路事业看待，而是想把它当做帝国殖民政策或者发展我帝国主义的先驱队加以扶植的……（二）我帝国的南满洲铁道株式会社的性质，是应当把它作为一个新主义的团体来看，在从来的公法和私法中添上新的一页。"① 后藤新平所构想的就是由日本陆海军和日本外务省援助和配合，同时由专门统一的中央机构监管的满铁。

二 "文装的武备论"

后藤新平设想日本外务省和日本陆海军对满铁予以援助和配合，以及将满铁交由专门的中央机构监管，其目的就是让满铁具有较为独立的政治地位，以及较大的对"满洲经营"权限。后藤新平一再主张扩大满铁权限，其目的是实施日本对"满洲"的殖民扩张政策"文装的武备论"。"帝国在满洲的特殊使命和满铁在帝国的特殊地位，是后藤伯爵时常强调的。那么，怎么才能完成所谓特殊使命呢？那就是伯爵所说的'文装的武备'。关于这点，晚年，伯爵在幸俱乐部讲演时曾经谈道：'经营南满，虽然在租借地里设置了一个都督府这样一个具有全权的政府机关，然而，却以南满铁道会社为其主体。''决定非以他为主体不可的理由，首先在于不论当时的总理大臣或其他人士都采纳了我的意见——"文装的武备"。所谓"文装的武备"，简而言之，就是以文事设施，以备外来的侵略，以便在突发事变时，兼可有助于武力行动。''殖民政策，归终就是"文装的武备"，打着王道的旗帜，行其霸术，本世纪的殖民政策只能是这样的。对这个问题究竟需要怎样的设施，则取决于帝国的殖民政策。''没有这样的考虑，就说担负满洲行政，那是过于

---

① 苏崇民主编：《满铁档案资料汇编·日本的大陆政策与满铁》，社会科学文献出版社2011 年版，第316—318 页。

狭隘而低俗的观点，是极其错误的。许多人认为只要铁路运转了，煤炭开采了，有利可图，没有亏损，满洲铁路就算完成任务了。可以断言，这不是完成帝国在满洲特殊使命的途径，而是孕育着其最大的病根。''毕竟还是使民众皈依于帝国是最紧要的。说的好像佛门的语言，但是必须把"皈依"作为最主要的事情。……某学者曾经谈过：行政的秘诀，是在于抓住人们的缺点。实在是如此，殖民地政策更是如此。……''谋求这样的办法，实属重要。日夜钻研这种对象的人是总督，如果总督不承担会社的重任，我想盖难达成经营满蒙的目的。仅仅打打算盘，作作会社报告，若是有了成绩，官吏们拿着赏赐过日子，当然没有比这更舒适的了。而现在之所以竟要完成不惜以 20 亿元的借债、牺牲百万士兵的特殊使命，比起战争还难的道理是明白的。因此，必须贯彻所谓"文装的武备"精神'，普及这一思想，也就不外乎它的意之所在了。"①

三　后藤新平担任满铁总裁期间的其他活动

后藤新平担任满铁总裁时间不长，仅仅有一年零八个月，即便在这么短的满铁总裁任期内，后藤新平也一直在致力于落实"满铁中心主义"的构想。

后藤新平在担任满铁总裁期间，还以满铁总裁的身份访问北京和莫斯科，以此扩大满铁的影响力。而同上述，后藤新平在提交给日本政府的备忘录中也一再强调"满洲经营"中"对清交涉"的重要性。"后藤总裁度量很大，抱负宏伟。他绝不以建设满铁本身为满足，而将满铁内部一切均委托副总裁，自己则在对外方面大展身手，这是历届首脑所不及的。后藤总裁就任后，长期于东京逗留，满铁开办的实际设施，完全由中村副总裁经手办理，因此，后藤总裁的到任特别晚。直到明治 40 年 4 月大会圆满闭幕，人才的补充也告一段落，才于 5 月 7 日搭乘'横滨'丸到达大连码头。到任刚两周又访问北京，这的确是后藤子爵独具一格的外交手腕。满铁总裁到任后立即访问北京，会给中国以什么样的好感？对中日亲善关系会带来什么样的效果？这从 5 月 23 日由秘书龙居

---

① 苏崇民主编：《满铁档案资料汇编·日本的大陆政策与满铁》，社会科学文献出版社 2011 年版，第 333—334 页。

赖三陪同，由营口起程搭火车去北京的一路之上和在北京受到的热烈欢迎，也可以看到其效果之大了。25 日到达北京，投宿格兰德旅馆，访问了各方面的高官。27 日拜谒了清国皇帝陛下及皇太后陛下，得到宸笔书法和画幅的恩赐，充分地达到了目的，于 6 月 9 日平安抵达大连。第二年即明治 41 年 4 月又去访问俄都，耸动了天下的听闻。正是后藤总裁的这一俄都访问，对国家和满铁都起到了很有意义的作用。此次同行的有冈松参太郎理事，5 月 13 日到莫斯科，15 日到彼得堡，期间谒见了俄国皇帝并会见了各方面的领导人，达到了密切日俄国交的目的。特别是会见了中东铁路副总裁温采尔，关于日俄铁路联运有所协商，这对于建设满铁是很有意义的。同年 7 月在哈尔滨由田中理事率领本冈调查役、滨村善吉、富永技师等人签署的日俄联络会议的具体协定，也是后藤总裁访问俄都的一件礼品。"① 后藤新平刚赴"满洲"就任满铁总裁，就首先访问北京，以显示其对清政府的重视，同时也受到了清政府的热烈欢迎，由此扩大满铁的影响力。后藤新平表面显示出对清政府的重视，实际上却想将主权属于清政府的"满洲"予以日本殖民地化，这可以说也属于后藤新平"文装的武备"总体战略的实践。

后藤新平在担任满铁总裁期间，对"满洲经营"构想的落实还体现在成立专属于满铁的调查研究机构，即满铁调查部、满鲜历史地理调查部和东亚经济调查局。满铁最初下设的三大组织，分别为铁道部、地方部以及调查部。调查部成为满铁会社的三个组织之一，这也是后藤新平"满洲经营"构想的体现。满铁会社下设调查部与后藤新平担任台湾民政长官的经历直接相关。后藤新平在台湾期间，就委托织田万、冈松参太郎等人调查有关台湾的社会习惯和法律等。后藤新平的理论依据是"生物学殖民政策论"，他时常提到鲷鱼的眼睛长在头的两侧，比目鱼的眼睛长在头的一侧，即便差异明显，但两种鱼照样能够生存。殖民统治也是如此，殖民地有其固有的法律和社会习惯，应该对这些法律和社会惯例进行调查，而后拟定合适的措施，绝不可以将本国的法律生硬用于殖民地。②

---

① 苏崇民主编：《满铁档案资料汇编·日本的大陆政策与满铁》，社会科学文献出版社 2011 年版，第 337 页。

② 鶴見祐輔『正伝後藤新平 4 満鉄時代』、藤原書店、1967 年、第 398—399 頁。

具言之，就"满洲经营"而言，满铁的运营将来不可避免地会与中国官民发生冲突，冲突发生后，如果交给中日司法机构或者国际法院等，反而会让事情变得复杂难解，以司法手段去解决纠纷，就是不懂殖民政策的"武断的强硬论"。后藤新平认为，依据中国官民的法律和社会习惯，如果发生纠纷，除非万不得已，应该尽量避免使用司法手段解决，而应使用熟悉当地法律和社会习惯的人通过私下交涉的方式去解决。① 满铁调查部的首任部长就是满铁的理事冈松参太郎，冈松参太郎曾受后藤新平委托在台湾进行法律和社会习惯调查，此次专门负责调查"满洲"的法律和社会习惯，以便有利于满铁在"满洲经营"。

除了满铁调查部以外，1908 年 1 月在后藤新平的支持下，东京分社创立满鲜地理历史调查部。满鲜地理历史调查部的建立与东洋学者白鸟库吉有极大关系。1905 年白鸟库吉在游历欧美时，震惊地发现远隔万里之遥的欧美有着丰富的亚洲研究资料和研究成果，而当时日本的学界因为只将注意力集中于欧美，反而对东亚的研究并不充分。日本学界这一倾向在甲午战争以前就是如此，如安东不二雄所言，远在数千里的欧美事情，不论善恶巨细多为日本人所知晓，但与日本仅一苇之隔，且与日本有最亲密利害关系的西邻中国的事情，却极少被日本人所注意，因此"拜西主义"的日本患有远视病。②

日俄战争以后，日本文人和学界虽然提出种种"满洲经营"论以扩张日本在"满洲"的权益，但这些论调多只是评论性质，当时日本学界并没有对包括"满洲"在内的东亚进行研究。鉴于此，白鸟库吉不遗余力呼吁日本学界开展对东亚的研究，满铁成立以后，白鸟库吉会见了后藤新平，并向他介绍研究东亚的必要性。白鸟库吉认为，日俄战争结束以后，"满洲"已归满铁经营，朝鲜也被日本"保护"，日本因此在"满洲"和朝鲜负有重大使命，因而很有必要研究"满洲"和朝鲜的地理历史。一方面是出于"满韩经营"的需要，另一方面具有纯粹的学术研究价值。③ 白鸟库吉的上述倡议与后藤新平的"满洲经营"构想不谋

---

① 鶴見祐輔『正伝後藤新平 4 満鉄時代』、藤原書店、1967 年、第 704 頁。
② 安東不二雄『支那漫遊実記』、博文館、1892 年、第 1 頁。
③ 『満洲歴史地理』第一巻、丸善株式会社、1940 年、序、第 1—2 頁。

而合，由此后藤新平专门在满铁会社内部设立了研究"满鲜"地理历史的部门。从这个意义上说，开启了近代日本对中国东北和朝鲜的历史研究。这种对中国东北和朝鲜的历史研究得到后藤新平的支持，总体上属于日本"满洲经营"在学术界的展开。此后以此为契机，日本学界不遗余力地开展各种中国东北和朝鲜历史研究，其中大部分学术研究是为了迎合日本向"满洲"的扩张不惜制造种种理论。与日俄战争前日本文人利用种种新闻媒体通过时事评论的方式煽动日本向"满洲"扩张相比，日俄战争后日本学术界开始通过利用或者说有意曲解近代学术术语和分析工具，以更广的幅度和逻辑深度制造日本向"满洲"扩张的种种"合理性"和"必要性"，为后来日本关东军发动九一八事变侵占中国东北提供了种种理论依据。

就后藤新平与满铁扩张而言，首先从日俄开战开始就成为在"满洲"扩张日本权益的积极倡议者，其向儿玉源太郎提出的《满洲经营策梗概》核心就是以铁路经营机关为主、日本在"满洲"的统治机关予以援助和配合的扩张策略，为此他极力提高满铁在日俄战争后日本扩张"满洲"权益体制中的政治地位。为了使满铁成为事实上扩张日本在"满洲"权益的主力，让日本在"满洲"由关东都督府、日本领事馆和满铁组成的"三头政治"变为以"满铁"为中心、关东都督府和日本领事馆为辅的"满洲经营"体制，后藤新平不惜挑战现有的官制，一再要求为满铁总裁和满铁做"特例"式的官制调整，并且还振振有词长篇大论地以其《满铁总裁就任情由书》向首相西园寺、元帅山县有朋、外相林董、陆相寺内正毅以及关东都督大岛义昌予以辩解。

除了为了提高满铁总裁以及满铁的政治地位，后藤新平一再要求将"特例""权宜"予以正式化被日本政府承认以外，后藤新平所提出的各种具体的扩张日本在"满洲"权益的思想还体现在以下几个方面。首先，后藤新平倡议的以铁路经营机构为中心的"满洲经营"，即"满铁中心主义"，并不是着眼于以营利为目的的企业会社组织。后藤新平一再强调满铁在"满洲"的特殊使命，从满铁的活动范围来看，满铁在铁路和矿山等经济经营以外，还要负担旅顺大连租借地和铁路附属地市政、卫生、教育等活动，这与后藤新平在台湾进行殖民经营并无区别，通过满铁的经营活动，从而使得"满洲"像台湾一样变成日本的殖民地，这是后藤新平所谓的日本在"满洲"的"特殊使命"。

其次，后藤新平上述"满铁中心主义"的"满洲经营"实际上就是不断扩大日本在"满洲"的权益，而这些权益之中，后藤新平最为看重的就是能够在十年之内从日本招徕五十万移民。在其《满铁总裁就任情由书》中，直接强调："欲此目的所应采取之措施，一、为经营铁路；二、为开采煤矿；三、为移民；四、为进行牧畜等业设施，其中尤其以移民为要务。今日表面观察韩国宗主权问题的人，徒谓宗主权之获得，系战胜与外交之结果，然究其实，其成功总绝非如是简单而迅速。盖我国在韩之宗主权纯系由于我国人民优于列国移入韩地，造成事实，使其他国家无从以口舌争之，始克取得。此种理论亦可用以解释满洲问题。制度细规之制订可俟诸他日，如能于十年内，依铁路之经营，向满洲移民五十万，则俄国虽强，亦不敢与我轻启战端，击败我国，我犹不失卷土重来之基础……倘我于满洲拥有五十万移民与数百万牲畜。而战机对我有利，即可进而准备侵略敌国，如于我不利，即可安然不动，主和以待机会之到来。经营满韩的主张大致不外如此。"[①] 借助上述铁路、矿山、牧畜等"满洲"权益的开发促使日本移民来到"满洲"才有意义，只有日本移民来到"满洲"并与各种日本在"满洲"权益结合起来，才能使得后藤新平一再夸耀的"文装的武备"能够实现。

综合来看，后藤新平上述扩张日本在"满洲"权益的构想是企图将中国的"满洲"日本殖民地化，而后藤新平一直针对中央的外务大臣以及日本在"满洲"领事馆对"满洲经营"上的监管地位进行批判，并且一再建议修改官制削弱外务大臣和日本领事馆的监管地位，加强关东都督府在"满洲经营"上的地位。这显示出其对待"满洲"就像对待台湾一样建立统一的日本殖民机构在"满洲"进行殖民经营。但这与日俄战争后西园寺内阁所确定的以日本外务省为中心的"满洲经营"体制是相

---

① 苏崇民主编：《满铁档案资料汇编·日本的大陆政策与满铁》，社会科学文献出版社2011年版，第307—308页。

悖的。西园寺内阁确定的以日本外务省为中心的"满洲经营"体制,是在 1906 年 5 月 22 日伊藤博文主持的"满洲问题协议会"上所议定的原则的落实,尽管这一原则当时是用来反对日军军政署在"满洲"占领地的激进手段,但后来这一原则对西园寺内阁确定日本以外务省为核心的"满洲经营"体制影响巨大。此后,在西园寺内阁会议讨论的时候,确定从俄国获得的萨哈林岛由内务省管理,而"满洲"日本权益由外务省管理,1906 年 6 月 8 日的会议上,内相原敬提出辽东半岛不是日本的领土,因此没有必要因袭日本殖民统治台湾之例。但后藤新平后来在《满铁的制度改革意见书》以及其他意见书中,极力建议改变以日本外务大臣为中心的"满洲经营"体制,主张建立以日本首相为中心,建立殖民经营的中央机构"最高拓殖委员会",这个委员会的成员包括首相、枢密院议长、陆军大臣、海军大臣、外务大臣、大藏大臣、递信大臣,以及枢密顾问官二名,必要的时候征召韩国统监、关东都督、台湾总督等参加,处理所有殖民事务。[①]

第三节　满铁会社扩张"满洲"权益

后藤新平一直主张在"满洲经营"上以满铁为中心,关东都督府和日本在"满洲"的领事馆予以支持和援助,并通过一再修改日本政府确定的官制和以日本外务大臣为中心的"满洲经营"体制,从而使得满铁不论是在政治上、经济上还是外交上都具有了相当自由的行动权,满铁也成为日俄战争后日本扩张在"满洲"权益的主角之一。

满铁想要在"满洲"具有相当行动自由权,就需要与东三省地方当局进行交涉,为此后藤新平极力建立满铁与东三省地方当局的交涉关系。尽管在日本官制规定中,由日本外务省和在"满洲"的日本领事馆负责与清政府外务部以及东三省地方当局进行交涉,但在后藤新平担任满铁总裁时期,极力希望与东三省地方当局就满铁事宜进行直接交涉。

---

① 　鹤見祐輔『正伝後藤新平 4 満鉄時代』、藤原書店、1967 年、第 735—736 頁。

在后藤新平上任后访问东三省总督徐世昌时就提议与东三省地方当局进行直接交涉，并得到了东三省总督徐世昌的响应。"明治41年4月29日下午4点，后藤总裁偕同佐藤调查役访问徐总督于东三省行政衙门。总裁首先对徐总督言道：日清两国现今的关系颇有令人不满意之点。察大势所趋，日清两国今后必须互相提携共当东亚大局，乃两国间的外交竟至如今之地步，余深引以为憾。但今日已非置喙外交事务之时，唯恨宿疴缠绵达数月之久，以致不能在事态发展至此之前略尽微力而已。两国外交关系虽如上述，但余信关于南满洲铁道之事，东三省总督与敝会社今后必须更加保持亲密联系。采取以日清合作为基础处事的原则，切望总督惠予考虑。次日（30）上午11点半，徐总督偕袁金事回访总裁于公所，陶大钧亦旋至。总督言称，就昨日高论有所深思熟虑，认为颇适于时宜。总裁答曰：多谢，卑见幸蒙采纳，总督之意果亦如斯，则望今后关于南满洲铁道之事尽可能不经领事之手而径直交涉。为此，敝会社最近拟派一名代表常驻奉天，倘若有事关本铁道所需交涉者，即请直接同该代表或总裁交涉。又敝社拟烦请总督贤虑之事，亦必直接提出，相信此乃疏通彼我一见加速解决问题之道。总督曰，诺。唯不知属于领事权限之事究该如何处理。总裁答称，认为经领事之手为宜之事件，则应采取通过领事的办法手段。总督曰，诺。总裁继称，关于南满洲铁道之事的交涉。所以往往陷于困难，实由于对此铁路本来的性质有所误解。我国作为战役的结果，自俄国受让此铁路后，我政府即有日清两国合办之意，本会社章程中亦明文规定本铁道会社的股东限于日清两国的政府及其臣民（此时总裁示陶氏以章程条文），但因当时清国政府及臣民尚未了解情况，清人股东为数极少。然而本来的性质既然如此，即系日清合办，而其本社又在满洲，故此铁路的另一方面亦为清国的铁路，从而东三省总督颁发有关此铁路之事的命令或接受交涉。自属其权限内之事。视此铁路完全为日本人之铁路乃是贵国政府及人民的根本误会，如经领事手等疑问，究不外来自此种误解，关于此点，特仰阁下贤察。"[1] 从上述后藤新平会见东三省总督徐世昌的谈话内容可知，后藤新

---

　　① 苏崇民主编：《满铁档案资料汇编·日本的大陆政策与满铁》，社会科学文献出版社2011年版，第338—339页。

平仍旧坚持其削弱日本在"满洲"领事馆的主张，向东三省总督徐世昌建议此后有关满铁事宜可以不经过日本在"满洲"领事直接与满铁总裁等"径直交涉"，并准备在奉天常驻满铁代表负责与东三省地方当局进行交涉。以往后藤新平是在日本官制内通过"特例"改革等方式提高满铁的政治地位，试图削弱外务大臣为中心的"满洲经营"体制，但这次借助会见东三省总督徐世昌建议不经日本领事就满铁事宜双方进行直接交涉，以此增加满铁在外交上的地位。更值得注意的是，后藤新平策略地利用日本外务省借助所谓"悬案交涉"逼迫清政府让步的局面，无视日本政府当初未经清政府同意违法设立的事实，通过宣称满铁以"日清合作为基础"，甚至以满铁今后将"欢迎清国人为股东"，实行"日清合作"，希望赢得东三省总督徐世昌等人的配合。但实际上，满铁开始运营后，与日本外务省通过"悬案交涉"逼迫清政府同意日本的扩张要求不同的是，满铁要比日本外务省更具体、直接而且深入地扩张日本在"满洲"的权益。

一　满铁会社与日本军方合作

在上文中，陪同后藤新平访问东三省总督徐世昌的佐藤调查役，名字叫佐藤安之助，其由日本陆军省派遣到满铁担任嘱托。佐藤安之助军衔是陆军少佐，日俄战争期间在日本驻华公使馆武官青木宣纯手下担任情报官，精通汉语、英语等。此后为了落实满铁与东三省地方当局的直接交涉的构想，后藤新平任命佐藤安之助担任奉天公所的所长，同时以满铁交涉委员长的名义负责对东三省地方当局的交涉。这样导致涉及满铁的很多问题得以避开日本驻"满洲"的领事馆，由后藤新平和佐藤安之助直接与东三省地方当局交涉解决。1914 年佐藤安之助离职后，日本陆军省继续派遣中村少佐接替，并由日本陆军省与满铁达成《南满洲铁道株式会社嘱托将校服务要件》协定，规定中村少佐的任务是：（1）从事一般运输任务，并且使之担任铁路设施上同军事相关的业务，但将来关于服务需要重大变更时，须同关东都督协商；（2）使之从事关于战时铁路军事输送的调查；（3）该少佐按照其本属长官关东都督命令从事谍报勤务。[①]

---

① 苏崇民:《满铁史》，中华书局 1990 年版，第 50—51 页。

日本陆军省派遣佐藤安之助到满铁担任嘱托，而后藤新平任用佐藤安之助为调查役，这可视为满铁与日本陆军合作的开始。这种合作意味着满铁在扩张“满洲”利权的时候能够得到日本陆军的援助和支持，而日本陆军也借助满铁获取军事情报以扩张日本陆军在“满洲”的军事影响力。

二 满铁会社扩张铁路矿山权益

满铁经营的主要是铁路和矿山，因此攫取在“满洲”的铁路和采矿权自然是满铁扩张的主要目标所在。以安奉铁路为例，安奉铁路是日俄战争期间日军临时修筑的军用铁路，日俄战争后在《中日会议东三省事宜条约》中约定将这条铁路由军用铁路改为商用铁路，改良期限为日军撤离后两年内。满铁接收这条铁路以后，出于自己利益考虑，试图改变安奉铁路原有的线路和原有的轨距，并企图获得铁路沿线的采矿权以及与日本控制的朝鲜京义铁路相连。同时，日本关东都督也在安奉铁路沿线派驻了日军铁路守备队和警察，日本外务省在小村寿太郎的指示下为了帮助满铁获得上述权益，一再与清政府外务部和东三省地方当局进行交涉，清政府外务部和东三省地方当局对此据理力争。为此，日本政府决议采取强硬手段，1909 年 8 月 6 日，日本驻华公使伊集院向清政府发出通牒，声称日本自行改筑安奉铁路，以此逼迫清政府。8 月 7 日，满铁在日本军警的保护下，在福金岭隧道强行施工。清政府迫于日本的强硬压力，在 8 月 19 日同日本政府签订《中日议订安奉铁路节略》，满足日本政府提出的要求，满铁的扩张权益诉求得以实现。此后 9 月中旬，满铁开始全线动工，1911 年 11 月 1 日全线完工，铁路总长 261.88 千米，铁路占地 2058.6 公顷。除此之外，在清政府的强烈反对下，满铁强迫清政府同意在鸭绿江上架桥，从而连接安奉铁路以及朝鲜的京义铁路，并借助改筑安奉线获取铁路沿线的采矿权。① 满铁借助日本外务省以及关东都督府军警的支持，通过改筑安奉线从而实现了在“满洲”权益的扩张。

---

① 南满洲铁道株式会社総裁室弘報課編『南満洲鉄道株式会社三十年略史』、1937 年、第 72 頁。

关于满铁扩张日本在"满洲"的采矿权，以下以满铁侵占抚顺煤矿为例进行说明。围绕抚顺煤矿，前文已经论述日本外务省无视或曲解条约要求清政府承认日本对抚顺煤矿的归属权，此后抚顺煤矿转交给满铁，满铁进一步扩张在抚顺煤矿的权益。满铁不仅对原有抚顺煤矿矿区进行重新改造，同时肆意向周边扩张，在兴京县所属的搭连咀子、龙凤坎和新屯等地插上南满洲铁道株式会社抚顺炭矿的标志，随后进行煤矿开采。但这三处煤矿分别归属中国商人周从龙、张慎修和佟恩升所有，并且已在东三省地方当局备案。但满铁抚顺煤矿故技重施继续利用日军强行要求这三处煤矿停止开采，除此之外还要求将抚顺煤矿适用于特别税率，即将出口税由每吨关平银3钱减少为每吨关平银1钱，清政府没有答应这些要求，据理力争。但在日本外相小村寿太郎提出"满洲五悬案"交涉下，最终清政府屈服，不得不承认满铁在抚顺煤矿上的非法侵占。1911年5月12日，东三省地方当局与日本领事馆、满铁签订《抚顺、烟台煤矿细则》，按照细则满铁需要向清政府缴纳井煤原价5%的出井税，这是当时最优惠的出井税，而关于井煤原价则规定每日出煤未满3000吨，每英吨原价为库平银1两；每日出煤超过3000吨，每吨原价为库平银0.63两。由此，满铁比较其他煤矿每吨少缴纳30%的出井税。另外，满铁自用的煤，还要免缴出井税，其数量定为700吨，每年满铁免缴库平银12775两，其他诸如内地税赋、钞课、厘金、杂派一概豁免，由满铁每年缴纳5万日元作为报偿。① 此后满铁会社继续侵占抚顺煤矿周围包括新屯、龙凤坎、搭连咀子和小瓢屯在内的全部矿区。

---

① 苏崇民：《满铁史》，中华书局1990年版，第191页。

第五章

辛亥革命期间日本军政机构的
"满洲"扩张论

第一节 日本陆军的侵占"满洲"论

一 "满洲"权益与日本陆军的军事战略

就日俄战争后在"满洲"的扩张而言，日本外务省在明确不会放弃日俄战争所得的"满洲"权益前提下，通过逼迫清政府或者造成既定事实后要求清政府承认，不断扩张日本在"满洲"的权益。从外相小村寿太郎、加藤高明以及林董等所主导的日本外务省对清政府的交涉来看，其具体目标是不断扩大满铁的权益范围，总体目标是在"满洲"建立日本的势力范围。在实现这些目标的过程中，日本外务省一再侵犯清政府的主权。从国际关系层面而言，日本通过与英国结盟、与俄国两次协约逐步确立其在"满洲"的特殊地位，并得到英国、俄国等列强的承认。比日本外务省更猖狂的是，日本陆军以各种军事构想为依托逐渐在战略目标和政策制定上形成一股政治力量，这股政治力量有别于日本外务省，日本陆军为了将日本"满洲"权益长久化进而提出占领"满洲"论。

日俄战争结束后不久，1906 年日本陆军开始主导制定日本未来的国防方针，具体由参谋本部的田中义一负责，并与山县有朋以及日本海军进行协商。1907 年 4 月，最终通过《日本帝国的国防方针》《国防所需兵力》《帝国军用兵纲领》，确定了日本的军事战略。在上述日本军事战略中，通过日俄战争日本所获得的"满洲"权益成为其关注的重点。《日本帝国的国防方针》的第一项明确"采取开国进取之国策"，"根据开国进取之国是，图谋国权之扩张，致力于增进国利民福"，"虽然不可不在世界各方面开展经营，但对于在明治三十七、三十八年的战争中牺牲了数万生命和巨额开支才获得的满洲及朝鲜半岛的利益，在亚洲南部以及太平洋对岸实力的发展，不仅要大力拥护，还要将其不断扩张，以此作为帝国施政的大政方针"。随后，"帝国军的国防亦需要根据此国是进行规划设计。换而言之，要求至少能够在东亚地区、对侵害我国权利的国家发动攻势"[①]。从中可知，日本陆军明确"图谋国权之扩张"，为了扩张"满洲"权益而决定采取攻势，用军事手段实现扩张。对日本陆军主导制定的日本上述军事战略而言，扩张"满洲"权益是其根本目标，其理由在于"致力于增进国利民福"，丝毫没有谈及日本所获得"满洲"权益只是由国际条约确认的俄国转让而来且其主权属于中国，租借期满后应该归还中国这一基本事实。

二　山县有朋的"满洲"强硬政策论

日俄战争后，山县有朋关于日本的"满蒙"政策构想主要体现在其两篇意见书中，一个是 1907 年致信西园寺首相提出《对清政策管见》，另一个是 1909 年致信陆相寺内正毅提出《第二对清政策》。在《对清政策管见》中，山县有朋指出："1895 年俄国逼迫我将辽东半岛交还清国，俄国租借旅顺大连，建设军港要港……乘拳匪混乱之际，以拳匪为口实，占领满洲一带，进逼朝鲜，不仅是限制我利权扩张之举，甚至有危害我独立之气势，因清国寡弱自不能使俄国从满洲撤兵，于兹我以要求俄国从满洲撤兵与之交涉再交涉，未遂不得已因自卫需要以国家相赌向俄宣战，而获得意外大胜，此间清国听从我劝告，坚守局外中立，此中立与我作战便宜，战胜结果俄国撤退至北满，形势为我取而代之成为南满洲主人，从俄国获得关东州租借地以及长春以南铁路，作为在满洲

---

① 角田顺『満州問題と国防方針——明治後期における国防環境の変動——』、原書房、1967 年、第 707—709 頁。

的坚固立足地，清国又对我生猜疑之念，示妨害我设施之气势。

"对欧洲列强的压迫，近日清国反应之气势日益增长，所谓收回利权维护主权之议论清国上下炽盛，而我国与俄国开战获大捷，实际鼓舞清国人心，对白人敢生拒绝，因此愈益煽动收回利权热，盖日本与欧洲强国开战而得胜决非证明有色人种强于白色人种，毋宁说证明欧洲文明势力伟大，善学之有色人打败落后于文明潮流之白色人，无智识之多数有色人未了解这点，唯以为日本为有色人我等亦为有色人，见日本人与世界最强国白色人开战获空前大捷，我等亦无默忍白色人跋扈跳梁之理，此思想今在亚非间流行，报此思想之有色人大多崇拜我国之伟大，仰视我有意尊我为盟主，独清国急切排斥外国之势力，对我国毫无宽容之状，在满洲对我之经营到处尝试反对和妨害，使彼我两国需要协商之事业停滞，此即今日之实际。

"盖最近一两年清国对外政策渐渐强硬，勿论苟有理之处争之不已，便是无理之处亦频频敢不屈从我主张之意，从来对清国不踯躅取强压态度之列强，如今却有惮于清国之状，苟有挑起清国排外感情之言行，尽力回避之，于兹乎清国之对外强硬策多能奏其功，如关税问题、如南昌教案、如西藏问题，其结果总足以使清国对外论者日益扬眉吐气，毫无疑问所谓收回利权维护主权今后其势力日益增长，即便在南满洲占据地位之我邦，其对每事有异议与我冲突不少、受其阻碍之势不可止，然我邦牺牲数万人命消耗数亿金钱赢得之满洲利权当然不会因清国异议而退缩，更不用说抛弃之，以今日之势推之，今后十余年至租借期满之际，清国恐向我要求归还关东州租借地，期间只要世界形势和东洋局面未生至大之变化，我决不能答应如此要求，勿论我一日不可松懈于满洲进行谋划经营扩张利权巩固地位。

"事情如果为我邦与清国在满洲遂至不可调和，发生利害冲突或以至不诉之武力不能解决，亦未可知也，于此万不得已场合只有断绝其关系，我邦之目的之所在为尽量以和平之手段促进国家富强，故对清国如以上陈述所明晰，于当下对清政策最主要之处在于与清国达成协议，进行满洲经营，就此压制清国异议使之不行妨害之举，另一方面与俄国相互交换意见，日俄两国商议协定后，与清国谈判遂行之，于今日之形势此为最紧要事件,我与俄国因满洲问题而进行大战,作为和平条约结果,我占据满洲彼占据北满洲,今已共同从事满洲经营,况且接通割让给我之满洲铁路与彼之东清铁路形成从欧洲到陆路远东之一大交通机关,若俄国不再急于企图南下,我不急于北进之策,双方间无甚利害冲突之虞,互相协同之事项并不少,与其彼我为汲汲独得清国欢心暗自相互竞争相互排挤,不如共敞开胸襟谋划满洲之经营,但俄国的复仇心果能容此协议否?

"今日俄国复仇心炽盛,非 1895 年后清国可比,其实力当然不可辱,因此我战胜后不可不更充实兵备,但与彼亲密交情至少缓和其复仇心维持今后十数年间之和平,于我而言乃最紧要之务。苦于内治紊乱之俄国政治家必不能排斥我之好意,盖在不违反日英同盟明文和精神范围内,与俄国相提携不仅为我进行满洲经营之捷径,又是团结欧洲列强使之不逼迫东洋之好方法,于维持东洋和平上,实为值得考虑之所在,今我国在未曾有之大战中获得未曾有之大捷,以博得世界之尊重,却又招致其猜疑和忌惮,绝不可忘之,如德国法国美国因商业上之利害冲突以至何时敌视我邦不可测也,加之战胜之余威被岁月消磨,宇内情势何时生大变化不可知也,况未曾有之大捷已不足以使清国每事听从于我,于眼前事实速决定外交政策大方针一切机关步调一致,在海外实行扩张之策实为紧急之要务。"①

概括来说,伊藤博文、林董在日本的"满洲"政策上特别在意欧美列强对日本不遵守门户开放原则、独占"满洲"权益而孤立日本,但山县有朋在其日本"满洲"政策构想中并不在意欧美列强所代表的国际社会对日本的反应如何,这恐怕是日俄战争期间作为日本"满洲"军高级参谋掌管日军占领地军政的福岛安正放弃在"满洲"国际协调主张,提出以日本利益为中心的"满洲战后处分案"以来日本陆军的共识。山县有朋建议在"满洲"政策上日俄携手针对清政府,以此巩固和扩张日本在"满洲"的地位。

在日本与"满洲"关系的定位上,山县有朋及其所代表的日本陆军

---

① 大山梓『山県有朋意見書』、原書房、1966 年、第 303—307 頁。

一再强调，日本在南"满洲"的地位是日本通过战争通过牺牲获得的，根本不提及清政府在"满洲"的主权，甚至直接表明日本是南"满洲"的"主人"，"战胜结果俄国撤退至北满，形势为我取而代之成为南满洲主人"。"即便在南满洲占据地位之我邦，其对每事有异议与我冲突不少、受其阻碍之势不可止，然我邦牺牲数万人命消耗数亿金钱赢得之满洲利权当然不会因清国异议而退缩，更不用说抛弃之，以今日之势推之，今后十余年至租借期满之际，清国恐向我要求归还关东州租借地，期间只要世界形势和东洋局面未生至大之变化，我决不能答应如此要求，勿论我一日不可松懈于满洲进行谋划经营扩张利权巩固地位。事情如果为我邦与清国在满洲遂至不可调和，发生利害冲突或以至不诉之武力不能解决，亦未可知也"。

从上述山县有朋关于日本在"满洲"政策的意见中可知，山县有朋仍旧主张日本在"满洲"权益是通过战争获得，应该通过武力维持保护的逻辑。从日俄战争开始，更具体地说，从福岛安正抛弃先前持有的国际协调逻辑转而追求日本在"满洲"特殊且排他利益开始就已经不论作为扩张逻辑还是具体扩张行动都有所呈现，山县有朋的思路并不仅限于日本军方所独有，即便在日本外务省中某些官员也存在着这种倾向。比如，日本驻华公使林权助在处理清政府外务部的照会抗议日本违法设立满铁中，直接无视已有的条约，强调"盖帝国政府关于战争之结果所得之铁路及其一切利权，不在稍受限制或服从条规之地位"，也就是说满铁的设立直接暴露了日本的特殊逻辑，即强调日本在"满洲"权益"不在稍受限制或服从条规"的特殊论，这种特殊论显然与已有各种条约相悖，其只是日本自我中心化的体现，以此主导对清政府交涉扩大日本在"满洲"的权益。

在1909年的《第二对清政策》中，正值日本外相小村寿太郎就"满洲五悬案"和安奉铁路改筑问题与清政府交涉逼迫清政府让步，但在交涉中清政府并未轻易屈服于日本的逼迫交涉，仍坚持据理力争，这促使山县有朋在扩张"满洲"权益上态度更为强硬："为建立将辽东半岛为我帝国永久领土确乎不拔之基础，自不待言，然如有租借期满将辽东半岛归还清国之意，则不如在租借期满前速速抛弃辽东半岛。辽东半岛之地可谓我付出二十亿资财死伤二十余万人所获战利品，如果在租借期限达到后即将半岛交还，此则不可取之行为，抛弃辽东半岛会影响吾国保护国韩国之民心，此极可恐者也。庙议之曩，决议不抛弃半岛，所以当局诸君从来依此大方针从事满洲经营，余深堪欣谢之所也。

"然租借即为租借，此与占领或合并并非同一行为。因此如在期限满了之时，清国要求归还半岛，此亦理所当然。我亦不欲归还，当与清国进行延长租借期限之谈判。如若直接宣布吞并，此则为不合理之行为，如强行为之，其过于暴慢措置恐将不会被列国所承认。故延长辽东半岛租借期限，使之与敌国领土同样，应在半岛和南满洲进行大大的经营，结果在满洲成就无法撤退的形势。于军略以外亦作成足以对清国强求延长租借期限的基础，万一清国不同意延长租借期限，我国可对建筑物的移交和权利的放弃上坚决主张。且在满洲国防上，不仅有必要配置数十万军队，还不可不确立让清国畏怯逡巡的巨额补偿依据。然帝国纠缠于日俄战后内外之事，且不得已为同俄国及法国协商耗费时日。只为锐意遂行经营满洲，内阁更迭，诸君于其后苦心经营，此余十分谅察之所也。然今距租借期满只剩下十四年，余切望诸君更加努力奋进。

"满洲经营其事多端，然其中重大事宜应为如下五处：一曰改筑安奉铁路之事；二曰向清国要求速速敷设吉长铁道，以便于我方敷设可由韩国清津经由间岛到达吉林；三曰开放旅顺口一部分为商港；四曰开采满洲诸矿山；五曰多多移民日本人到满洲，且在满洲设置金融机关。

"第一安奉铁路连接韩国釜山满洲奉天，不仅使得我国与欧洲交通迅达最便利之线路，他日若不得不在再度用兵于大陆之时，也是我首要运输要道。因此其改筑一日不可耽搁。但已过三十八年十二月日清协定所确定该铁道改良工事完成期限，改良工事未完成甚至尚未着手，余与诸君深感遗憾。

"第二长春至吉林铁道不仅为南满洲供给货物之重要铁路，还是于北满洲作战不可或缺之铁路，虽然遗憾之至我国未能取得独自敷设该铁路的权利，今日宜速速与清国交涉完成该铁路敷设，至此自韩国清津起经由间岛到达吉林，此线路无论从经济上或军事上起作用都极其重大。但对于加速敷设吉长铁路之必需的间岛问题之解决尚属交涉未决之状态，今日单就进行敷设此铁路颇为困难，以余之所见敷设此铁路，与确定韩国在间岛领土权相比，更为重要。故希望考校事之轻重，采取适当交涉的手段。

"第三开放旅顺口之一部为商港之议，过去南满洲铁道当局禀请，改修大连湾为安全港口，尚需投入巨额费用，且至防波堤完成之时，亦有海水结冰之虞，故将旅顺口作为替代进行适当处置。我国对来自海上攻击固守辽东半岛可矣，故以旅顺单纯作为军港不仅从开始就没有必要，且日后马山浦建设完成，旅顺作为军港其必要性更加减少，俄国亦曾将旅顺一部分改造成商港而取代大连，因此今日应早日作出良策。

"第四着手南满洲各种矿山开采，即在当地增加且巩固我利权，当局者所采取手段既已被熟知，余希望利用这个机会不留遗憾也。

"第五奖励邦人移民满洲为前述吉祥事宜中最重要事项，不论设施经营进行如何，苟在满洲邦人数量过少，则事业难以做大，可谓我在满洲之利权亦永远立于确实之基础之上，然战后已过数年，但移民于满洲之邦人数量尚少，因此其事业亦不多，实堪痛叹之至。虽今日吾国财政尚无余裕，无法大力支出奖励移民资金。但如若像今日一样空度岁月，那么在南满洲铁路沿线难以期待出现日本人的市街村，当局者曾减少移民北美的邦人以便集中移民满洲韩国，以此减少与美国的纷争，同时决定在满洲借此计划扶植日本的势力范围，外务大臣曾在议会论述此计划，余虽确信此计划会得以实行，但岁月不待人，余切望实行之日早日开始，移民同时有必要开设金融机关，目前满洲的金融机关尚不充分，尚不能满足现在之需要，故随人员移民之增加，应加速金融机关的改良建设。

"为实行以上五项计划，应于条约上不可不获得清政府之同意，但自明治三十七八年以来，其态度突然一变，即便不具备实力，也频频独行自立，图谋收回其所谓的利权，对吾国毫无好意友情，好多悬案虽经数年不仅无解决头绪，甚至提议欲将一切交涉事件交付海牙仲裁法庭，如此不辨事理几乎言之不尽。因此对于在满洲增加且巩固我利权之田，很快取得清国同意可谓极困难之事。虽是困难之事，但满洲经营一日不可忽视，此已明白无疑，我国须迅速制定将之进行之手段。

"三十七八年之战争，俄国在韩国有侵害我利权之虞，我驱逐俄国，虽然主要目的为得到经营韩国之实权，但也保全清国祖宗发祥之地免遭俄国压迫亦是其中一个目的，于清国熟知之所也，清国宜对我情谊予以感谢，今日却完全取相反之态度，如前所述，对我无丝毫好意友情，每事抗辩冲突，极其倨傲不逊，已非我国所能容忍之范围。我国此际向清国说明三十七八年战争我方之侠意本意，并恳切要求不要实行所谓权利回收，努力使之明了我方正当要求且信赖于我，若清国依然不改其态度，我方只能诉诸武力。

"但若对清国以武力施压，首先要谅察列国之态度，预测其是否会进行干涉。以我方之兵力，施压清国尚绰绰有余，但也不可以说敌视除同盟国英国以外的其他外国会毫无危险。况以如今之状况，若以列国悉数为敌，而同盟国英国能否成为我国之援国也未可测。今列国均欲在清国获得经济上的利益，其活动之剧烈不可名状。此等诸国均与我国想法相同，互相协定保全清国领土，因此诸国在表面上貌似支持保全领土，在列强利害相互冲突之间寻求摆弄伎俩之余地。未能得到清国永久利益，反而受其弊害，比如我国。日俄战争结束后，在经营满洲中受美国排日影响，我国一时陷入孤立状态，这是众所周知之事。但幸有诸君多年的尽力，得以缔结日英协约，得以脱离此窘况。但我国不能安于现状，令我国与列国之外交走上正常轨道乃我国目前急务。如此事可成功，清国与我之态度也可为之转变，也未必不会以以往之诚意来处理两国交谊，因此不诉之于武力也许会达到我国的目的，靠以上之方法令清国妥协。俄国经营北满洲及西伯利亚之行为损害我方权益，正如我方经营南满洲及朝鲜半岛会损害俄国利益，两国似乎在利益上属于对抗关系。但对于清国的权利回收运动，两国则利害相同，故此为我帝国政府与缔结日俄协定之所以，恐也是俄国欲缔结协定之原由。因此在经营满洲之事上，日俄双方有其利害相通之处，故此双方合力令清国听从要求乃当前第一要务，也是避免列国离间中伤之最佳手段。

"清国于两宫驾崩后，经罢黜袁世凯以来，难以得其政治中心之所在，但今后十年会颁布宪法召开议会，期间为其准备的政治咨询机关咨询局已经在半年内于各省开始开设。开设咨询局是改革清朝政治，整理财政之有效手段，但也可能会增加国家之分裂，削弱中央权力，或成为祸乱层出之原因。本以为会造成清朝大变乱的西太后驾崩事件，也没成事变。革命党似乎毫无可乘之机，故此清朝中央政府之权力也未必如外人想象那般薄弱。因此开设咨询局也许会出现好的结果，会促使宪政发展，如此一来，清国的回收利权运动会继续发展，对其影响不可不戒备。

"若我国不能实行加速经营满洲，并在外交交涉上耗费时日，直至租借期满，此乃不可容忍之事。用尽外交手段尚无法达到目的，那只能便用最后的手段，命北京政府听从我国命令。在实施此决定之前，一定要预先同列国做好充分沟通，保证其不干涉，对于与列国沟通一事一定要做好准备，一日不可疏忽遗忘，必保胸有成竹。

"总而言之，我国要经营满洲，确立我方权力，加固立脚地盘，若任由岁月空逝，不用说辽东半岛，就是连满洲铁路都将难以维系。若形成如此不幸之形势，恐影响朝鲜半岛的统治，我国先祖使三韩为附庸，如若将其统治权抛弃，则会余恨千古。今日只将其作为保护国而未将之附属化，若再将其抛弃，则定会被后世所不耻，又有何面目对在两次征战中战死的勇将烈士的英魂？这亦是我常深忧之处，望诸君见谅。"①

从上述可知，日俄战争后日本陆军上下已经形成为了扩张而侵占"满洲"的共识。据此日本陆军进行了相应的谋划，1910年12月，日本陆军省预见到中国革命可能会发生，并想要借此机会出兵中国，由此起草了《对清政策案》。随后将《对清政策案》提交给参谋本部，部分内容被参谋本部所采纳，参谋本部也于12月制定完成了中国爆发革命日本出兵的方案。《对清政策案》的基本思路是，判断清国如发生革命，列强出兵干涉，日军成为列强的核心，出兵后对清作战胜败明显，但日本在中国本土的利益不多，也对清政府拥有的赔偿能力表示怀疑，最后恐怕与义和团运动中列强出兵干涉一样，日本出兵多、所获少。因此与强调日本出兵中国的战略合理性相比，有必要以"获得战后利益"为重进行考虑。②

---

① 大山梓『山県有朋意見書』、原書房、1966年、第308—314頁。
② 北岡伸一『日本陸軍と大陸政策』、東京大学出版会、1978年、第66頁。

第二节　日本陆海军对出兵干涉的准备

1911 年 8 月，桂太郎内阁辞职，第二次西园寺内阁成立，其中由内田康哉担任外相。日本陆军省和参谋本部开始按照 1910 年制定的《对清政策案》进行部署，其中日本陆军省试图推动西园寺内阁决议通过出兵中国。在 10 月 13 日的内阁会议上陆相石本新六以书信催促西园寺内阁，中国有事之际，日本能否安于现状，又应否占领其土地，如欲占领其土地，应占领何处，盼明确。[①] 在西园寺内阁尚未确定日本政府出兵中国之际，日本陆军省已经拟订完成出兵计划《关于清国用兵问题》，该计划指出，中国此等动摇，遂给列强干涉好机会，以至不得不出兵，当此时依照日本政略、国情、地理、交通等其他关系来看，就如义和团运动一样，日本出兵将在列强中居于主宰地位，自然要比列强牺牲要多，但推究出兵后的情况，中国能否答应日本提出的赔偿要求？加上如英国、美国、法国平时就已经在铁路、矿山和其他各种营利事业上投入巨大，而日本在此等物资上的投入甚少，所以以事后获得的利权和赔偿来看，与日本付出牺牲成反比，出兵上日本处于主宰者，但列强获得渔夫之利。故日本出兵中国，第一步给予中国军事上的要地打击的同时，为了日本战后处于最有利的位置，要占领政治上和经济上的要地作为保证。是以取得南"满洲"为满足？或者占领直隶、山西地区，获取中国中部资源？或者扼住扬子江河口，占领该江的利源及大冶矿山？或者要割让广东、福建？[②] 日本陆军省的这一计划还要求将日本出兵的策略与日本政府的政治策略相配合。10 月 14 日，陆军省次官致信参谋本部次长就日本出兵进行沟通，陆军省次官认为，日本应以保护满铁为名，单独加强该地的守备，另一方面采取向华北共同出兵的手段，此决心"理所当然"。向华北及长江方面共同出兵，应抢在列强之先占领白河口及长江口的要地。征诸过去的经验，出兵的场合日本常常落在列强之后，有失

---

① 原奎一郎『原敬日記』第四巻、福村出版、1965 年、第 369 頁。
② 栗原健『対満蒙政策史の一面』、原書房、1966 年、第 289—290 頁。

机宜。预测事变，必须把海军部署在主要地点，在应及时先发制人。①
同样在 10 月 14 日，日本海军省也制定《中清事变概况》，强调对于辛
亥革命，日本方针应该是暂时观望形势的推移，苟有扩大日本权益的时
机，则不应坐失时机，同时既得权益也丝毫不应失掉。尤其是在第四条
规定，大冶和日本关系极为密切，可以出兵保护，实行事实上的军事占
领，此际应紧急派遣一艘军舰赴大冶。② 该方案由栃内曾次郎军务局长
起草，并下发给日本派遣到中国的各舰队。随后 11 月日本陆军省完成
了华北日军派遣队的编制工作，决定派遣一个步兵大队和一个步兵机关
枪队，归日本驻中国司令官指挥，该部队前往中国的时间和登陆的地点
由陆军大臣作指示，该部队负责保护日本公使馆、领事馆和日本臣民，
并与列强军队协作，维护北京和华北各港口以及铁道安全，外交上与日
本驻华公使保持联系。12 月完成了华中日军派遣队的工作，包括司令
部、步兵队、步兵机关枪队、伤患者救治班，任务包括保护日本领事馆
以及日本臣民，保护日本的利权，在采取措施保护日本领事馆和帝国臣
民时要与日本领事馆领事协商。③

　　日本陆军省和海军省除了迅速制订出兵中国的计划以外，依照栗原
健收集的资料，日本陆军还迅速派遣各级军官赶赴中国各地收集军事情
报，为日本陆军想要借出兵中国从而扩张日本在中国利权做准备。包括
1911 年 10 月 14 日，派遣炮兵中佐古川岩太郎即刻赶赴南京，并在南京
收集华中和华南的情报；10 月 14 日派遣步兵大尉高桥小藤治从东京出
发赶赴上海，调查日军为了出兵汉口所需要的在长江水运情况，包括在
吴淞选定根据地、运输方法、有无海运材料以及如何利用，并视察上海
至汉口间的水路，遇事与本庄少佐协商；10 月 30 日，派遣步兵中佐土
井市之进赶赴福州收集时局情报；10 月 30 日，派遣步兵大尉板谷清宽
赴上海辅佐本庄少佐；11 月 4 日，派遣步兵少佐多贺宗之赴北京，协助
日本驻北京公使馆武官收集时局尤其是满族大臣的情报，同时联系清政
府聘请的日本武官，与川岛浪速联系探听清皇室的情报；11 月 4 日，派

---

① 栗原健『対満蒙政策史の一面』、原書房、1966 年、第 290 頁。
② 栗原健『対満蒙政策史の一面』、原書房、1966 年、第 287—288 頁。
③ 栗原健『対満蒙政策史の一面』、原書房、1966 年、第 299—300 頁。

遣步兵中佐井户川辰三赴长江沿岸收集时局情报以及有关革命党的情报；11 月 4 日，派遣步兵中佐坂西利八郎，向其口头传达秘密使命，估计是对袁世凯开展工作；11 月 5 日，派遣步兵少佐久米德太郎赴南京辅佐古川岩太郎；12 月派遣骑兵中佐渡边为太郎、步兵少佐田中昌次郎赴日本驻中国军司令部；11 月 25 日，派遣骑兵大尉蒲穆赴华北，受华北日军驻军司令部指挥，担任军事通信，秘密调查营口山海关架设通信线路，以及策划内地与北京的通信设施，调查金州半岛和山海关间的海底电线铺设事宜，调查山海关及大沽附件的无线通信以便与大连无线通信所联络；11 月 26 日，派遣辎重兵大尉饭田恒次郎到日本驻北京公使馆辅佐武官；12 月 15 日，派遣步兵少佐守永弥惣次赴山东济南，收集时局情报尤其是调查德国的行动；1912 年 1 月 15 日，派遣步兵大尉松井清助赴外蒙古库伦收集时局情报，尤其关注俄国对中国的动向；1 月 15 日，派遣步兵大尉井上璞赴广西梧州调查时局情报，特别是法国对华南的动向；1 月 20 日，派遣步兵大佐高山公通赴承德府调查时局情报，尤其是蒙古诸王公的动向，探听俄国对蒙古的动向；1 月 20 日，派遣骑兵中佐嘉悦敏调查时局情报，探听英法两国在云南的动向；2 月 8 日，派遣步兵大佐守田利远赴郑家屯收集东部蒙古的情报，探听俄国在此地的动向；2 月 8 日，派遣骑兵少佐宫内英熊、步兵少佐日下操辅佐守田利远；2 月 10 日，派遣步兵少佐南保贞次、工兵少佐关正一勘察铁路线路，包括依照安奉线标准的奉天、建昌、承德、宣化间的铁道建设和依照南满洲铁道单线标准的奉天、法库门、郑家屯、洮南间的铁路建设；2 月 13 日，派遣步兵大佐高山公通赴奉天收集清皇族动向的情报；2 月 14 日派遣步兵少佐多贺宗之赴承德府收集内蒙古情报，尤其是卓所图盟、昭乌达盟、锡林郭勒盟诸位王公的人心动向；2 月 14 日，派遣步兵大尉田口畅、步兵大尉松井清助接受多贺少佐指挥；2 月 14 日，派遣骑兵大尉木村直人赴华北接受多贺指挥；2 月 14 日，派遣步兵大尉守房太郎、骑兵大尉桥本虎之助赴"满洲"接受关东都督府陆军参谋长的指挥；3 月上旬步兵大尉杉山元到达吴淞就陆上视察接受司令官和舰长指示；5 月 24 日，派遣步兵大尉武田额三考察俄国堪察加东海岸西海岸；6 月 8 日，派遣步兵中佐日野强到达陕西省，探听反对党动向；9 月 25 日，派遣炮兵少佐古谷、步兵大尉西田、骑兵大尉是永，受日本驻华公使武官青木宣纯指挥；12 月 28 日，派遣斋藤恒收集华中华南军事情报。①

几乎在中国各个要地如北京、南京、上海，日军都派遣军官收集情报，这些情报收集活动大部分是以收集时局变化为主，但也有一些情报活动是为了日本陆军出兵中国做准备，尤其是从 1911 年 12 月开始，日本陆军的情报开始关注在中国的德国、法国、俄国等列强的动向。10 月 24 日日本内阁确定不出兵干涉决定以后，日本陆军仍继续做出兵的准备，尤其是继续派遣军官收集政治和军事情报，直至最后策划"满蒙"独立运动，企图占领"满洲"。山县有朋甚至精心炮制了意见书《建议乘中国骚乱出兵满洲》。至于出兵的矛头指向清军还是革命军却不明确，参谋本部、陆军省、海军省的主张迥然不同。由于日本国内政见的对立、斗争以及与西方列强的龃龉，加上辛亥革命形势的迅速发展，这派意见并未占支配地位。

第三节　出兵"满洲"计划与策划
"满蒙独立运动"

日本陆军省和海军省除了在辛亥革命期间派遣军官收集掌握中国政局情报，还希望在政治层面上积极推动日本政府作出出兵干涉中国革命的决定。一直主张为了长期占有"满洲"权益不惜对中国使用武力的山县有朋，不满于西园寺内阁确定采取静观其变等待时机"根本解决满洲问题"的方针。他于 1912 年 1 月 14 日写成《对清政略概要》意见书，积极主张日本出兵"满洲"。其内容大体为：（1）洞观今日之情势，清政府与革命党的谈判可能破裂，为保护日本政府的"满洲租借地"以及铁道，防止"满洲"秩序紊乱，维护日本人民生命财产安全，确定现在是日本出兵"满洲"的适当时机，兵力为一个师团或两个师团。（2）日本出兵"满洲"的决议，按照日俄协商原则，应就眼下的状态清楚照会

---

① 栗原健『对满蒙政策史の一面』、原书房、1966 年、第 291—298 页。

俄国,与俄国在南北"满洲"采取一致行动。(3)清朝蒙尘之时机亦迫切,需要预先研究救济政策,总之要在南"满洲"依靠日本的威压力封锁住内外人。(4)出兵后在外交政策及行政上要多加注意,指挥系统命令传达等出于一途。①

为了落实山县有朋提出的出兵计划,陆军省军务局长田中义一拟派第十二师团出兵。但山县有朋推动日本政府作出出兵决议并没有成功,在1月16日的内阁会议上并没有被通过。西园寺内阁坚持静观其变等待时机,在对中国政策上坚持同列强,尤其是与英国协调的方针。山县有朋出兵意见被否决以后,引起日本陆军不满,日本陆军开始谋划独自采取军事行动。其中陆军省次官冈市之助1月30日致电关东都督陆军参谋长星野金吾,指出正在审议乘"满洲"秩序混乱之时,增兵至"满洲",此举将给日本带来有利的结果,希望星野金吾从大局出发,"满洲"稍起纷乱,促成事端。② 要求关东都督陆军部门制造让日军出兵"满洲"的借口。

与此同时其他列强已有所察觉,纷纷猜测日本决定在"满洲"单独采取行动。2月2日,杉村驻德大使向内田外相报告,德国报纸纷纷报道日本已经将第十二师团派往"满洲",并在旅顺港集结舰队,派兵进入奉天。德国外相还警告日本驻德大使,如果干涉中国革命,应由列强共同进行。2月4日,内田外相致电杉村驻德大使,要求其向德国政府声明日本在南"满洲"的特殊立场,并辟谣日本并没有向"满洲"调动第十二师团以及集结舰队。"帝国政府关于清国时局之方针,只要是与各国共同利益有关之问题,帝国政府自然要和各国政府采取共同措施,然而关于我国特殊利益问题,则不得不采取单独行动,实属不得已。例如南满洲与我国之利害关系极为重大,为维护此种利益而采取必要措施,帝国政府实负有不可推诿之责。希我大使深体此意,选择适当时机,做为大使本人之个人意见,向德国政府当局加以说明,使其充分谅解我国在南满洲之立场。"③ 2月6日,日本驻美大使致电

---

① 大山梓『山県有朋意見書』、原書房、1966年、第337—338页。
② 栗原健『对满蒙政策史の一面』、原書房、1966年、第304页。
③ 中国社会科学院近代史研究所中华民国史研究室主编:《日本外交文书选译——关于辛亥革命》,中国社会科学出版社1980年版,第142页。

报告，4日的《纽约时报》上刊出一篇评论，谈到德国政府酝酿列强间签订一项协定，以便阻止某些国家在中国采取单独行动，并指出日俄之间已经签订秘密协定，趁中国政府崩溃或衰弱之际，联合采取行动。①

　　在这样的紧张时刻，2月3日内田外相接到报告，在京奉线山海关以北的一个铁路桥被炸毁。小幡驻天津总领事对此向内田外相进行报告："山海关以北约十六华里处前所车站附近之金子屯铁桥遭到破坏，约达五十间，致使二月三日由山海关开往奉天之一列火车几乎全部坠入河中。乘客全系中国人，七十余名乘客中有五十余人受伤，二十余人死亡。破坏原因，似系有人用火药爆炸。由于该铁桥已遭破坏，致使此地域奉天间之交通受阻，只能在炸毁地点换车。但火车运行尚未断绝。"② 各方正在猜测此次炸毁是何人所为之际，石本陆军大臣训令天津日本驻屯军司令官阿部向破坏地点派遣铁路守备队，这是不是日本为出兵"满洲"做准备呢？2月6日，小幡驻天津总领事分析后认为很有可能是日本陆军为出兵而制造借口："昨五日京奉铁路总局总办李载之与本职私下谈话时曾透露如下意向：经查铁桥破坏痕迹，可以看出爆炸工程极为巧妙，曾使用大量炸药，若以十余人操作，至少需要一两天工夫方能完成。如果认为此种破坏系国民党人之所为，则未免过于巧妙，勿宁应看做出于专家之手，较为恰当。李氏继称：近闻贵国为保护铁路已派出兵员前往关外，等等。弦外之音是讽刺该铁桥遭到破坏乃系我国军队之计划行动。此外，今日来此间又屡有风传谓：此外尚有破坏山海关——奉天间另一铁路之计划，等等。倘我陆军当局为向满洲运兵而确有此类计划，则实行时必须考虑对外关系问题，应在绝对秘密中加以处理。"③ 炸毁铁路桥这一事件，无疑给驻在关内的日军以借口出兵"满洲"。为此，山县有朋2月5日致信桂

---

① 中国社会科学院近代史研究所中华民国史研究室主编：《日本外交文书选译——关于辛亥革命》，中国社会科学出版社1980年版，第346—347页。

② 中国社会科学院近代史研究所中华民国史研究室主编：《日本外交文书选译——关于辛亥革命》，中国社会科学出版社1980年版，第141页。

③ 中国社会科学院近代史研究所中华民国史研究室主编：《日本外交文书选译——关于辛亥革命》，中国社会科学出版社1980年版，第145页。

太郎，认为日本出兵已经得到俄国的谅解，却一再顾虑周围坐视旁观，认为是"失去千载一遇的机会，为国不堪痛愤"①。

无法在政治层面上要求日本政府作出出兵"满洲"的决议后，日本陆军、日本浪人川岛浪速等人策划了"满蒙独立运动"。实际上，早在上述日本陆军部署的派遣军官收集情报的活动中，就有一些可视为日本陆军对"满蒙独立运动"的准备。比如1911年11月4日，派遣步兵少佐多贺宗之赴北京，协助日本驻北京公使馆武官收集时局尤其是满族大臣的情报，同时联系清政府聘请的日本武官，与川岛浪速联系探听清皇室的情报；11月25日，派遣骑兵大尉蒲穆赴华北，受华北日军驻军司令部指挥，担任军事通信，秘密调查营口山海关架设通信线路，以及策划内地与北京的通信设施，调查金州半岛和山海关间的海底电线铺设事宜，调查山海关及大沽附件的无线通信以便与大连无线通信所联络；1912年1月15日，派遣步兵大尉松井清助赴外蒙古库伦收集时局情报，尤其关注俄国对中国的动向；1月20日，派遣步兵大佐高山公通赴承德府调查时局情报，尤其是蒙古诸王公的动向，探听俄国对蒙古的动向；2月8日，派遣步兵大佐守田利远赴郑家屯收集东部蒙古的情报，探听俄国在此地的动向；2月8日，派遣骑兵少佐宫内英熊、步兵少佐日下操辅佐守田利远；2月13日，派遣步兵大佐高山公通赴奉天收集清皇族动向的情报；2月14日，派遣步兵少佐多贺宗之赴承德府收集内蒙古情报，尤其是卓所图盟、昭乌达盟、锡林郭勒盟诸位王公的人心动向；2月14日，派遣步兵大尉田口畅、步兵大尉松井清助接受多贺少佐指挥。川岛浪速一直活跃在北京，结交了很多清政府政要人物，尤其是与肃亲王来往密切。辛亥革命爆发后，借助中国内乱机会，川岛浪速一再主张"中国分割论"，并得到了朝鲜总督寺内正毅和伊集院驻清公使的支持。②

在日本陆军派遣的这些军官中高山公通、多贺宗之、松井清助直接在北京与川岛浪速谋划，在北京的日军守备队长菊地武夫给予暗中相助，在"满洲"则由关东都督府配合，尤其是策动张作霖响应这次阴谋。其中高山公通负责与参谋本部次长福岛进行汇报。按照日本陆军和

---

① 臼井胜美「辛亥革命——日本の对应——」、『国際政治』1958 年 6 号。
② 栗原健「第一次·第二次满蒙独立運動」、『国際政治』1958 年 6 号。

川岛浪速拟订的计划，在参谋本部、关东都督府统筹下，日本提供武器和金钱，在清帝退位之际，由川岛浪速带着肃亲王等清廷皇室来到"满洲"，由东三省总督赵尔巽和张作霖予以配合，蒙古喀喇沁等王公予以响应，造成"满蒙"独立事实。1月30日，朝鲜总督寺内正毅致电内田外相，告知"满蒙独立运动"进入实施阶段，强调清帝退位就在这一两日之内，已经无法挽回。肃亲王、穆亲王也将在一两日内逃离北京赴大连，在"满洲"蒙古起兵勤王，以待他日中国之分裂，这一新建立的北方国家依赖日本援助，希望日本政府予以协助。① 2月2日，肃亲王秘密逃出北京抵达旅顺。就在各方面进行准备之际，如下文所述，第一次"满蒙独立运动"因为被列强所察觉并被英国施压，日本外相随之训示驻奉天总领事严格取缔日本人参与所以失败。

第四节　日本外务省的"根本解决满洲问题"外交

一　对俄交涉分割"满洲"

日俄战争后，面对日本扩张在"满洲"权益，清政府据理力争，中国民间对中国主权和民族利益日渐觉醒，并展开了越来越强烈的收回利权运动。对此，日本陆军从理念到具体计划上都确定了要以武力进行压迫逼迫中国的强硬方针。所以，1911年日本陆军和海军在得知武昌起义爆发的消息以后，其想要迅速采取出兵干涉中国的强硬方针，都明确指向出兵中国以进一步扩张日本的权益。

但外相林董（10月后由内田康哉接任外相）和首相西园寺并没有采纳日本陆军主张的借助出兵中国进而扩张日本权益的方针，而是决定采取援助清政府进而借此扩张日本权益的政策。10月13日，清政府陆军尚书荫昌派特使与日本驻华使馆武官青木宣纯见面，要求日本紧急提供军火，青木要求清政府直接与泰平组合商谈，青木答应帮助协调。10月16日，接任外相职务的内田康哉就援助清政府军火训示日本驻华公

---

① 『日本外交文書』第44卷·第45卷別冊、第339頁、外務省外務史料館、https://www.mofa.go.jp。

使伊集院，在决定援助清政府的同时，强调日本在"满洲"特殊地位的"合理性"："帝国政府考虑到，清国政府为了讨伐革命军，极有必要取得枪炮弹药。于是为使我国商人进行这项供应，决定予以充分的协助，对此已经做好了一切必要的处理。帝国政府对清国政府给予这样的援助，自然是承担了重大的责任。迨至这件事实日后泄露于世时，不仅革命军就是与之直接间接关系的人，都会对帝国抱有恶感，或对帝国臣民加以危害，或对我国商品实行抵制，或依其他或明或暗的方法对我发泄怨恨，亦未可知。所以不可不预先认识到，帝国有可能受到极大的不利。帝国政府之所以敢冒此重大危险而出此举，实际上不外是考虑到，对清国政府的特别好意以及维持东亚大局的必要。上述趣旨，希望清国政府及摄政王本人充分理解。请阁下速以适当的方法进行这项工作。尚希阁下利用这个机会指出：清国官民历来对帝国的态度，认为我们是不法的侵略者，动辄企图损害或推翻我们的正当地位。更须阐述：帝国政府对清国政府不仅有巨大的同情，而且还有将其体现于事实的能力，而这次的措施正好是证明这一事实的例子；使清国政府借此知晓，帝国政府所经常提倡的事，绝非空话，以至幡然解除历来的误会，两国相互依赖，共同努力维持东亚的大局。务希阁下将上述的殷切意旨，妥为表达。"① 随后10月23日，泰平组合代理北京大仓洋行与清政府陆军部签订提供军火合同。

10月24日，日本内阁会议迅速将外相内田训示要在与清政府交涉中强调日本在"满洲"的特殊地位落实为具体的在"满洲"扩张要求。"帝国鉴于在政治上和经济上同清国之间都有极密切的关系，帝国经常努力于对该国占有优越地位，并讲求永久保持满洲现状的方案。这是前任内阁在朝廷会议上所已经决定的。延长在满洲的租借地的租借期限，决定关于铁道的种种问题，更进而确立帝国对这个地区的地位，以便根本地解决满洲问题。这是属于帝国所必须积极地经常策划的问题。不言而喻，如果有可乘之机，即应利用以讲求做出这个决定的手段。关于关东州的租借，在旅顺及大连港湾租借条约第三条的末段有所规定。租借

---

① 苏崇民主编：《满铁档案资料汇编·日本的大陆政策与满铁》，社会科学文献出版社2011年版，第236页。

期满后的延期商议，已经规定在条约上。而且关于满洲的《北京条约》第十三条，帝国关于租借地也得享有最优待遇。租借期限延长是属于我在条约上有根据的事项。所以关于满洲问题可暂时维持现状而防止其受到侵犯。一面当遇到好机会时，就努力于逐渐增加我们的利权。至于满洲问题的根本解决，须是机会对我最为有利，并且等待有充分把握时，才能实行。我们认为这是上策。回过头来看一下帝国对中国本部的关系，帝国臣民侨居众多，我通商贸易规模巨大，同我有关系的企业正在增加；所有这些说明帝国在那里占有优越地位的趋势，已经成为明显的事实。加以清国的局势极不安静，今后的形势如何是无从预见的。然而，万一这个地区发生不测之变，而对之能寻求应急手段的，除了帝国以外，其他国家是无计可施的。这种事实，从帝国的地理位置以及帝国的实力来看，是更加不容怀疑的；另一方面不能不说，帝国在东亚的一大任务亦在于此。帝国今后自然要认清上述的地位，并且必须为此地位的确立而努力，今后更要一定谋求一种方案，使清国及各国逐渐承认这种事实。然而我们认为当各国深深地考虑东亚的大局时，终将承认我们的优越地位，这不一定是没有希望的。根据以上的情况，帝国政府决定满洲问题的根本解决完全在于等待对我最有利的时机的到来。今后要特别努力扶植在中国本部的势力，并采取措施使各国承认我们在那里的优越地位。帝国政府基于既定的方针，一方面关于满洲问题，同俄国的步调一致而谋求保护我们的利益；另一方面，尽可能融洽清国的感情，使之信赖于我。除了采取这一方案之外，对于英国要尽量始终贯彻同盟条约的精神；对于其他如法国那样在中国本部有利害关系的各国，要寻求和睦的途径；而且要采取方策尽可能地把美国也拉进我们伙伴之中。我们相信，实行这些方策以期达到我们的目的，是完全必要的。"①

　　上述日本政府确立了"永久保持满洲现状""满洲问题的根本解决"的目标，但却似乎消极地采取"满洲问题可暂时维持现状""等待最有利的时机"对策。为此，10 月 28 日，外相内田训示日本驻奉天总领事

---

　　① 苏崇民主编：《满铁档案资料汇编·日本的大陆政策与满铁》，社会科学文献出版社2011 年版，第 237—238 页。

小池张造,"但为清政府效劳而向革命党人施加压力,如逮捕或引渡革命党人之类的活动,我国政府不愿参预。希能按此精神适宜处理。但防止我铁路附属地以内及其附近地区发生扰乱,为我方自卫上之所必需,自应向关东都督发出训令,使其设法增强当地警察力量"①。但实际上日本外务省通过其他方式扩张日本在"满洲"的权益,这体现在对外上试探俄国对辛亥革命的态度,尤其是试图与俄国协定分割"满洲";对内对于日本陆军和日本浪人,以及清朝贵族宗社党阴谋制造的"满蒙独立运动",非但不予以阻止,反而予以积极协助,期待阴谋成功。

10 月 24 日,日本政府确定对外政策方针后,当天日本驻俄大使本野将其与俄国总理在 23 日会谈的内容报告给外相内田。在谈话中,"俄国总理:清国此次发生动乱及其政府之现状,对于世界和平,尤其对于日、俄两国的特殊利益,实在是一场很大的风险。迄今为止,日、俄两国所获得的特殊利益,全系取自现存的满清朝廷。与其坐视事变自然消长,何如援助现存的满清朝廷,或将有利于维护日、俄两国的利益。革命军的胜利,较之现政府的存在是否更为可惧……本野:鉴于清国现政府之极端腐败与混乱,据本使所见,寄希望于满清朝廷这一派获得最后胜利,实属危险之极。基此,本使认为此时日、俄两国应密切注视事态发展,随时采取适当措施,以维护两国的在清利益免遭损害,实为得策。不论清国发生何种事变,日、俄两国必须依据自一九零七年协约开始、经一九一零年协约而日趋巩固的两国间相信相依的政策原则,紧密协作……关于清国事变的结果究竟如何,本使虽不得而知,但本使相信,终有一天我们必须认真考虑一九零七及一九一零年两次日俄协约究竟是否应该忠实履行的问题……俄国总理:本大臣对于日俄两国协约抱有深切的信赖,因为协约是以两国国民的现实利益为基础的。因此,当我们谈论清国问题时,必须很好地立脚于日俄协约的基础之上。按时,毕竟是无用的。根据一九零七及一九一零年两次秘密协约,日、俄两国关于分割满洲于蒙古的问题已经预有设想。只要时机一到,两国即可根据一九零七年协约中规定的分界线分割满洲;并可进一步商谈如何分割

---

① 中国社会科学院近代史研究所中华民国史研究室主编:《日本外交文书选译——关于辛亥革命》,中国社会科学出版社 1980 年版,第 51 页。

蒙古的问题。"① 从日本驻俄大使本野和俄国总理的谈话内容中可知,在辛亥革命爆发后,日俄的关注点集中于"满洲"特殊利益,日俄双方同意依照1907年和1910年的日俄协约应对时局,双方还确定时机允许的情况下就按照以往日俄协约规定分割"满洲"。

1912年俄国企图借中国革命之机谋划外蒙古独立,并被国际社会所知晓。日本借此提出明确日本和俄国在内蒙古的势力范围。1912年1月10日,内田外相致电本野驻俄大使,训示"日俄秘密协约附加条款所定之南、北满洲分界线,仅止于托罗河与东经一百二十二度交叉点处,该点以西地区之分界线尚未议定。又,根据上述秘密协约第三条,帝国政府虽已承认俄国在外蒙古享有特殊利益,然而关于日俄两国在内蒙古之利害关系则未做任何规定。以上情况均为我大使所熟知。本大臣认为,日俄两国政府在适当时机,就东经一百二十二度以西地区之分界线问题缔订协约,并在内蒙古划定两国势力范围,对于根除将来一切误会、永久敦睦两国邦交,实属最为必要"②。但本野驻俄大使1月13日在回复内田外相中,就建议此次日俄交涉不应限于划定两国在内蒙古势力范围,而是由日俄商定分割"满洲"和蒙古,谋求"满洲问题之根本解决"。"如去年十月本职以第三十七号公函所报,关于清国时局问题,俄国总理大臣态度相当激越,锋芒所示,颇有一遇时机即由日、俄两国协商,一举分割满洲、蒙古之势。若按尊电所示,此时由本职提出交涉,缔结协定,对方必然提出上述分割问题。我方既认为交涉最合时宜,即必须有充分的准备与决心,在对方提出上述根本问题时能够立即予以明确的回答。不知帝国政府是否已经有此决心——即随同清国时局之演变,根据日、俄协约原则乘此时机一举求得满洲问题之根本解决? 不论是否经过内阁决议,只要我大臣阁下在对满洲政策上已有充分计划并欲坚决执行,本职即可按尊电所示方案与俄国政府交换意见。"③ 对于本野

---

① 中国社会科学院近代史研究所中华民国史研究室主编:《日本外交文书选译——关于辛亥革命》,中国社会科学出版社1980年版,第105、106页。

② 中国社会科学院近代史研究所中华民国史研究室主编:《日本外交文书选译——关于辛亥革命》,中国社会科学出版社1980年版,第132—133页。

③ 中国社会科学院近代史研究所中华民国史研究室主编:《日本外交文书选译——关于辛亥革命》,中国社会科学出版社1980年版,第134页。

驻俄大使直接提出的由日俄分割"满洲"蒙古的建议，没有找到内田外相的回复。1月11日，俄国外交部发表公报对外蒙古独立予以支持，这进一步刺激日本要与俄国交涉划分在内蒙古的势力范围。1月16日，西园寺内阁决议进行第三次日俄密约交涉。决议内容为要求本野驻俄大使与俄国交涉划定日俄两国在内蒙古的势力范围，但对于本野此前提出日俄两国协商分割"满洲"和蒙古，谋求"满洲问题之根本解决"，该决议倾向于支持，该决议对此强调"遇到适当时机"予以解决。"俄国政府难保不如本野大使所预料，就如何根本解决满洲问题刺探我国政府有何决心。关于解决满洲问题，我国政府之方针早已确定，遇到适当时机即应适当加以解决。故可视本野大使与俄国政府交涉结果如何，如须表明我方决心，即可着该大使秘密告知俄国政府：遇到适当时机，适当解决满洲问题，帝国政府并无异议。同时向其说明：关于具体解决办法以及何时着手解决等问题，尚须慎重考虑，因此，日、俄两国政府尚待进一步仔细磋商，等等。"① 在此电文中，日本担心俄国刺探"根本解决满洲问题的决心"，但在后来本野驻俄大使致电内田外相的电文中，从1月17日本野驻俄大使与俄国外部大臣的谈话中可知，却恰恰是日本想刺探俄国对于"根本解决满洲问题的决心"，是日本更想将"根本解决满洲问题的决心"付诸实施。"随后，本职又将话题推进一步，谈到最近清国形势问题，略谓：鉴于目前清国形势，尤其满洲现状，本使认为迫使日俄两国不得不采取断然措施之时机终必到来。两国政府应就基本方针预先交换意见，以备他日临机应变，采取措施。本使拟向本国政府提出若干建议，颇愿就此问题大体上预先聆听阁下有何意见？该大臣答称：本大臣亦曾接到北京及其他方面发来报告，谓清国形势日趋危殆，因而亦常担心将来不得不采取断然行动。但对清国事变之发展前途尚未做出最终估计，从而关于处理办法亦尚未有成熟方案，等等。然后又提出反问谓：帝国政府有何设想，本大臣颇愿闻知。对此，本职答称：帝国政府有何意见，本使尚未确悉，但敢相信在适当时机适当解决满洲问题，帝国当无异议。当然，关于具体解决办法，尚须周密考虑。因此，

---

① 中国社会科学院近代史研究所中华民国史研究室主编：《日本外交文书选译——关于辛亥革命》，中国社会科学出版社1980年版，第151页。

日俄两国很有必要预先进行充分磋商。对此，外务大臣答称：关于清国问题，如果迫于需要，俄国政府当然愿意同日本国政府通力合作，共同采取适当措施。坦率而言，由于欧洲形势、本国财政以及其它各种原因，俄国政府不希望在远东酿起祸端。尤其此时，俄国民心因有俄日协约的存在而对远东方面稍感宽松之际，更希望上述必须采取断然行动之时日尽量迟来。作为本大臣个人意见，则希望通过和平手段处理当前时局，等等……综合上述俄国外务大臣所谈各节，关于清国时局问题，俄国政府迄今尚无何等确定方案，当属实际情况。据本职个人观察，即使今后，俄国方面恐亦难于得出确定一件。本职认为，诸如满洲、蒙古等问题之处理，如果指望得到列国同意或预先取得列国谅解，则绝对无此可能；即使我同盟国之如英国，对于我国行将采取之措施，恐亦不能表示欢迎。因此，帝国政府只能一本帝国之利害关系确定处理方案，首先取得俄国同意，至于其它各国，则待事后迫其承认即可。"① 本野判断无法取得列国的支持和谅解，建议日本单独促成"满洲问题之根本解决"，1月18日，本野驻俄大使在与俄国总理谈话后，直接建议日本政府，"关于清国事态发展，俄国当局尚无明确预见，正在踌躇观望，难定决策。因此，本职认为，帝国政府应尽早召开内阁会议，定出决策，然后向俄国政府提出具体方案，进行磋商，或有可能促使俄国政府同意我提案，亦未可知"②。但内田外相并没有支持本野驻俄大使的上述建议，在对本野的训示中，除了明确就日俄在内蒙古势力范围进行划分和正式交涉以外，对于本野一再建议的"满洲问题之根本解决"，内田外相指出，"满洲问题之解决，关系极为重大，必须慎重考虑，目前帝国政府尚不能提出任何方案。然而清国事态，变幻莫测，将来如何演变，几不能按常规予以估计。因此，帝国政府认为，自现在起日、俄两国政府即应根据本国立场就如何解决满洲问题各自预先加以考虑，以备他日事态发生时，两国之间可以推心

---

① 中国社会科学院近代史研究所中华民国史研究室主编：《日本外交文书选译——关于辛亥革命》，中国社会科学出版社1980年版，第153、154页。

② 中国社会科学院近代史研究所中华民国史研究室主编：《日本外交文书选译——关于辛亥革命》，中国社会科学出版社1980年版，第155—156页。

置腹，随后交换意见"①。

二　日本外务省官员意图出兵干涉

除了与俄国意向上达成按照以往日俄协约规定分割"满洲"以外，辛亥革命爆发后，不论是日本外务省还是日本陆军都有出兵干涉中国的构想，甚至制订计划并部分付诸实施。但日本出兵干涉的目的在于实现在中国进一步扩张各种权益，因此各国列强尤为担心日本会出兵干涉中国革命。美国驻日代理大使凯斯勒在向美国国务院提交的报告中认为，日本乐于出兵干涉中国革命，只要清政府提出请求，或者列强劝告日本出兵干涉，日本就会出兵干涉。尤其是一旦波及"满洲"，日本不经列强同意也会出兵干涉。为了制止日本出兵干涉的念头，10月15日，美国驻日代理大使凯斯勒会见日本外务省次官石井菊次郎，警告日本未经与美国磋商，不得单独行动。

但日本外务省内部仍旧对出兵干涉中国进而扩张在中国权益的策略念念不忘。10月28日，伊集院驻清公使致电外相内田，提出由日本推动将中国分割为华中、华南和华北三个国家的建议："帝国政府亟须当机立断，下定决心，对现时局具体制定根本方针。本质不才，愿陈所见，供请卓夺：武昌兴起的革命军军政基础业已渐趋巩固，如此判断，并非轻率，而两广总督恐恐迟早亦难免宣告独立，此种形势，濑川总领事等已有电报禀陈。趁此绝好时机，亟应在华中、华南建立两个独立国家，而使满清朝廷偏安华北，继续维持其统治。征诸各方情况，上书方案应该是最顺理成章的解决办法。若按上述方案执行并获成功，本职相信：可由此一举奠定帝国政府之百年大计。至于本案之能否实现，则完全取决于（帝国政府）能否下如此重大决心，并周密策划，不失机宜，先发制人……帝国政府如肯采纳上述方案，即应火速选派适当人才分赴各个方面，以不断掌握准确之情报，并与武昌革命军当局及广东方面首要人物取得联系；与此同时，还应增派军舰分赴当地，保证上述计划之顺利执行。"② 伊集

---

①　中国社会科学院近代史研究所中华民国史研究室主编：《日本外交文书选译——关于辛亥革命》，中国社会科学出版社1980年版，第157页。

②　中国社会科学院近代史研究所中华民国史研究室主编：《日本外交文书选译——关于辛亥革命》，中国社会科学出版社1980年版，第112—113页。

院驻清公使突然提出选派人员并派军舰赴武昌广东，力图由日本扶植建立华中、华南和华北三个国家，使得日本掌控中国政局，对于这一突然提出的外交加军事干涉中国内政的构想，《日本外交文书》中并未记载内田外相或者西园寺内阁对伊集院驻清公使建议的讨论情况。直到11月2日，外相内田才训示伊集院驻清公使，拒绝其通过外交和军事干涉中国的建议。"关于清国现状及其未来发展趋势，据屡次来电观之，只能说目前尚处于未可预测之状态。在当前情况下，我国必须密切注视形势演变，以便慎重决定态度，万不可过早做出结论，或贸然采取各种措施。因此，帝国政府一面要随时做好应变准备，毫不松懈；一面要洞察形势发展真相，并探索各国动向。此种精神，前次训令中业已言明，望能深加体察……在此种情况下，我国政府率先确定态度，既无必要，亦无基础。况我国在确定态度时，事先至少需与英国政府进行磋商，方为合宜。"① 外相内田否定了伊集院公使提出由日本外交和军舰配合分割中国的建议，是因为时局不明，日本的对外政策还需要"探索各国动向"，尤其是"需与英国政府进行磋商"。

与拒绝伊集院公使激进地提出干预中国革命建议相比，11月8日，驻奉天总领事小池张造也建议增兵南"满洲"，以此显示日本保护南"满洲"势力范围的决心，得到外相内田的支持。"本职认为此时我政府很有必要与俄国政府进行磋商，急向铁路沿线各重要地点增派兵力，以保护铁路、通信安全以及我国人民经营之事业，并借以显示南满洲属于我国势力范围，任何人不得思欲染指。"11月10日，内田就如何动用军事行动保护日本在"满洲"利权训示驻奉天总领事小池张造："一、除迫于保护侨民或保护铁路之需要，以及我国利权遭到侵害须加保护等情况外，应尽量避免采取军事行动。二、南满洲铁道会社为便于我方之军事行动，应以公正态度拒绝向官军或革命军之任何一方提供与军事行动有关之一切运输便宜。三、南满洲铁道会社及其驻在各地之最高级负责人出于保护铁路之需要，以及我驻满洲各地领事或民团长出于保护我侨

---

① 中国社会科学院近代史研究所中华民国史研究室主编：《日本外交文书选译——关于辛亥革命》，中国社会科学出版社1980年版，第113—114页。

民或保护我国权益之需要，在必要时，均得向关东都督或其就近之守备队长请求保护。四、万一满洲朝廷蒙尘前往南满洲方面，应极力加以保护。"① 11 月 12 日，陆军大臣石本也向关东都督大岛义昌就采取军事行动事宜发出训示，其基本规定与上述外相内田训示小池张造内容相似，也强调"南满洲我国侨民需加保护或发生我国权益遭到侵害而必须加以保护"的情况下，关东都督可以使用兵力，但"使用兵力时所采取之军事行动，应限制在达到该项目的所必需之范围以内"。但伊集院驻清公使对于日本基于防守性质才能在"满洲"开展军事行动表示不满："据此两电观之，我国政府对于当前南满洲事态之方针，似在任其自然发展，等待发生变乱后方始采取军事行动……本职深信：不论从任何角度来看，当前我国政府最妥善之方策，应事先在南满洲方面隐然显示我国之威慑力量，用以防止革命党人之蠢动，并保障该地区之安宁。如此，则一方面可以向中外表明南满洲地区之所以能够保持平静，全属受惠于处在我国势力范围之内，并表明我国并非怀有他意；另一方面，可使世人由此产生一种更加强烈之印象，即南满洲地区与清国其他十八省显然不同。"② 对于伊集院驻清公使要求日本特别在"满洲"显示威力的建议，内田外相并未接受，其理由是担心外国对日本有所怀疑。"在满洲地区尚未发生骚乱以前即向外界表示我国已在行使实力，必使在满洲问题上一向对我怀有戒心之诸外国立刻加深怀疑，对我国颇为不利。基于此种考虑，帝国政府也已决定：只要满洲地区没有变乱发生，我国政府即不采取惹人注目之措施。"③ 所以当 11 月 23 日驻北京各国外交使团召开会议决定各国向北京增兵后，内田外相立刻训示驻清公使伊集院与日本驻屯军协商，随后还派遣海军陆战队在汉口登陆。

11 月 28 日，西园寺内阁就外交政策做出大的调整，改变以往静观

---

① 中国社会科学院近代史研究所中华民国史研究室主编：《日本外交文书选译——关于辛亥革命》，中国社会科学出版社 1980 年版，第 117 页。

② 中国社会科学院近代史研究所中华民国史研究室主编：《日本外交文书选译——关于辛亥革命》，中国社会科学出版社 1980 年版，第 119 页。

③ 中国社会科学院近代史研究所中华民国史研究室主编：《日本外交文书选译——关于辛亥革命》，中国社会科学出版社 1980 年版，第 121 页。

其变的政策，希望进行干涉，并得到英国的支持。"帝国政府关于清国时局之方针，经仔细考虑后，已于近日召开内阁会议做出决议，并经天皇陛下批准，详如另电第 318 号所示，已向我驻英代理大使发出电训。单次决议仅系帝国政府关于清国时局之大体方案，非经与英国政府及其它有关各国政府磋商，尚不能采取任何实际步骤。"为此，内田外相致电山座驻英临时代理大使："希尽速与英国外务大臣会晤，将下列旨趣作为帝国政府之训令，向其面述，对方作何表示，希急电告。'对于清国此次变乱，帝国政府早已看出其性质极为重大，认为在短期内应注视形势发展，而后采取适当措施，方为妥善'，故迄今为止尚未采取任何实际步骤，只静观形势演变而已。其后形势日非，如今满洲朝廷业已威信扫地，政府当局已丧失匡救时艰之能力与信心，叛乱几至遍及全国各地。目前，中央政府之政令仅能施行于华北几省。原指望袁世凯再出东山，能够守势时局，乃袁自进京以来，依然一筹莫展，甚至首都形势亦日趋险恶，终至使各国政府认为有增兵之必要……刻下清国局势既已如此，故帝国政府认为，与该国有重大利害关系之各国已不能再事袖手旁观，迅速采取适当措施以维护本国利益，已成为不可避免。"① 随后，山座驻英临时代理大使会见英国外相，英国外相表达不支持日本出兵干涉中国之意："关于清国时局，英国政府一向坚持听任官、革双方自行决定胜负之方针。因此，虽曾屡次有人要求派遣陆军，我政府总是一概加以拒绝，且经常注意避免一切可能挑起排外事端之行动发生。此次日本国政府提出此项建议，必定意味着事态又有新发展，故必须与内阁成员仔细商讨，而后方能奉答，云云。英国外务大臣对我国之提议极为重视，无疑，已理解为我国将进行武力干涉。本职当即意识到应该主动按尊电第 192 号后半段所示旨趣加以说明，借以消除其疑虑。乃该大臣旋即提问：日本国之真意，是否准备使用武力？阁下如无所知，希即向贵国政府问明。本职遂即答称：并非如此，而是试图进行善意调停。本国政府已有训令到来，如贵大臣需要，本使可立即表明帝国政府之意图。言毕即将尊电第 192 号后半段之英文稿亲手交出。该大臣仔细阅读后，

① 中国社会科学院近代史研究所中华民国史研究室主编：《日本外交文书选译——关于辛亥革命》，中国社会科学出版社 1980 年版，第 253、254 页。

始露出宽松神色，言称：最初以为备忘录中'采取适当措施以维持本国利益'等语，意在使用武力；如系善意调停，问题自当别论，或许不需正式通过内阁会议。"①

尤其是日本担心其在"满洲"权益受损，为此出兵干涉在"满洲"革命党人的意愿强烈："如果革命党势力日益壮大，既是满洲秩序一事发生紊乱，亦未尝不可能因此而造成我国对满洲政策得以向前推进一步之契机。故我既定方针虽然仍未改变，但在具体执行时，则应灵活考虑运用。"② 为此，关东都督大岛义昌致电内田外相："关于革命军在满洲登陆后造成秩序紊乱时我方应采取何种措施，将于日后适当时机另电详示，等等。今日情况已较紧急，如前电所述，革命军业已登陆，官军向中立地带内出动者渐多两军已发生冲突，南满洲秩序亦将为此而动摇。本府究应采取何种措施，望急电详示，恭候指挥。"③ 1912 年 2 月 6 日，内田外相致电关东都督大岛义昌训示："北伐军终于在中立地带内登陆，且与官军开始战斗。迄今为止，我方曾多次警告该军不得在中立地带内登陆，故希望贵都督立即向北伐军司令官发出通告，责其不应无视我方之一再警告而强行登陆，并要求其尽速退去。结果如何，希即电知。此事已与陆、海军两省及拓殖局协商完毕。"④

三　日本外务省协助"满蒙独立运动"

日本外务省早就知晓日本浪人川岛浪速在日本陆军支持下进行阴谋活动，并积极给予协助。1911 年 12 月 6 日，川岛浪速致电参谋次长福岛，提出请求："蒙古喀喇沁王迫于某种急用，已向正金银行提出申请，愿以所辖全部领地为抵押，借银两万两。正金银行表示：如能获得政府当局认可，即可贷与。本人认为此项借款无论如何不致招损，即便由我

① 中国社会科学院近代史研究所中华民国史研究室主编：《日本外交文书选译——关于辛亥革命》，中国社会科学出版社 1980 年版，第 259—260 页。
② 中国社会科学院近代史研究所中华民国史研究室主编：《日本外交文书选译——关于辛亥革命》，中国社会科学出版社 1980 年版，第 235 页。
③ 中国社会科学院近代史研究所中华民国史研究室主编：《日本外交文书选译——关于辛亥革命》，中国社会科学出版社 1980 年版，第 239—240 页。
④ 中国社会科学院近代史研究所中华民国史研究室主编：《日本外交文书选译——关于辛亥革命》，中国社会科学出版社 1980 年版，第 241 页。

国对蒙政策角度考虑，此时亦以贷与为宜。"① 参谋次长福岛将这封电报转给日本外务省，随后外务省政务局长仓知出面致函正金银行井上副总裁，声明："关于蒙古喀喇沁王申请借款二万两事，昨日阁下来省时业已谈及。对此借款，内田外务大臣亦希望促其实现。"② 正金银行北京支店办理完借款事宜后，正金银行 12 月 31 日对此向外相内田进行汇报。

同样，1912 年 1 月 30 日高山大佐就"蒙古举兵"事宜致信参谋次长福岛，2 月 2 日福岛仍将电报转给外务省。高山在电报中汇报："关于蒙古举兵事，刻已步步准备就绪。喀喇沁王已决心于数日内脱出北京（三万发子弹已于昨日领取运出）。喀喇沁王与川岛之间所订密约以及借款合同抄本，今日寄上。此项借款，约定以卓所图盟五旗内所有矿山为抵押，贷与日金二十万元整。因该地区将成为举兵之根据地，故贷与款额较他项借款为多。已约定现款将在交换文书时一次付清，故请急速设法将现款寄来。此外，以巴林翁牛图盟管内全部矿山采掘权为抵押之一万两借款谈判，也已成立；与昭乌达盟巴林、敖汉等十一旗之间订立某种秘密协约，亦可望其有成；而宾图王亦前来要求借款，当于一两日内作出决定。目前，在蒙古掌握各种权利之时机已到，故请除上述二十万元外另寄五万元来备用。此次所贷款项，大部分将使其用于举兵。"③ 2 月 2 日，外相内田对于上述电函内容表示支持，并训示日本驻请公使伊集院："高山大佐及川岛浪速自北京致电参谋本部称：'蒙古举事……'等语。帝国政府鉴于内蒙古东部与南满洲之间具有密切关联，若能在该地区建立某种利权关系，在万一时可能对我国有利。上述借款，刻下正在审议中。特此电告，仅限我公使一人知悉。"④ 2 月 15 日，外相内田致电公使伊集院，经审议决定贷款，由大仓洋行名义签订合同，训示伊

---

① 中国社会科学院近代史研究所中华民国史研究室主编：《日本外交文书选译——关于辛亥革命》，中国社会科学出版社 1980 年版，第 87 页。

② 中国社会科学院近代史研究所中华民国史研究室主编：《日本外交文书选译——关于辛亥革命》，中国社会科学出版社 1980 年版，第 79 页。

③ 中国社会科学院近代史研究所中华民国史研究室主编：《日本外交文书选译——关于辛亥革命》，中国社会科学出版社 1980 年版，第 89 页。

④ 中国社会科学院近代史研究所中华民国史研究室主编：《日本外交文书选译——关于辛亥革命》，中国社会科学出版社 1980 年版，第 89 页。

集院与多贺少佐办理此事。3月7日,在外务次官石井致函大仓喜八郎中,承认"此次借款总额共计十一万元整,全部由政府支付,其所发生之权利、义务关系亦由政府承担","关于与喀喇沁王等东部内蒙古签订借款合同事,日前业经仓知政务局长与阁下先行秘密洽妥,今已议定按附件所开条件贷与喀喇沁王九万元整;另以大致相同之条件贷与巴林王两万元整,此项密谈亦告成立。故望阁下急速电示贵社天津支店长,着其与伊集院公使磋商后以阁下名义签订合同。此次借款总额共计十一万元整,全部由政府支付,其所发生之权利、义务关系亦由政府承担。仅借阁下名义签约,将来发生任何纠葛,与阁下全无关涉"①。

进入 1912 年 2 月,随着清帝退位,日本陆军和宗社党谋划的"满蒙独立运动"已经进入实质阶段。2月13日,关东都督大岛义昌致电外相内田,告知肃亲王及其随员 56 人以及日本人川岛浪速等 7 人,到达"关东州",关东都督大岛义昌决定将肃亲王等人安排到关东都督府民政长官处居住。② 2 月 14 日,日本驻奉天总领事落合致电外相内田:"关联到北京政变问题,为探明张作霖等人意向所在,本职特派刻正逗留奉天之北条主任与深泽两人前往晤谈,张氏言称……为购运武器弹药,已于昨十三日派金树山(音)前往旅顺与大岛都督恰商,为付清此项价款,无论矿山或森林等均可充作抵押。肃亲王亦拟收拾奉天宫殿所藏宝物,提供日本皇室作为抵押,亦正为此而与都督进行磋商。"③

最终在英国对日本的正式警告下,日本外务省终止了日本陆军发动的"满蒙独立运动"。2月16日,英国驻日大使正式致函内田外相,要求日本政府阻止日军在"满洲"的单独行动:"本使根据英国外务大臣之训令,向阁下报道下列事项,颇感光荣。根据英国政府所获情报,已有数名清室王公潜赴满洲,向东三省总督进行策动,嗾使该总督为恢复满洲朝廷而努力。事态如此,该总督即与英国驻奉天总领事商议,并征

① 中国社会科学院近代史研究所中华民国史研究室主编:《日本外交文书选译——关于辛亥革命》,中国社会科学出版社 1980 年版,第 96 页。

② 中国社会科学院近代史研究所中华民国史研究室主编:《日本外交文书选译——关于辛亥革命》,中国社会科学出版社 1980 年版,第 79 页。

③ 中国社会科学院近代史研究所中华民国史研究室主编:《日本外交文书选译——关于辛亥革命》,中国社会科学出版社 1980 年版,第 80 页。

询意见，以考虑其本人应采取何种态度。基此，英国驻北京公使经本国政府同意，已向英国驻奉天总领事发出训令，着其按如下旨趣向该总督提出劝告。即（一）当此之际，该总督如单独采取特殊态度，必将毫无所获；（二）根据清帝退位上谕，袁世凯已受命阻止南北统一之新共和政府，包括满洲在内。目前袁世凯正为完成此项任务而努力；（三）在满洲，不论发生任何分裂活动，均对清国之领土保全不利。而该总督身为当代资望最老之勋臣，若参与此种活动，亦不符合满洲皇室之旨意。"[1]

2月21日，日本驻奉天总领事落合就川岛浪速与肃亲王宗社党秘密谋划进行汇报："二月十六日，川岛浪速已自旅顺来抵此地，寄居于松本某处。现已将沈阳馆几个房间包租下来，严禁外人出入，秘密进行某种策划，且与福岛参谋次长保持电报联系……除上列知名人士外，近日来，或为观察时局动向或为进行某种策划而前来此地者已达十数名之多，逐渐引起世人注目。本职认为，川岛一伙正在为宗社党而进行策动，彼等不但完全置本馆于不顾，且有回避我警察探查之形迹……鉴于奉天事务主要属于本职之职责范围，故在必要时本职可能采取临机措施加以取缔。如其背后有某系统授意，指使彼等进行此种策划，即希通过该系统发出训令，使彼等事先与本职充分磋商而后采取行动。"[2]

2月22日，内田外相回复驻奉天总领事，要求其制止日本陆军、大陆浪人以及关东都督府谋划的"满蒙独立运动"："来电所述问题，已促请有关方面加以注意。关于我国人参与宗社党活动问题，我国政府当然不予承认。政府已经决定对彼等之行动加以适当管束。总理大臣已于本月二十日将此宗旨电训关东都督，我总领事可即本此精神与都督进行磋商，采取相应措施，务期以说谕或其他稳便方法对彼等适当加以取缔。"[3]

---

① 中国社会科学院近代史研究所中华民国史研究室主编：《日本外交文书选译——关于辛亥革命》，中国社会科学出版社1980年版，第348页。

② 中国社会科学院近代史研究所中华民国史研究室主编：《日本外交文书选译——关于辛亥革命》，中国社会科学出版社1980年版，第84页。

③ 中国社会科学院近代史研究所中华民国史研究室主编：《日本外交文书选译——关于辛亥革命》，中国社会科学出版社1980年版，第84—85页。

四　承认袁世凯当选与扩张"满洲"权益

由于英国的正式警告，此后日本外务省基本放弃了出兵干涉或者协助日本陆军制造阴谋等行动，开始寻找其他方式来扩张日本在"满洲"的权益。

1912年3月7日，外相内田在众议院接受质询，答辩如何维持南"满洲"治安时称，确定日本在"满洲"使用武力的范围："第四点质问'南满洲的治安维持方策及将来的方针如何'。本问题是很重要的问题，帝国在南满洲有特殊的利权，我想诸位是知道得很详细的。关东州租借地就不用说了，对于有关东州四五倍大的中立地带的关系及700英里长的铁路线和附属地，或者鸭绿江岸的木材事业，烟台与抚顺煤矿以及其他沿铁路附属地我国人民所兴办的各种事业等等，所有这些利害关系，毕竟不是中国在本土方面与各国关系中所能见到的，实在是特殊的权益。而且南满洲安宁秩序的紊乱不仅直接影响我特殊权益，而且也直接影响朝鲜的治安。因此，对于南满洲，从这个事件发生之初，就予以最大的注意。对于在那里的我军部当局给确立了一定的方针。这就是，对于一切以我租借地或铁道附属地等为策源地搅乱治安和秩序的行动，严加取缔，与我特殊利权无关的任其自然。但是如果有对我臣民的生命财产有危害时，也一定取缔，绝不姑宽。就是决定了这样的方针，一直实行到现在。所以无论是在我租借地或附属地，当未达到妨害治安程度时，并不加干涉，如有扰乱治安之危险时，分别加以取缔。关于方才柴先生也提到的中立地带问题，由于听到有北伐军在中立地带上陆的消息，所以对北伐军首先再三发出了警告说，不可上陆。但是他们不听这种警告，在中立地带上了陆，于是与官军发生了冲突。因此我们出兵，向中立地带出兵，命令双方退出中立地带。所幸他们双方都爽快地答应了，最后退出了中立地带。其他在铁道沿线，官军与革命军之间也时有冲突，有危害我国民生命财产的危险时，我们便马上出兵，给他们拉开，像这种情形不止一次。我们对于维持南满洲治安所采取的措施，就像现在所说的这样，今后我们仍然打算执行同样的方针。"[1]

---

[1]　苏崇民主编：《满铁档案资料汇编·日本的大陆政策与满铁》，社会科学文献出版社2011年版，第238页。

1912 年 11 月 13 日，外相内田就日本对华外交政策纲领训示日本驻华公使伊集院，明确反驳日本社会和政界流行的乘机占领"满洲"的言论："我国对于中国外交的主要原则，在于保全其独立和领土，日英同盟的主要目的也实在于此。然而自从帝国在南满取得特殊地位以及依据日俄协约划定势力范围以来，世间往往有人盲目提倡解决满洲问题。而根据最近的第三次日俄协约，我方势力范围向内蒙古东部扩张，在人民口中，从所谓满洲问题更进一步，竟又谈论起解决满蒙问题。尤其最近俄国对外蒙的行动等等很容易刺激我方的舆论。这就更加给解决满蒙问题论者以口实，因此我们现在必须明确决定帝国关于满蒙的方针。按论者所谓解决满蒙问题，往往是意味着获得领土，据说帝国必须割取南满洲以及与其相连接的内蒙古东部才能解决这个问题。然而这种企图，第一，绝不能取得中国同意。第二，和保全中国领土的原则相背，也和日英同盟、日俄协约、日法协约以及日美协商等明文规定相矛盾。第三，假定不顾一切断然实行这种企图，将给帝国政府带来很大麻烦。因为：1. 中国官民必然抗争不已，对内掀起抵制日货浪潮，对外诉诸世界舆论，以牵制我国。不但通商贸易，就连我国官民在中国的一切设施经营都将受到影响，在中国的经济活动及其发展都将受到妨害。特别是我国工业，其以中国市场为主要目标的，更是遭受重大打击的危险。2. 我国在外交上，不仅失信于中国，而且也加强了盟邦各国的猜疑，以至于使帝国的言论在国际上失去威望。关于中国问题，我国行使发言权必然感到极大的不便。3. 加入帝国本身破坏了中国领土保全原则，就无法防止他国的借口，就会引起瓜分中国的开端，最后在一衣带水的大路上，就有列强盘踞的危险。4. 在日俄战后，所以能够达成日俄协约，毕竟是因为日俄两国在对中国的关系上感到在满洲有着共同利益。现在帝国如果割取南满洲以至于内蒙古东部，则俄国必然要吞并北满以及内蒙古西部，进而窥视新疆、甘肃、陕西、山西。就这样把中国从满蒙驱除之后，日俄两国在满蒙地区便直接接触，利害冲突必然更加尖锐，更加激烈。因为以前关于满洲之利害关系彼此之间虽然不尽一致，但因有中国这一共同目标，还可以避免面对面的冲突。满蒙如果分割，则两国的利害冲突就会完全表面化，再想维持日俄协约的精神无论如何是不可能的。第四，给国家财政带来重大困难，对于整个国家的发展会造成严重的障碍。这是因为如果帝国在满蒙获得新的领土，不但在施政上需要很多钱款，而且在国防上也要因增设师团支出大量军费。由于面积广阔，形势紧迫，必须使地方安宁平静和采取对中国的警备，特别是要想对新在北满方面增加兵力的俄国完成防卫工作，则不但在满蒙，而且在朝鲜方面也必须进行相应的军事设施，如此重大军事开支，我们实在是负担不了的。当前国家的急务，是谋求财政稳定，促使经济发展，大大增加一国之财富。所以在对外关系方面，必须采取和平方式，以扩大通商关系和伸张各种权利为重点，以达到国富民强殷盛的目的。如迷惑于获得领土的虚名轻举妄动，是此时所极应避免的。俄国不用说对于北满，就连对于该国形式最为有利的外蒙古，尚且不止一次地承认中国有宗主权，以避免侵略领土之议；加入帝国的行动赤裸裸地破坏此根本精神，开瓜分中国之端，终将出现不可收拾的局面。根据上述理由，我们认为对于满蒙无须存获得领土之念，而应当以我现有之地位为基础，在经济方面确保和平地发展。因此，大体要按照下列要领努力行动。一、关东州租借地问题 关东州租借地是我方在满蒙权利的根本，是活动的基础。如果回顾一下帝国与该租借地的历史关系，则至现行租借期满帝国便将此权利放弃的想法，凡是公平见识的人都不会有的。所以必须以坚定不移的决心对待这一问题。关于租借期限问题无需介意，亦无须在事前煞费苦心地强求其延长。在适当时机，对其他方面亦不发生何等障碍，而能取得中国永远明白我方地位之时固不待论；不然，就无须特别为此付出代价。总之，帝国本身以永远维持我方地位之决心，根据形势之变化采取适当之措施即可。假如日后中国催促我方交还时，我方可以抱着消极的置之不理的态度。这就像英国一样，现在仍然没有从威海卫撤走，虽然没有充分理由，但是中国没有积极驱逐的实力，是无可奈何的。二、南满铁路问题 南满铁路是帝国在满洲以及内蒙古权利的根本和渊源，所以不论其干线或支线，都必须下定决心永远掌握其经营权，并在适当时期再反复地把这权利更新和延长，努力维持和发展我方的地位。三、经济利益的扩张 除以上两项而外，当前的急务是：在南满完全以和平的手段和通过取得权利等方法扩大我们的经济利益，谋求我国人的企业发展，增加中日合办事业，使贸易关系扩大，居留日侨增多，在这方面的帝国地位愈益巩固。"①

1912 年 1 月 24 日，日本驻俄大使本野致电内田外相，向其汇报会见俄国外交部长商谈清帝退位后借助承认中国新政权之际"解决满洲问题"："其次，话题转到满洲问题之解决，据该大臣秘密告知：该大臣已将屡次与本职交谈情况奏禀俄皇，并以该大臣个人名义建议，应该乘此时机与日本国政府就此重大问题严肃交换意见，深得俄皇嘉许，等等。据云，俄皇已降谕着手与我国政府交换意见，并曾面谕该大臣：目前俄、日两国关系融洽，正是解决满洲问题之良好时机，云云。对此，本使提出反问：这一问题帝国政府一如以往所述，准备随时加以充分研究，然而与贵国政府推心置腹，交换意见。不知贵国政府认为此时有何问题需要提出磋商？外务大臣答称：虽尚未有明确成案，但据清国目前形势观之，新共和政府有可能于近期内成立。共和政府一旦成立，必然要求各国政府予以承认。届时日、俄两国可否做为承认新政府之交换条件而进一步要求巩固两国在满洲之权利？例如，日本国政府要求延长辽东半岛租借年限，俄国政府要求赋予北满洲铁道敷设权，等等。"② 内田外相并没有接受本野驻俄大使的意见，主张承认共和政府与"解决满洲问题"应该区别对待。但本野驻俄大使并未打算放弃其原来主张，继续试探俄国外交部的态度。但俄国外交部部长对此有所退缩，在本野试探下，俄国外交部部长答称："在当前情况下，一方面如贵大使所言，错过时机，甚为遗憾；另一方面，鉴于欧洲形势以及俄国国内政治情况，对于远东局势，又不得不希望尽量通过和平手段加以收拾……基于上述情况，日本国如在其自国势力范围内采取自由行动，俄国政府自然不会提出异议，但总希望尽可能不要诉诸武力。"③ 对此本野建议："根据俄国外务大臣今日所谈情况以及本职屡次所提报告，想我政府已不难基本

① 苏崇民主编：《满铁档案资料汇编·日本的大陆政策与满铁》，社会科学文献出版社 2011 年版，第 240—242 页。

② 中国社会科学院近代史研究所中华民国史研究室主编：《日本外交文书选译——关于辛亥革命》，中国社会科学出版社 1980 年版，第 389—390 页。

③ 中国社会科学院近代史研究所中华民国史研究室主编：《日本外交文书选译——关于辛亥革命》，中国社会科学出版社 1980 年版，第 393 页。

掌握俄国政府关于解决满洲问题所持态度。今后如欲使其拿定主意，只好由我国首先拟定方案，然后明确提出我方希望，以迫使对方同意，否则俄国政府看来不会轻易有何动作。"① 日本已经知晓俄国不会配合日本武力干涉中国革命的意图，因此日本施行武力干涉占领"满洲"，"根本上解决满洲问题"的构想无法实现，为此日本转而通过以承认袁世凯当选为条件谋求具体扩张满铁的权益。最终在 1913 年二次革命期间由于袁世凯军队在汉口、兖州分别逮捕一名日本军官，在攻占南京的时候打死三名日本人，这给了日本外务省对袁世凯开展强硬外交以借口，牧野伸显外相向袁世凯提出要将辽东半岛的租借期限延长九十九年，另外要求同意在满铁修建四平至洮南、洮南至热河、开原至海龙等铁路。② 从后来历史发展可知，日本这一交涉要求成为 1915 年日本对华二十一条交涉的源头所在。

---

① 中国社会科学院近代史研究所中华民国史研究室主编：《日本外交文书选译——关于辛亥革命》，中国社会科学出版社 1980 年版，第 393 页。
② 外务省外务史料馆、《日本外交文书》大正二年第 2 册、第 504—505 页。

结　　语

明治政府成立以后，主要以日本外务省和日本陆军所代表的军政机构推动执行明治政府的对外扩张国策。而在日本文教领域所代表的公共认知空间内，部分日本文人或追随明治政府对外扩张的借口，或通过构建种种扩张论引导明治政府对外进行扩张。日本军政机构和部分日本文人之间在对外扩张上的互动构成了近代日本对外扩张的节奏。

甲午战争以前，除了幕末少数日本文人对"满洲"有所提及以外，大多数时候，不论从地理距离还是从心理距离而言，"满洲"对日本来说都是遥远的异域，在日本的文教领域中也是如此。甲午战争以前，日本文教领域只有少数关于"满洲"的著述。这些著述停留在对"满洲"的介绍，没有着眼于日本与"满洲"关系的探讨。甲午战争以前，明治政府的扩张方向是朝鲜、琉球和中国台湾等区域。但随着甲午战争的爆发，日本文人为了表达对明治政府进行扩张战争的支持，开始将有关"满洲"的地理和人文等知识，以及日本发动战争的"合理性"、如何在"满洲"实现扩张等时评时论，在日本文教领域中迅速传播开来。尤其在日本文人的时评中，纷纷将甲午战争视为"文明"日本对"野蛮"中国的战争，是促使朝鲜"独立"，以及实现"东洋和平"的"义战"。在这些时评之中，丝毫不提及甲午战争中遭到直接战争伤害以及随之而来的国家主权受到侵害的朝鲜和中国官民对于日本和日军的抗议和愤恨。

在日本语境下强调日本作为战争发动者的"合理性"，这是幕末以来日本文人的普遍倾向。比如对于明治初期的"征韩论"、吞并琉球、出兵台湾，日本文人在著述中只是"陈述事实"，追随明治政府开战的借口，著述中几乎不涉及承受日本扩张的朝鲜、琉球和中国民众受到伤害的事实，更没有认识到侵略本质。

日本文人除了不能或者不愿从普遍的伦理或者双向的视角去客观地评析战争以外，他们对日本对外扩张行为的审视标准是有所选择的，主观上或者借用西方列强的"文明战争"论，或者延续幕末以来的"自卫"论。可以说，明治时代的日本文人即便在"文明开化"中逐渐精通西方各种理性主义和高深哲学思想，并以此进行大量著述，但很少用各种理性主义和哲学思想去反思日本的对外扩张行为。因此日本文人很少像近代西方知识分子一样有着厌恶战争的文人自觉，以及区别正义战争和侵略战争的审视能力，进而履行其批判战争的文人责任。整体而言，日本文人一直支持明治政府以及随后日本的对外扩张。日本文人反战的"非战论"直到日俄开战前才由内村鉴三、木下尚江等少数日本文人提出，但在甲午战争期间内村鉴三、木下尚江等人却是支持日本政府对外开战的"义战论"者。

借助甲午战争，尤其是"三国干涉还辽"让日本产生得而复失的挫败感，"异域的满洲"开始成为日本文教领域中的高频词汇，日本文人极力通过著述维系和强化着对"满洲"的认知，此时日本对"满洲"的情感日渐复杂和浓烈。甲午战争后，由于清政府无法再制衡日本在朝鲜的扩张，明治政府为了完全掌控朝鲜，开始全力侵害朝鲜的主权以及侵夺各种朝鲜的权益。而随着俄国修建西伯利亚大铁路，俄国加快向"满洲"的扩张并且与日本争夺朝鲜半岛的控制权。对此日本文人将之视为俄国对日本的威胁，面对俄国在"满洲"和朝鲜的扩张，日本文人一再对其进行批判，日本文人或者以"自卫"的名义要求"拒俄"，或者以所谓"东洋和平"为目的和"东亚"代表的身份强调日本对抗俄国的"天职"。但这些日本文人的视角和逻辑仍是有所选择和有所回避的，即只对俄国在"满洲"的扩张予以批判，但对甲午战争以来日本的扩张之举，非但没有加以批判，反而借助批判俄国的扩张，赋予日本扩张"合理性"。

义和团运动爆发后，俄国借着出兵迅速占领了"满洲"各要地并且拒不撤兵。依照"自卫"逻辑，日本将俄国占据"满洲"拒不撤兵行为视为对其势力范围朝鲜的威胁，为此明治政府决定与俄国开展外交交涉。面对俄国占领"满洲"拒不撤兵，一些日本文人坚持"对俄慎重论"，主张与俄国通过外交交涉进行解决。这些日本文人"对俄慎重论"的判断依据是对俄开战日本未必能够战胜俄国，因此其"对俄慎重论"只是一种实用主义考虑。还有一些日本文人纷纷通过演说和著述方式强烈要求明治政府对俄开战。但与以往日本文人追随明治政府对外开战论调不同的是，在日俄战争前，一些日本文人超前但却准确引导了日俄开战以及日俄战争后日本军政机构实施向"满洲"扩张这一国策。

这些文人中尤以东京帝国大学教授户水宽人、富井政章、小野塚喜平次、高桥作卫、金井延、寺尾亨以及学习院教授中村进午七人最有代表性。这七名日本教授一改日本大学教授专心学术很少发表时评的风格，1903 年 6 月 1 日，七人访问桂太郎首相，递交意见书，当面批判政府软弱，要求明治政府在"满洲问题"上下定决心对俄开战，史称"七博士事件"。随后七博士的意见书向社会公开，成为鼓动民间舆论对俄开战的标志性事件。

日俄战争前，尽管日本外务省一些官员有着日本向"满洲"扩张的构想，但这些构想尚停留在讨论阶段，而且基本上是在遵守门户开放原则下谋求与其他列强共同扩张。因此，在日俄交涉中，明治政府坚持的外交目标是要求俄国承认日本在朝鲜的排他控制权，向"满洲"扩张并不是其目标。但上述七博士所代表的日本文人在推动日本政府对俄开战的过程中，其所构建的种种理论中，并没有局限于"自卫"逻辑下的"保卫"日本势力范围朝鲜，而是在节奏上超前地提出日本的"满洲"扩张论。与甲午战争后日本文人借助批判俄国以强调日本以往向"满洲"扩张外在"合理"相比，七博士所代表的日本文人直接构建出种种日本向"满洲"扩张论，赋予日本向"满洲"扩张的内在"合理性"。七博士所提出的"满洲"扩张论其理论层次已经超出以往日本"自卫论"，以及山县有朋式的扩张"利益线"保卫"主权线"扩张论，但表达的却是毫不掩饰进行帝国主义式扩张。

具体来说，户水宽人主张日本占领"满洲"，认为这是适应帝国主义国家吞并其他弱小国家的国际大势，也是日本为摆脱人口不断增长压力而向朝鲜和"满洲"殖民的"必要"之举。其他人虽然没有像户水宽人那样直接主张占领"满洲",但都主张"殖民论""自卫权论""战争有利经济论",以有利于日本的角度内在地构建出日本向"满洲"扩张的"合理性",至于日本向"满洲"扩张是否会招致中国政府和民众的抗议和反对,这些日本文人并未加以考虑,只是以清政府无法维护"满洲"、日本在"满洲"的存在有利于"东洋和平"作为日本向"满洲"扩张的依据。比如,七教授之一的中村进午极为乐观地认为,"日俄战争胜利的话,朝鲜将臣服日本,中国将信赖日本,日英同盟更加坚固"。上述七博士以批评明治政府软弱的形式号召日俄开战并宣讲"满洲"扩张论,使得日本民众热烈地支持明治政府的对外扩张,而内村鉴三、幸德秋水、木下尚江等人提出的"非战论"不能与之抗衡。更重要的是,上述日本教授早于明治政府提出日本要借助与俄国开战向"满洲"扩张的目标,这对煽动日本民众支持明治政府向"满洲"扩张,以及引导日俄战争期间和日俄战争后日本军政机构实施"满洲"扩张国策起到重要推动作用。

日俄战争爆发以后,上述日本文人更加肆无忌惮地通过著述和演讲宣传其"满洲"扩张论,其中尤以户水宽人和中村进午最有代表性。日俄开战不久,中村进午发表《满洲善后策》提出日本永久占领"满洲",随后户水宽人在东京帝国大学发表题为"亚细亚东部的霸权"的演讲,提出名义上将"满洲"交给中国,实际上占领"满洲"为日本的领土。1905年户水宽人在演讲中更是提出,日本占领"满洲",并借助占领"满洲"据此北上进军俄国南下"直取直隶",甚至提出"作为日本人就应该灌输侵略主义,即扩张领土,此点应作为教育方针,并必须在学生时代就在学生头脑里注入侵略扩张之思想"。除此之外,上述七博士不顾日本已经无力与俄国继续战争的事实,煽动民众要求日本继续与俄国战争直到扩张要求得到满足,以此反对明治政府对俄媾和。

从上述可知,日俄开战前和日俄战争期间日本文人的"满洲"扩张论具有超前性,却是日本文人依照日本以往的扩张逻辑顺势而为而已。日俄战争后上自日本军政机构下至民间工商人士念念不忘的"满洲经营",其根源就是上述日本文人构建的"满洲"扩张论,由此"满洲"

扩张论就从日本少数文人的构想变成了日本"官民一致"的共识，这种共识也改变了其最初的"启蒙"性质而成为具有指导和推动国家政策和民众行为的理论依据。日本文人以日本为中心构建的"满洲"扩张论在日俄战争后被更广范围地接受，但其无视中国主权和容易引发中国民众抗议的不合理性得到批判的可能性却越来越小。日俄战争期间户水宽人提出的种种惊人的扩张论，比如要扩张至贝加尔湖，因而被日本新闻界戏称为"贝加尔湖博士"，以此质疑。但日俄战争后继承户水宽人的"满洲"扩张论的日本文人很少再被质疑和遭受批判，此时各种日本"满洲"扩张论已不再是高谈阔论而是类似常识性的普及与重复。后来即便日本政府对"满洲"扩张政策有所调整，甚至出现对立的币原外交和田中外交，但日本文人对户水宽人等人的"满洲"扩张论的继承却始终如一，甚至在理论上一再扩展。比如京都帝国大学矢野仁一教授提出的"满洲非中国论"等，该理论成为日本关东军发动九一八事变侵占中国东北的滥觞。

　　无论日本元老、重臣，还是外务省和日本军部所代表的军政机构，在实施向"满洲"扩张日本权益过程中，一再无视中国主权和中国民众的抗议。除此之外，日本向"满洲"扩张还冲击门户开放原则，日本的"满洲"扩张越来越呈现出"独占性""特殊性"。日俄战争前，尽管明治政府确定在"满洲"问题上声明支持门户开放原则，但随着日俄开战后日军不断取得胜利，门户开放原则很快就被日本军政机构内部的扩张派予以否定，主张施行以日本为中心在"满洲"建立日本势力范围的扩张政策。比如，总管日军占领地军政的日本"满洲"军高级参谋福岛安正提出"满洲战后处分案"，主张直接放弃日俄战争前日本一再承诺的在"满洲"遵守门户开放原则，积极攫取在"满洲"的具体权益，以及谋划在"满洲"建立日本的势力范围。上述扩张构想在日俄战争期间就部分由日本陆军予以落实。这体现为日军将在"满洲"各占领地实施的满足军事需要的军事行政非法扩大至控制占领地的民政和司法等领域，以此实现建立日本势力范围的目的。

　　日军对占领区的军事统治直到 1906 年 12 月撤销在各地的军政署才宣告终结。考察日俄战争期间以及战后日军在占领区的军事行政，可知其已经远远超出其军政和军需范围,几乎将所有的占领区民政事务纳入管辖范围,日军在占领区的军事统治更像是一种殖民统治。而日本陆军中央的参谋本部和陆军省实际上对在"满洲"日军的扩张行为予以支持,甚至是授权在"满洲"日军排挤侵占当地清政府官员职权和侵犯中国主权,并按照日本国内法令进行殖民地式统治。而日本外务省虽然意识到在"满洲"日军的行为与明治政府一再宣称的遵守门户开放原则不符,但日本外务省稍加阻止后就转为默认。

在日俄战争期间,日本外务省同样开始谋划如何在"满洲"扩张。日俄战争爆发前,面对俄国占领"满洲",1901年加藤高明外相曾提出的三种解决方案之一就是直接对俄开战然后由日本占领"满洲"。尽管这一方案由于冒进而未被伊藤博文等元老和重臣所接受,但加藤高明外相开启的借助对俄开战向"满洲"扩张的构想,却没有被日本外务省完全放弃,而是被继任外相小村寿太郎所继承。1902年,清政府和俄国签订条约,俄国约定撤兵,紧张局势有所缓解。此时受小村寿太郎外相和日本驻清公使内田康哉委派的岛川毅三郎前往"满洲"各要地考察,考察后其向小村寿太郎外相提交报告,建议俄国在"满洲"的经营应该由日本取而代之。完整的扩张政策包括由日本控制"满洲"的水路和铁路交通、矿产,开放"满洲"重要城市,设立银行,任用日本顾问和军官,设立日本人居留地,招徕日本移民等。岛川毅三郎向小村寿太郎外相提交的上述"满洲"扩张构想为日俄战后小村寿太郎外相谋划向"满洲"扩张提供了重要的提示和参考作用。

随着日俄开战后日军不断取得胜利,外相小村寿太郎1904年7月向首相桂太郎提交的日俄媾和意见书中,提议"基于战争的结果,帝国对满韩政策自然不得不比之过去要前进一步。这就是:韩国在事实上已成为我国的主权范围……至于满洲,则在某种程度上作为我国的利益范围,务期保护及扩张我国的利权"。日本与俄国在谈判中所确立的原则和目标可以说就是上述取俄国而代之的"满洲"扩张论的落实。除了要把日俄战争前俄国在南"满洲"的各项权益转让给日本以外,日本还希望进一步通过外交方式扩张日本在"满洲"的权益。

在小村寿太郎看来,日俄战争是日本的"自卫"之战,是为"东洋全局康宁"的"正义"之战，因此日本索取的"满洲"权益是清政府应该给予的"报偿"。小村寿太郎的上述"满洲"扩张逻辑是一种特殊的逻辑，只是从日本视角强调其"合理性"。值得一提的是，这种"报偿论"此后一再成为日本外交不断在"满洲"扩张权益并要求中国承认的核心理论依据。日俄战争后，小村寿太郎外相在与清政府谈判的时候甚至要求，"中国政府无论如何措辞，非经日本应允，不得将东三省土地转让给别国，或者允其占领"。日俄战争日本以维护"满洲"门户开放原则而对俄国独占"满洲"进行开战，但日俄战争后日本外交明显显示出追随俄国独占"满洲"排斥其他列强的一面，这种独占或主导"满洲"权益的日本外交扩张逻辑此后成为日本外交的实际意图所在。

在"满洲"日军以军政的名义掌控"满洲"要地的行政和司法等事务，封闭"满洲"市场，由于其侵害清政府在"满洲"的主权，以及违背当初对英美列强承诺的"满洲"门户开放原则，所以遭到清政府和英美列强的一再抗议。1905 年 5 月 22 日，伊藤博文邀请日本军政各个核心人物出席"满洲问题协议会"结束日本的军政统治。在会上对于日本军方提出撤销军政署以后是否专门成立一个机构在"满洲""扶植日本势力"，伊藤博文对此进行反驳，指出"日本在满洲的权利根据媾和条约，俄国所移交给我们的除了辽东半岛租借地和铁路外并无他物"，这可视为对日俄战争以来日本军政机构开展的各种"满洲"扩张行为的约束，将日本在"满洲"的权益限定在已有条约规定范围之内。

曾担任台湾民政长官的后藤新平向日本军方代表人物儿玉源太郎提出《满洲经营策梗概》，建议"战后满洲经营的唯一要诀，表面上以铁道经营伪装，背地里进行各方面的建设。据此要诀，租借地内之统治机关和获得的铁道之机关全然分开。铁道之经营机关，假装与铁道以外的政治军事毫无关系"，实际上这个铁路经营机关作为官营机构担负着"满洲经营"的政治、经济、军事等各方面目的。后藤新平的构想得到了儿玉源太郎的支持，并以此为基本框架交由"满洲经营调查委员会"讨论。外务省反对这个"经营"机关的官营性质，建议依照已有的条约尤其是与清政府签订的条约，按照东省铁道公司先例以民营或者中日合办形式开展运营。儿玉源太郎做出让步同意铁路由会社运营，1906 年 3

月 14 日"满洲经营调查委员会"决定了关于设立南"满洲"铁道株式会社的敕令案以及发给会社设立委员会的命令书，3 月 17 日确定了呈递给政府的报告书，在报告书中强调"满洲经营"要立足于日俄和日清条约规定范围内的日本权益。

实际上，满铁是日本政府以会社的名义在日本关东州租借地以外通过从事营利和非营利的行政事务，以此实现日本在关东州租借地以外的"国运之发展和国权之扩张"。尽管在设立满铁上，日本政府声称要依照已有的条约尤其是与清政府条约，另外要符合日本政府一再声明遵守的门户开放原则，但在满铁的实际建立过程中，日本各军政机构并不在乎违反已有条约规定以及门户开放原则。当清政府获悉日本政府即将成立满铁后要求保障清政府的主权以及相关权益，但日本外务省并不想清政府在满铁上拥有决定权和具体权益，因此面对清政府的质询一直推诿。最终清政府外务部照会抗议日本违法设立满铁，但日本驻华公使林权助直接无视已有的条约，强调"盖帝国政府关于战争之结果所得之铁路及其一切利权，不在稍受限制或服从条规之地位"，也即是说满铁的设立直接暴露了日本的特殊逻辑，即强调日本在"满洲"权益"不在稍受限制或服从条规"的特殊论，这种特殊论显然与已有各种条约相违，但却成为决定日本对中国外交的真实依据。

在设立满铁上，除了表面上声称遵守条约实际上却无视与清政府的条约规定以外，日本外交为了保证满铁作为日本国策会社的垄断地位，还排斥其他列强介入满铁事务。日俄战争前，伊藤博文从国际协调的立场出发曾支持"满洲"的开放和国际化，比如支持铁路的"国际化"管理。日俄战争后，伊藤博文等人仍旧坚持铁路国际化，因此同意美国铁路大王哈里曼提出的美日共同经营铁路的构想。但美日共同经营铁路构想遭到了日本外相小村寿太郎的阻止，其理由是"从日本来看，在满洲数十万流血牺牲，花费几亿国帑，在朴茨茅斯经百般交涉才获得南满洲经营的大动脉委于他人之手，不用说结果是军事及经济上的利益一朝抛弃"。从中可以看出，尽管日俄战争前和战争期间，日本一再宣称遵守门户开放原则，伊藤博文等人就此还主张铁路的"国际化"，但日俄战争后恰恰是小村寿太郎所领导的日本外务省，放弃向国际开放原则，而是迅速缩回到日本特殊逻辑，即这些权益是日本"流血牺牲""花费国帑"换来的，这些权益应该是以日本为中心，而且是排他性的。这种特殊逻辑由此也成为日本对美外交的真实依据。

为了排斥清政府和美国参与满铁事务，日本外交的决策逻辑完全放弃日俄战争后伊藤博文声明的日本的"满洲"权益依据已有条约规定和遵守门户开放原则立场，实际上发挥作用的是强调日俄战争日本"牺牲论""报偿论"，这构成了日俄战争后日本军政机构"满洲"扩张论的基础。此后日本军政核心人物在此基础上从策略层面继续充实日本的"满洲"扩张论。这体现为1907年韩国统监伊藤博文提出的《关于对外政策意见书》与林董外相的《对清政略管见》之间的争议。伊藤博文主张，日本的"满洲"政策实际上只是日本与主要列强外交关系的组成部分而已，强调"我当局不尊重门户开放、机会均等主义，走上利己主义，则欧美诸国怀疑我诚实，以至不信任我，其结果资本融通被断绝，使我经济社会直接蒙受打击，帝国政府财政遭遇非常困难，更如德国皇帝希望，因此再详细论之，日本于满洲实施利己政策，不用说势必招致清人反抗，也给予第三者煽动机会"，依旧主张日本的"满洲"政策依据已有条约规定以及遵守门户开放原则。

但外相林董的《对清政略管见》主张应该将日本外交重心集中于维护日本与"满洲"的特殊关系上。首先林董明确反对日本陆军依照所谓"满洲为我十万人流血靡费几十亿之财以树立势力之地，对清国我有将从俄国所获交还之恩，故我所欲得之处清国应让步，我以兵力已得之处必保持之"的"进略论"，因为将"激清人之愤怒外则蒙列国之憎妒，各方面千障万碍迭出，如此则不仅我于满洲合法发展受阻止，我既得权利终不能维持"。但又不同意伊藤博文依据已有条约规定和遵守门户开放原则，林董外相主张不能为了维持门户开放原则就退缩，而是需要与西方列强交涉协调谋求支持日本在"满洲"扩张权益。对于清政府则继续采取攻势外交，即"恐吓逼迫"或先造成既定事实然后逼迫清政府接受日本的扩张要求。"故对清廷处事以恐吓逼迫之或先实行再问彼之诺否乎然继续，只此二法，说以条理或收其欢心使其从之，同时加以胁迫，以期奏效，要之对清国交涉事件，无需顾忌解决之迟缓，先实行以待妥协之时为上策。"随后日本外交按照林董的建议通过逼迫清政府以及与西方列强妥协交换的形式扩张日本的"满洲"权益。

首先,对清政府开展扩大满铁经营范围的外交。满铁作为日本国策会社,尽管日本政府赋予其在"满洲"进行经济、政治和军事扩张等目的,但最初满铁经营的范围是有限的。为此日本各军政机构不断谋划如何扩大满铁涉及的各种权益。日俄战争后在日本官制中基本上确定了日本外务省为中心的"满洲经营"体制,为此,日本外务省就从扩张满铁的铁路和矿山权益出发,采取了"悬案交涉"特殊外交的方式。所谓"悬案交涉"特殊外交体现为在不否定清政府在"满洲"主权的基本前提下,一再无视或曲解已有关于日本在"满洲"权益的条约内容,通过逼迫清政府或者造成既定事实然后要求清政府承认予以合法化的外交方式。日本通过"满洲五悬案"的交涉逼迫清政府让步,由此极大地扩张了满铁的经营范围。

随后,日本外交以要求主要列强承认日本在"满洲"特殊地位为目标。所谓日本在"满洲"的特殊地位,其特殊体现为日本为了不断扩张"满洲"权益,将不完全受已有条约规定和门户开放原则的约束,将"满洲"变为日本的势力范围。为此日本外务省还分别通过与英国、俄国、美国等列强开展特殊外交,通过与列强的妥协与交换,试图将日本日渐扩张的满铁具体权益落实,战略上概括为日本在"满洲"的特殊地位谋求列强的承认,以此逐步确立其在"满洲"的势力范围。日本与主要列强的特殊外交取得了成效。这主要体现为日英同盟得以强化,增加军事协作的内容,日英同盟的强化成为日本在"满洲"继续扩张的重要保障,以及开展与主要竞争对手俄国的协商,俄日在北"满洲"和南"满洲"的势力范围划分上达成一致,最终日本将南"满洲"视为其势力范围的目标得到俄国的承认。此后日本在"满洲"扩张更加肆意和咄咄逼人。

伊藤博文与林董之间经探讨后确定的是日本外交如何于政策层面上在"满洲"扩张权益,但并未涉及日本在"满洲"权益性质这一根本问题,即是否依照条约规定经营"满洲"权益并最终将相关"满洲"权益交还给中国,还是不顾条约规定以及承诺的门户开放原则继续扩张"满洲"权益并最终拒绝将之归还给中国。日本在"满洲"权益性质问题从日俄战争期间日本文人到日俄战争后日本军政核心人物都有所涉及，但以井上馨和山县有朋的见解最有代表性。1906年6月8日，井上馨在《对南满洲铁道会社设立命令书案的意见书》中强调，"满洲经营"应该"以善意示遵守该铁道有关条件之态度，以避招致清政府之疑惑"，关于"铁道有关的条件"重要的就是有关清政府和俄国以及日本与清政府签订的条约，尤其是要考虑到依照条约规定1935年要把铁道返还给中国。为此，井上馨主张满铁应以营利为主，成为主要经营铁道和几个煤矿的会社，不该涉足其他事业，反对把满铁建设成为进行殖民地经营的机构。井上馨依据旅大租借地租借期满应该归还给中国，主张满铁应该着眼于尽快盈利。1907年10月10日，林董外相就关东都督大岛义昌提出要将在"满洲"的日本领事归关东都督监督管理致信伊藤博文时，提及其咨询井上馨对于设置拓殖务省管理台湾和"满洲"事务意见。井上馨对此表示反对，强调"满洲"是租借地，不能与台湾等同视之。

与之相对的是，1907年山县有朋致信西园寺首相提出《对清政策管见》，直接反对井上馨主张依据条约租借期满旅大归还中国以及将盈利作为满铁经营的目的，提出即便租借期满也不归还给中国，用武力保证占有旅顺大连。"然我邦牺牲数万人命消耗数亿金钱赢得之满洲利权当然不会因清国异议而退缩，更不用说抛弃之，以今日之势推之，今后十余年至租借期满之际，清国恐向我要求归还关东州租借地，期间只要世界形势和东洋局面未生至大之变化，我决不能答应如此要求，勿论我一日不可松懈于满洲进行谋划经营扩张利权巩固地位。事情如果为我邦与清国在满洲遂至不可调和，发生利害冲突或以至不诉之武力不能解决，亦未可知也，于此万不得已场合只有断绝其关系，我邦之目的之所在为尽量以和平之手段促进国家富强，故对清如以上陈述所明晰，于当下对清政策最主要之处在于与清国达成协议，进行满洲经营，就此压制清国异议使之不行妨害之举，另一方面与俄国相互交换意见，日俄两国商议协定后，与清国谈判遂行之，于今日之形势此为最紧要事件。"在1909年的《第二对清政策》中，山县有朋在扩张"满洲"权益上更为强硬，提出要将辽东半岛变为日本永久领土。"为建立将辽东半岛为我帝国永久领土确乎不拔之基础,自不待言,然如有租借期满将辽东半岛归还清国之意,则不如在租借期满前速速抛弃辽东半岛。辽东半岛之地可谓我付出二十亿资财死伤二十余万人所获战利品,如果在租借期限达到后即将半岛交还,此则不可取之行为,抛弃辽东半岛会影响吾国保护国韩国之民心,此极可恐者也。庙议之曩,决议不抛弃半岛,所以当局诸君从来依此大方针从事满洲经营,余深堪欣谢之所也。"

山县有朋所代表的占有"满洲"式扩张论,尽管曾有伊藤博文和井上馨对此进行批评,但仍顽固地存在于日本军政机构之中,尤其是日本陆军准备侵占"满洲",并进行相应的谋划。与日本外务省不同的是,日本陆军以各种军事构想为依托逐渐在战略目标和政策制定上形成一股政治力量,这股政治力量有别于日本外务省,日本陆军为了将日本"满洲"权益长久化进而提出占领"满洲"论。1910年12月,日本陆军省预见到中国革命可能会发生,想要借此机会出兵中国,由此起草了《对清政策案》。随后将《对清政策案》提交给参谋本部,部分内容被参谋本部所采纳,12月参谋本部也制定完成了中国爆发革命日本出兵的方案。

辛亥革命期间,尽管日本内阁确定不出兵干涉决定,但日本陆军仍继续做出兵的准备,通过派遣军官收集政治和军事情报。而一直主张为了长期占有"满洲"权益不惜对中国使用武力的山县有朋,对西园寺内阁确定采取静观其变等待时机"根本解决满洲问题"的方针不满。1912年1月14日山县有朋写成《对清政略概要》意见书,积极主张日本出兵"满洲",其意见再次被西园寺否定,这引起日本陆军不满,无法在政治层面上要求日本政府作出出兵"满洲"的决议后,日本陆军、日本浪人川岛浪速等人又策划了"满蒙独立运动"。

参考文献

苏崇民、解学诗主编：《满铁档案资料汇编·巨型殖民侵略机构——满铁》，社会科学文献出版社 2011 年版。

苏崇民、解学诗主编：《满铁档案资料汇编·日本的大陆政策与满铁》，社会科学文献出版社 2011 年版。

中国社会科学院近代史研究所中华民国史研究室主编：《日本外交文书选译——关于辛亥革命》，中国社会科学出版社 1980 年版。

中央档案馆、中国第二历史档案馆、吉林省社会科学院合编：《日本帝国主义侵华档案资料选编》（九一八事变卷），中华书局 1994 年版。

《国际条约集（1872—1916）》，世界知识出版社 1984 年版。

陈本善主编：《日本侵略中国东北史》，吉林大学出版社 1989 年版。

姜念东编：《伪满洲国史》，吉林人民出版社 1980 年版。

李娜：《满铁对中国东北的文化侵略》，社会科学文献出版社 2015 年版。

刘萍：《津田左右吉研究》，中华书局 2004 年版。

苏崇民：《满铁史》，中华书局 1990 年版。

王承礼：《中国东北沦陷十四年史纲要》，中国大百科全书出版社 1991 年版。

王铁崖：《中外旧约章汇编》，生活·读书·新知三联书店 1959 年版。

王彦威：《清季外交史料》第 193 卷。

王芸生编著：《六十年来中国与日本》第四卷，生活·读书·新知三联书店 2005 年版。

武向平：《满铁与国联调查团研究》，社会科学文献出版社 2015 年版。

解学诗：《评满铁调查部》，人民出版社 2015 年版。

解学诗：《伪满洲国新编》，人民出版社 2008 年版。

梁启超：《读〈今后之满洲〉书后》，《日俄战后满洲处分案》，广智书
　　局 1905 年。

［日］安川寿之辅：《福泽谕吉的亚洲观》，孙卫东等译，香港社会科学
　　出版社 2004 年版。

［日］草柳大藏：《满铁调查部内幕》，刘耀武译，黑龙江人民出版社 1982
　　年版。

东亚同文会编：《对华回忆录》，胡锡年译，商务印书馆 1959 年版。

［日］关宽治等：《满洲事变》，王振所等译，上海译文出版社 1983 年版。

［日］户水宽人：《亚细亚东部之霸权》，卢籍刚译案《日俄战后满洲处
　　分案》，广智书局 1905 年版。

［日］江口圭一：《日本帝国主义史研究：以侵华战争为中心》，周启乾
　　等译，世界知识出版社 2002 年版。

［日］堀幸雄：《战前日本国家主义运动史》，熊达云译，社会科学文献
　　出版社 2010 年版。

［日］铃木隆史：《日本帝国主义对中国东北的侵略》，吉林省伪皇宫陈
　　列馆译，吉林教育出版社 1996 年版。

满史会编著：《满洲开发四十年史》，东北沦陷十四年史辽宁编写组译，
　　1988 年版。

［日］楳木捨三：《关东军秘史》，高书全、袁邵莹译，上海译文出版社
　　1992 年版。

日本防卫厅战史室编：《日本军国主义侵华资料长编》（上），天津市政
　　协编译委员会译校，四川人民出版社 1987 年版。

伪满洲国史编纂刊行会编：《满洲国史·分论》，东北沦陷十四年史吉林
　　编写组译，东北沦陷十四年史吉林编写组出版 1990 年版。

伪满洲国史编纂刊行会编：《满洲国史·总论》，黑龙江社会科学院历史
　　研究所译，黑龙江社会科学院历史研究所出版 1990 年版。

［日］信夫清三郎：《日本政治史》第四卷，周启乾译，上海译文出版社
　　1988 年版。

［日］野村浩一：《近代日本的中国认识》，张学锋译，中央编译出版社

1998 年版。

［日］有贺长雄：《今后之满洲（原名满洲委任统治论）》，周宏业译评，《日俄战后满洲处分案》，广智书局 1905 年版。

［日］中村进午：《满洲善后策》，杨维新译案，《日俄战后满洲处分案》，广智书局 1905 年版。

［日］子安宣邦：《东亚论：日本现代思想批判》，赵京华译，吉林人民出版社 2011 年版。

［日］冈部牧夫、孙彤：《日本战后满铁研究状况（上）》，《东北史地》2010 年 11 月 10 日。

［日］冈部牧夫、孙彤：《日本战后满铁研究状况（下）》，《东北史地》2011 年 1 月 10 日。

高乐才：《满铁调查课的性质及其侵华活动》，《近代史研究》1992 年第 4 期。

李娜、王玉芹：《满铁图书馆与日本对中国东北的文化侵略》，《社会科学战线》2008 年第 12 期。

苏崇民：《满铁——侵略、掠夺中国东北的机构》，《现代日本经济》1991 年第 2 期。

苏崇民：《满铁设立是日本经略中国大陆的重要开端》，《东北亚论坛》1998 年第 4 期。

苏崇民：《满铁史概述》，《历史研究》1982 年第 5 期。

苏崇民：《南满洲铁道株式会社和战后的满铁史研究》，《东北亚论坛》1993 年第 4 期。

王玉芹、李娜：《满铁的情报机构与伪满洲国的建立》，《外国问题研究》2012 年第 1 期。

武向平：《满铁对满鲜历史地理"调查"及实质》，《社会科学战线》2011 年第 8 期。

武向平：《日本在"关东州"及满铁附属地殖民教育设施之考察》，《东北史地》2010 年第 1 期。

解学诗：《"九·一八"事变与满铁》，《社会科学战线》1991 年第 4 期。

解学诗:《从史学博士白鸟库吉到右翼狂人大川周明——满铁的"满鲜"历史地理调查和"满蒙狂"煽动》,《社会科学战线》2003 年第 3 期。

解学诗:《论满铁"综合调查"与日本战争国策》,《社会科学战线》2007 年第 5 期。

解学诗:《日本对战时中国的认识——满铁的若干对华调查及其观点》,《近代史研究》2003 年第 4 期。

杨觉舅、姜璧洁、苏崇民:《南满洲铁道株式会社的早期调查活动》,《吉林师范学院学报》(哲学社会科学版) 1989 年第 2 期。

张文静:《〈满洲历史地理〉的学术特征及观点倾向》,《史学集刊》2015 年第 4 期。

北村三郎『東洋策』、尚武社、1888。

井上陳政『禹域通纂 上』、大藏省、1888。

外村譲『日本の刀光：英傑偉勲日本の刀光：英傑偉勲 上』、骎骎堂木店、1889。

安東不二雄『支那漫遊実記』、博文館、1892。

渡辺修二郎『对清对欧策』、奉公會、1894。

渡辺修二郎『我国之前途』、大東出版社、1894。

秋山四郎『支那朝鮮形勢録』、共益商社、1894。

原田藤一郎『亜細亜大陸旅行日誌并清韓露三国評論』、青木嵩山堂、1894。

尾崎行雄『支那処分案』、博文館、1895。

曽根俊虎『露清之将来』、八尾商店、1896。

伊東連之助『征清奇談従軍見聞録』、明昇舍、1896。

久保田與四郎『東洋之危機』、富山房、1898。

佐藤宏『支那新論』、八尾商店、1898。

笹川臨風（種郎）『雨糸風片』、博文館、1900。

法令館編輯部『日露戦争未来記：愉絶快絶』、法令館、1900。

西島函南『従軍漫録』、石塚書店、1901。

角田他十郎『浦潮案内』、日露経済協会、1902。

戸水寛人等述ほか『日露開戦論纂』、國文社、1903。

活動の日本同人『海外富源叢書満洲及西伯利の富源』、隆文館、1904。

石井国次『国民の覚悟：戦時教育』、富山房、1904。

高橋作衛『満洲問題之解決 七博士意見書起草顛末 満洲問題研究録』、
　　清水書店、1904。

足立栗園、平田骨仙『満洲古今史』、積善館、1904。

加藤政之助『満洲処分』、実業之日本社、1905。

戸水寛人『回顧録』、有斐閣書房、1906。

戸水寛人『続回顧録』、有斐閣書房、1906。

平田德治郎『満洲論』、経済世界社、1906。

『諸大家対外意見筆記』〔第1〕〔第2〕、1906。

東京市小学校長会『尋常小学地理歴史補充教材資料』、泰東同文局、1908。

内村鑑三『よろず短言』、警醒社書店、1908。

後藤新平『日本植民地政策一斑』、拓殖新報社、1922。

長岡源次兵衛『満鉄王国』、大陸出版協会、1927。

伊藤正德『加藤高明』上巻、寶文館、1929。

德富猪一郎編『公爵山県有朋伝』、山県有朋公記念事業会、1933。

南満洲鉄道株式会社経済調査会編『機会均等主義関係資料』、南満洲
　　鉄道株式会社、1935。

南満洲鐵道株會社『満洲歴史地理研究』第一巻、東京丸善株式会
　　社、1940。

菊池寛『満鉄外史』、満洲新聞社、1941。

和田清『東亜史論藪』、生活社、1942。

春畝公追頌会『伊藤博文傳』下巻、統正社、1944。

日本外務省『小村外交史』、新聞月鑑社、1953。

鹿島守之助『日本外交政策の史的考察』、鹿島研究所、1958。

慶応義塾編『福沢諭吉全集』第十四巻、岩波書店、1960。

竹内好『アジア主義』、筑摩書房、1963。

原奎一郎『原敬日記』第二巻、福村出版、1965。

栗原健『対満蒙政策史の一面』、原書房、1966。

大山梓『山県有朋意見書』、原書房、1966。

角田順『満州問題と国防方針——明治後期における国防環境の変動——』、原書房、1967。

山口重次『消えた帝国　満州』、毎日新聞社、1967。

鶴見祐輔『正伝後藤新平4 満鉄時代』、藤原書店、1967。

白鳥庫吉『白鳥庫吉全集』第八巻、岩波書店、1970。

竹森一男『満鉄興亡史』、秋田書店、1970。

白鳥庫吉『白鳥庫吉全集』、第九巻、岩波書店、1971。

橋川文三、松本三之介『近代日本政治思想史Ⅱ』、有斐閣、1971。

鹿島平和研究所『日本外交史 第18巻 満州事変』、鹿島研究所出版会、1973。

河原弘、藤井昇三『日中関係史の基礎知識』、有斐閣、1974。

景岳会『橋本景岳全集』上巻、歴史図書社、1976。

伊藤博文関係文書研究会『伊藤博文関係文書』第四巻、塙書房、1976。

角田順『石原莞爾資料——国防策論篇——』、原書房、1978。

酒田正敏『近代日本における対外硬運動の研究』、東京大学出版会、1978。

浅田喬二『日本帝国主義下の民族革命運動』、未来社、1978。

北岡伸一『日本陸軍と大陸政策』、東京大学出版会、1978。

北岡伸一『日本陸軍と大陸政策』、東京大学出版会、1978。

犬飼木堂『明治新聞人文学集』、筑摩書房、1979。

浅田喬二『日本知識人の植民地認識』、校倉書房、1985。

大畑篤四郎『日本外交史』別巻、成文堂、1986。

山口県教育会『吉田松陰全集』第一巻、岩波書店、1986。

小林英夫『「大東亜共栄圏」の形成と崩壊』、御茶の水書房、1991。

大江志乃夫等編『近代日本と植民地1 植民地帝国日本』、岩波書店、1992。

鈴木隆史『日本帝国主義と満州』上下、塙書房、1992。

大江志乃夫等編『近代日本と植民地4 統合と支配の論理』、岩波書店、1993。

大谷正『近代日本の対外宣伝』、研文出版、1994。

古屋哲夫編『近代日本のアジア認識』、緑蔭書房、1996。

小林道彦『日本の大陸政策 1895–1914』、南窓社、1996。

藤岡信勝『汚辱の近現代史』、徳間書店、1996。

小林英夫『日本のアジア侵略』、山川出版社、1998。

東京大学社会科学研究所『20 世紀システム1 構想と形成』、東京大学
　　出版会、1998。

貴志俊彦ほか『二十世紀満洲事典』、吉川弘文館、2002。

梶居佳広『「植民地」支配の史的研究』、法律文化社、2006。

山本武利編『「帝国」日本の学知　第 3 巻　東洋学の磁場』、岩波書
　　店、2006。

駄場広司『後藤新平をめぐる権力構造の研究』、南窓社、2007。

崔文衡、子安宣邦『歴史の共有体としての東アジア：日露戦争と日韓
　　の歴史認識』、藤原書店、2007。

小林英夫『「満洲」の歴史』、講談社、2008。

小林道彦『児玉源太郎』、ミネルヴァ書房、2012。

小林英夫『満鉄が生んで日本型経済システム』、教育評論社、2012。

石井寛治『帝国主義日本の対外戦略』、名古屋大学出版会、2012。

中見立夫『「満蒙問題」の歴史的構図』、東京大学出版会、2013。

井上寿一ほか『日本の外交』第三巻、岩波書店、2013。

芝原拓自、猪飼隆明、池田正博『日本近代思想大系 12 対外観』、岩波
　　書店、2017。

有田三郎「日人之论俄罗斯」『大陆』第 1 期、1904。

「日本中村進午満洲善後策書後」『大公報』、1904。

栗原健「林董外務大臣の『対清政略管見』」『国際政治』1957（3）、
　　1957。

栗原健「第一次・第二次満蒙独立運動」『国際政治』1958（6）、
　　1958。

平野健一郎「満州事変前における在満日本人の動向──満州国性格形

成の一要因：満州事変」『国際政治』1970（43）、1970。

松沢哲成「満州事変と『民族協和』運動：満州事変」『国際政治』
（43）、1970。

宇多正「日本資本主義の満州経営：南満州鉄道株式会社の役割を中心
に」『社會經濟史學』39（2）、1973。

岡部牧夫「植民地ファシズム運動の成立と展開——満洲青年連盟と満
洲協和党」『歴史学研究』（406）、1974。

五十嵐卓「満州経営機関問題と後藤新平：満鉄総裁時代を中心にし
て」『学習院史学』（24）、1986。

纐纈厚「大陸侵略思想の構造と系譜」『情況』第二期5（11）、1994。

松本俊郎「『満洲』研究の現状についての覚え書き一『満洲国』期を
中心に一」『岡山大学経済学会雑誌』25（3）、1994。

磯田一雄「『文化侵略』と異文化間教育：九・一八以前の満鉄付属地
における中国人教育を中心に（宮司正男教授退任記念）」『コミュ
ニケーション紀要9』、1995。

秦郁彦「満州領有の思想的源流」『軍事史学』37（2・3）、2001。

瀧澤規起「稲葉岩吉と『満鮮史』」『千葉大学社会文化科学研究科研
究プロジェクト報告書35』、2003。

磯田一雄「在満日本人小学校の中国語教科書：教材の社会的性格を中
心に」『成城文藝183』、2003。

池山弘「愛知県に於ける日清・日露戦争期の徴兵忌避の特質」『四日
市大学論集』15（2）、2003。

姜克實「満州幻想の成立過程——日露戦前の日本人と満州」『岡山大
学文学部紀要』（44）、2005。

桜沢亜伊「『満鮮史観』の再検討——『満鮮歴史地理調査部』と稲葉
岩吉を中心として」『現代社会文化研究』（39）、2007。

塚瀬進「戦前、戦後におけるマンチュリア史研究の成果と問題点」
『長野大学紀要』32（3）、2011。

毛利英介「満洲史と東北史のあいだ：稲葉岩吉と金毓黻の交流より」
『関西大学東西学術研究所紀要』（48）、2015。

桂島宣弘「近代学術と植民地主義」『漢陽大学校』、2016。

『オンライン版　後藤新平文書』、http://maruzen.co.jp。

アジア歴史資料センター『満洲視察ヲ嘱託シタル島川毅三郎ヨリ報告ノ件』。

アジア歴史資料センター『大島関東都督提出ノ意見』。

アジア歴史資料センター、陸軍省《明治三十七八年戦役満洲軍政史》第一巻、1916。

外交史料館『満洲ノ善後経営ニ関スル件』、『日本外交文書』第35巻。

外交史料館『日本外交文書』第36巻。

外務史料館『第六章　講和関係』、『日本外交文書』第37巻・第38巻別冊日露戦争Ⅴ。

外務史料館『第七節　占領地行政』、『日本外交文書』第37巻・第38巻別冊日露戦争Ⅲ。

外務史料館『第三節　講和条約』、『日本外交文書』第37巻・第38巻別冊日露戦争Ⅴ。

外務史料館『第一回日英協約一件』、『日本外交文書』第34巻。

外務史料館『満州ニ関スル日清条約締結ノ件』、『日本外交文書』第38巻。

外務史料館『満洲ニ関スル露清協約一件』、『日本外交文書』第34巻。

外務史料館『日本外交文書』大正二年第二冊。

外務史料館『日本外交文書』第38巻第一冊。

外務史料館『日本外交文書』第39巻第一冊。

外務史料館『日本外交文書』第40巻第二冊。

外務史料館『日本外交文書』第40巻第一冊。

外務史料館『日本外交文書』第42巻第二冊。

外務史料館『日本外交文書』第42巻第一冊。

外務史料館『日本外交文書』第43巻。

国会図書館近代 digital library http://kindai.ndl.go.jp/。

アジア歴史資料センター http://www.jacar.go.jp/。

国立公文書館 http://www.digital.archives.go.jp/。

日本外交文書 http://www.mofa.go.jp/mofaj/annai/honsho/shiryo/bunsho/。

后　　记

　　笔者在阅读相关文献后发现，二战后日本虽然对日本军国主义历史进行批判，但其批判范围多停留在1931年日本关东军发动九一八事变到日本发动太平洋战争这一时期，而对九一八事变前，尤其是从日俄战争开始日本对中国东北的侵略和扩张并未予以充分关注和批判。与二战后日本各界在二战历史上的反省态度相比，日俄战争以来日本民间和军政机构肆意构建的种种日俄战争"正义论"以及日本向"满洲"扩张的"合理论"，在战后日本社会的历史认识中得以延续。日本学界不同程度上存在着对日俄战争是日本和俄国争夺中国东北的帝国主义战争，以及日本借助日俄战争向中国东北扩张的实质，有着避重就轻语焉不详的倾向。

　　反思二战后日本社会延续二战前日本向"满洲"扩张"合理论"这种现象，其产生除了可归结为二战后日本对历史反省不够以外，还反映出中国学界在相关历史研究的呈现上并不充分。因此非常感谢吉林省社科院邵汉明院长和满铁研究中心武向平主任邀请笔者参加"满铁资料整理与研究"课题组，与各位专家学者一起开展日本侵华史与中日关系史相关研究。

　　感谢我的父母帮我照料家庭，感谢我的爱妻和爱女对我研究的各种鞭策和支持。

王玉强

2023 年 8 月